馔事留痕

餐饮企业文化与品牌创新案例及其他

刘达华 / 编著

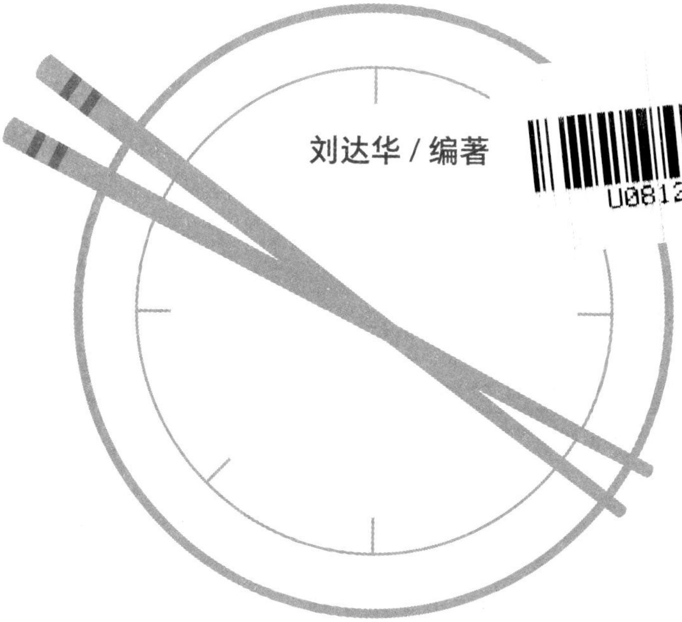

中国轻工业出版社

图书在版编目（CIP）数据

馔事留痕：餐饮企业文化与品牌创新案例及其他 / 刘达华编著 .— 北京：中国轻工业出版社，2022. 3
ISBN 978-7-5184-3060-4

Ⅰ. ①馔… Ⅱ. ①刘… Ⅲ. ①饮食业 - 企业文化 - 案例 ②饮食业 - 企业管理 - 品牌战略 - 案例 Ⅳ. ① F719.3

中国版本图书馆 CIP 数据核字（2020）第 112960 号

责任编辑：高惠京　张　弘　　责任终审：劳国强　　整体设计：锋尚设计
责任校对：李　靖　　　　　　责任监印：张　可

出版发行：中国轻工业出版社（北京东长安街6号，邮编：100740）
印　　刷：北京君升印刷有限公司
经　　销：各地新华书店
版　　次：2022年3月第1版第2次印刷
开　　本：710×1000　1/16　印张：18
字　　数：350千字
书　　号：ISBN 978-7-5184-3060-4　定价：68.00元
邮购电话：010-65241695
发行电话：010-85119835　传真：85113293
网　　址：http://www.chlip.com.cn
Email：club@chlip.com.cn
如发现图书残缺请与我社邮购联系调换
220270G1C102ZBW

秋菊花香傲重阳

回忆，有时就像点燃一支檀香，随着缈缈的青烟，幽幽的思绪走进逝去的岁月；回忆，又像是在海滩漫步，在海浪退去的沙子里，总会捡拾到让人眼前一亮的贝壳。

仿佛是在不经意间，岁月碾过了年轮，刘达华先生到了要回忆人生的岁数。其实，在我的脑海里，达华先生似乎离这岁数还远，印象中的他永远是那么风风火火，那么精明强干，那么精神矍铄。

的确，在他没有告诉我真实年龄之前，我一直以为他也就50多岁，甚至以为他跟我的岁数差不多，所以，我一直叫他大哥。他这人比较随和，叫他什么并不在乎。

不过，我跟他都姓刘，名字里都有个“达”字，所以，有些人初听他的大号，还真把他当成了我的兄长。

其实，我是山东人大块头的“坨儿”，他则是短小精悍，典型四川人的体型。我跟他站到一块儿，您绝对不会认为我们是一个“模子”出来的。

20多年前，我刚认识他的时候，他就这样，个儿不高，精瘦，分头长脸，眼睛不大，却炯炯有神，话语里含着热情，目光里透着诚意，虽然普通话说得并不十分利落，但言谈话语条理分明，干净利落，没有叨叨碎语，一打交道便知是个聪明干练之人。

大约是1996年前后，我在《北京晚报》主编了一个“新食府”的版块，主要介绍京城的“吃文化”，包括美食美味、特色餐馆、烹饪技巧、人物专访等等。当时，达华先生在京城餐饮业干得正风生水起，自然成了这个版块的主要作者。当然，与其说他是“新食府”版块的作者，不如说是参谋或顾问。

我虽是地道的北京人，一直研究京味儿文化，但对京城的餐饮业并不十分熟悉，那些年达华先生的确没少帮我，他不但给我引荐了许多老字号餐馆的掌门人，比如“全聚德”前门店当时的总经理沈放、传人杨宗满，“晋阳饭庄”的经理卢文海等，还让我认识了许多餐饮业的后起之秀，例如“北容酒楼”的老总石万荣，“金三元”的老总沈青，“海碗居”的老总关泉海，“旺顺阁”的老总张雅青等等。经过我们的宣传，他们的企业扩大了知名度，得到了迅速发展。这些人中，后来有的成了餐饮业的大咖。

达华先生为京城餐饮业不但动笔写稿，还亲自摄影为稿件配图，宣传推介了许多企业的管理经验和出类拔萃的人物，策划了许多诸如开业庆典、产品推广、厨艺交流等大型活动，而且还为许多餐饮企业在经营管理、菜品营销上出谋划策。可以说，他是京城餐饮业这些年发展经历的重要见证者和记录者。

在京城餐饮界，达华先生绝对是一个名人，他不是美食大咖，也不是食界翘楚，更不是烹饪大师，何以闻名？是因为他手里的一支笔，他写过美食大咖，写过食界翘楚，写过烹饪大师。

当然，仅仅是写过这些餐饮界的事或餐饮界的人，还不足以让他成为名人，问题是他不但自己写，还能动员或者说策划新闻界的其他记者写，这就厉害了。在京城餐饮界，像达华先生这样人脉广的人不多。有一年，京城一家老字号餐馆搞活动，经理委托他负责活动的宣传报道，达华先生振臂一挥，呼啦啦，在北京的中央新闻单位和地方新闻单位，新华社、电台、电视台，报纸、杂志、网络，好家伙，来了近百位各路记者，平面、立体、声音、影像、网络，京城的媒体几乎全覆盖。达华先生的这种号召力，真让我这个当记者的刮目相看。

其实，他当时只是《现代制造工程》杂志的编辑、记者，而这本杂志跟餐饮一点儿不沾边，像业余唱戏的票友，他介入餐饮业完全是一种个人爱好。不过，他在餐饮业一“票”就是30多年，如同唱戏，虽然没有粉墨登场，但生末净旦，唱念做打，他样样精通。

他对餐饮业的煎炒烹炸厨艺、新产品开发、企业管理、人才培养、市场营销、老字号传承等等都门清儿，可以说不是专家、胜似专家。这些并不是我捧他，您在本书的字里行间自然会有所领略。

古罗马伟大政治家、文学家西塞罗说过一段话：“人生的跑道是固定的。大自然只给人一条线路，而这条线路也只能够跑一次。人生的各个阶段，都各自分配了适当的特质：童年的软弱，青春期的鲁莽，中年的严肃，老人的阅历，都各结出自然的果实，需在它当令的时候予以储存。每个阶段都有值得人们享受爱好的事物。”

达华先生在他人生的重要阶段，结出了丰硕的果实，这果实就是他50多年来写的、在各个报刊上发表过的文章。当他静下心来整理这些文章的时候，实际上也是如西塞罗所说，在品味和享受人生跑道上不同阶段结出的果实，当然他的库存是丰厚的。

达华先生是学工科的，但是从小就喜欢文学，对写作也有偏爱。他中专毕业后，就来到北京工作。尽管是喜欢吃辣椒的四川人，喝不惯老北京的豆汁，但他还是慢慢儿习惯了北京人的吃喝，并且随着时间的推移，他深深地爱上了这座历史文化名城和共和国的首都。正是有了这种爱，他才会这么多年投身于京城的餐饮业，热情至今未减。

有意思的是，他的写作水平也随着对餐饮文化的了解，还有与业内、业外高手的切磋，得到了不断提高。他从1962年在《北京晚报》发表剧评后，便一发不可收，到现在已经在国内几十家报刊上，发表了长短文章几百万字。这么多文章，主要是关于餐饮的。

达华先生活跃于京城餐饮业的30多年，正是改革开放以后，中国餐饮业快速发展的时期。这30多年，从老字号餐馆的一花独秀，到“三刀一斧”“百菜大战”“诸侯争霸”，京城餐饮业上演了一出又一出有声有色的大戏，而这些精彩篇章，在达华先生的文章中都有精彩和深刻的留痕。

达华先生是写作快手，而且脑子喜欢琢磨事儿，他写人物专访也好，写企业的经营之道也好，并不平铺直叙，而是在把握客观事实的基础上冷静地分析，融入了自己的观点。

毫无疑问，达华先生把这些文章重新进行梳理，归集成书，对于从事餐饮业的管理者来说，是非常有参考价值的。

“岁月催人老，而今仍少年。”第一次见到达华先生时，他看上去顶多50多岁。这么多年，我们都老了，他似乎没什么太大的变化，还是那么精瘦，还是那么干练。

记得3年前，我们的好朋友“旺顺阁”的老总张雅青，给他办80大寿的寿宴。那天，他异常兴奋，仿佛突然之间返老还童了，像个小伙子，情不自禁地跳起舞来。这是我多年以来第一次见他这么活跃，在场的人不敢相信这个又蹦又跳的人，已经是耄耋之年了。

读达华先生的这本书，让我想起了陆游的一首诗：“腐儒碌碌叹无奇，独喜遗编不我欺。白发无情侵老境，青灯有味似儿时。高梧策策传寒意，叠鼓冬冬迫睡期。秋夜渐长饥作祟，一杯山药进琼糜。”（《秋夜读书每以二鼓尽为节》）

“腐儒”是古代文人的自谦，纵观达华先生的人生经历，并非“碌碌”，但可以说是“独喜遗编不我欺”。我想，达华先生看了这些从几百万字中筛选出来的精粹，当会感到欣慰的。

达华先生没有奇异的人生经历，但平淡中亦有令我赞叹之处，他搞了30多年餐饮，却没能成为“吃货”，这不能不让我叹服。

他不抽烟，酒嘛，只是象征性地喝一口，应应场而已。我喜欢跟他一起吃饭，因为倒在他杯里的酒，最后都照顾了我。他的饭量极小，我每次跟他一起吃饭，感觉他秀气得像个羞涩的小女孩儿，每道菜动一两筷子而已，而且很多次参加他策划的活动，他忙前忙后，张罗完记者们吃饭，自己只简单吃两口，算是给肚子交了差。难怪他多年以来，身材始终保持得那么精干。

他最让我感到不可思议的是无私，这无私，是真无私，不是虚词儿。

很多人以为他为餐馆跑前跑后，操心费力地搞活动、做宣传是为了挣钱，其实，这是“不识庐山真面目”。达华先生为京城大小餐馆搞策划做宣传，完全是义务，虽然尽心尽力，但毫无索取。他曾对我说，这么多年，在京城餐饮业搞了那么多活动，从来没跟企业要过一分钱的策划费，顶多了，有些大一点的活动，消耗精力和体力比较大，随记者拿点儿“车马费”。我想，这正是京城大小餐馆搞活动都愿意找他的原因，也是他的人格魅力所在。

人如其名，达华先生之所以能保持年轻人的心态和劲头儿，主要是他的旷达、仁义、宽厚，还有北京人的局气、厚道、有里有面儿。

说起来，他的生活很简单，除了写作，几乎没有什么嗜好，在物质上也无欲无求。当然，他的精神世界是丰满的、厚实的。

他的大脑细胞总是那么活跃，让他身上总有一种激情。这种生命的激情，变成一种活力时，就会产生出巨大的能量，让他精神饱满、不知疲倦。这正是他身上的奇处所在。

的确，虽然达华先生的人生经历没有什么大风大浪、大起大落，但他的个性鲜明，我想每个看了这本书的人，会从中感受到这些的。

我与达华先生相识相交20多年，算不上情同手足，也得说情深潭水。很多年以前，我就觉得他是值得一写的、非常有意思的人物，但由于种种原因，我一直没有动笔。值此他整理出版文集，委托我写序，我便借此良机，多写了几句，也算是了结我的一个心愿。

宋代文人王十朋写过一首诗：“秋去菊方好，天寒花自香。深怀傲霜意，那肯媚重阳。”我想这正是达华先生晚境的写照吧。

秋菊花香傲重阳。最后，衷心祝贺本书的出版。这是达华先生人生结出的丰硕果实，与京城餐饮业结缘30余载的“馔事留痕”，中国餐饮业改革开放快速发展时期的历史记录和见证。

以上是为序

京味儿作家、非物质文化遗产京味儿小说语言传承人

刘一达

立志欲坚不欲锐，成功在久不在速

刘达华先生与我在《现代制造工程》杂志社共事近20年，要说我们在文字上的交集时间则更长一些，有30多年之久，彼此是知根知底的。承蒙达华同仁的信任，他将从其50多年来先后正式发表的几百万字长短不一的文章中，甄选出20多万字的126篇文章，委托我为他策划、设计、编撰本书。达华同仁告诉我，其本意仅仅是为一生留个念想。

着手策划、设计、编撰，或浏览或细读拟入选的一篇篇或短或长的文章，我颇为之震撼，对达华同仁的人生旅程有了一些新认知。一言以蔽之，非常羡慕达华同仁拥有成功的人生和快乐的人生。

之所以谓之成功，是达华同仁从1962年10月18日在《北京晚报》发表其处女作《两个红岩》，那时他才是20出头的小伙子，到2018年9月参加北京商务委员会、北京人民广播电台主办，《北京晚报》、北京老字号协会、北京烹饪协会、北京市餐饮行业协会协办的为庆祝改革开放40周年“餐桌上的40年征文”活动，发表《从下岗女工到餐企老板》一文，此时他已是耄耋老人。达华同仁历经50多年，慎终如始，坚持不懈，笔耕不辍，先后在《人民日报》《光明日报》《科技日报》《文化艺术报》《中国妇女报》《中国青年报》《工人日报》《北京晚报》《北京晨报》《戏剧报》《中国食品报》《国际商报》《中国经营报》《中国物资报》《消费时报》《经济信息报》《信息时报》《中国质量报》《中国专利报》《华商时报》《中国民航报》《现代企业报》《购物导报》，以及《工业技术》《企业技术进步》《中国名牌》《策划财富》《投资与合作》《企业研究》《国际食品》《中国食品》《餐饮世界》《中华美食》《东方美食》《餐饮周刊》《烹调知识》等几十家报刊，累计发表几百万字的文章。这些文章特征鲜明，一是涉及领域广，从餐饮行业到制造行业，从传统经营业态创新到新兴业态创新，从企业管理创新到市场营销创新，从企业核心竞争力到人才培养，从企业物质文化创新到企业新产品专利等知识产权，乃至从文化、文艺到生活趣味常识；二是除少量属新闻报道类文章外，大多属于通过亲临实地采访考察乃至长期跟踪的实际案例，深入浅出阐述餐饮企业文化与品牌创新、制造业企业文化与品牌创新、人才创新之道的研究类文章。显然，本书已远远超出达华同仁本人"本意仅仅是为一生留个念想"，有理由相信对于相关领域的从业人员，无论是管理者、经营者、职工还是院校教师、学生都颇有研读参考价值，对志在创新创业者更有诸多启迪。

然究其之所以能够成功，正是南宋著名词人、书法家张孝祥（《论治体札子·甲申二月九日》）所言"立志欲坚不欲锐，成功在久不在速"的写照，试想一个人能够坚持50多年，始终满怀激情，始终有着强烈责任感，与时代同呼吸共命运，实属不易。达华同仁成功的人生，让我们更加懂得，立志不在高，而贵在一辈子坚持自己立下的志向；成功的秘诀在于持之以恒而不是急于求成或忽冷忽热，实乃荀子所说"不积跬步，无以至千里；不积小流，无以成江海。"我相信，只要读过这本书的，都会有这样的感受，也会像作者一样踏踏实实地珍惜一生的时光。

之所以谓之快乐，是达华同仁取得成功的并非来自其赖以谋生的专业，即无论是其工作过的机械制造企业还是《现代制造工程》杂志社，而是工作之余从事自己喜爱的写作和研究探讨。能够穷其一生而为，是很不容易的，仿佛整个人生同时在两股道上奔跑和劳作，一股道在上班时间，另一股道在工作之余，这不仅需要有矢志不渝的决心，也要具备超常的精力和持久的耐力，常人很难做到，达华同仁做到了，且很乐意去做。

正像孔子所言"知之者，不如好之者，好之者，不如乐之者"。达华同仁与时俱进50多年，年复一年日复一日，久而不怠，以其独到敏锐的眼光、分条析理的剖析和满腔热忱的激情，不倦地探究餐饮企业文化与品牌创新、制造业企业文化与品牌创新、人才创新之道，还不失时机地为科技教育改革、文化文艺创新助兴。达华同仁倾其一生心血，时时处处送人玫瑰，时时刻刻手有余香。写到此，吾忽地闭目遐想，达华同仁抚摸这本书时，一定是无比快乐的。

衷心祝贺本书出版，它出自于“对人和对客观事物的热爱和专心”。它的问世，于己于世均有价值。

最后要说的是，吾为达华同仁策划、设计、编撰本书，如负重前行，虽始终十分用尽心力，但难免有一些瑕疵，当属吾之责任和囿于吾之能力所限，诚望诸位不吝赐教。

《现代制造工程》期刊原主编

汪士治

目录

第一章

餐饮企业文化与品牌创新

老字号餐饮企业

新兴餐饮企业

餐饮企业人物

第二章

制造企业文化与品牌创新

制造企业

制造企业人物

第三章

科技教育改革、文化文艺创新

后记

第一章

餐饮企业文化与品牌创新

本章导读

餐饮业既传统更生机勃勃，特别是改革开放以来，发展增速迅猛，但竞争也日趋激烈。众多餐饮企业，无论是老字号餐饮企业还是新兴餐饮企业，无一例外，不敢丝毫懈怠地在市场竞争中求生存谋发展，演绎着你方唱罢我登场，生生死死，司空见惯，见怪不怪。

从本章收录的95篇文章中，可以通过一个个实地采访考察乃至长期跟踪研究的真实案例中读到，唯有不断创新餐饮企业文化与品牌建设，才能立于不败和赢得发展。

论述老字号餐饮企业文化与品牌创新案例的有17篇文章。其中，有关著名老字号餐饮企业全聚德企业文化与品牌创新探究的14篇系列文章尤为深入，不断追踪和探究老字号餐饮企业的创新历程，是怎样从餐饮文化之精神文化、行为文化、物质文化、服务文化诸方面既传承发扬中华传统饮食文化，又与时俱进不断创新的改革发展过程，可谓独具慧眼，抽丝剥茧，鞭辟入里。

论述新兴餐饮企业文化与品牌创新案例的有39篇文章。案例选择面广，既有北京贵宾楼饭店、顺峰酒楼等高档餐馆，也有不起眼的热盆景酒家之类的小餐馆，还有宛如耀眼流星的我国首家民营餐饮企业上市公司湘鄂情，更有众多展现祖国各地餐饮文化的新兴餐馆。案例论述精彩纷呈：展现在我们眼前的，无论是高档的贵宾楼饭店还是更贴近百姓生活的热盆景酒家，都彰显其精神文化的求实高远，物质文化的丰富亮丽，服务行为文化的体贴细致，皆栩栩如生，活力四射；而已淡出餐饮业市场的湘鄂情，其兴衰成败是极为难得的典型案例；携全国各地餐饮文化来京创业、欲展宏图的新兴餐馆，让我们不出京城，便可以感受和领略我国餐饮文化的博大精深，品味到各地的美味佳肴。从新兴餐饮企业文化与品牌创新案例可以获得诸多创新感悟，可读可学可鉴。

论述餐饮企业人物案例的有39篇文章。众多餐饮业人物，无论是餐饮企业创业者或管理者还是餐饮大厨，他们都是餐饮企业文化与品牌创新的主导力量。尤其是餐饮大厨更是餐饮物质文化创新的核心力量，他们的勤奋，他们的悟性，他们的情怀，继承、融汇、创新，不断丰富着餐饮菜肴文化。篇篇文章案例实实在在，又十分感人，每位新人和餐饮大厨的形象栩栩如生，他们的成才之道催人向上。

老字号餐饮企业

编著者的话：

几十年来，我乐此不疲的一件事就是，坚持不懈地深入探究老字号餐饮企业文化与品牌创新，尤其是持续地关注、跟踪和着力于北京老字号餐饮企业翘楚——全聚德的餐饮企业文化与品牌创新发展探究。

在本篇收录的总计17篇老字号餐饮企业的文章中，从“漫话全聚德烤鸭”到“百年圣火北京迎奥运，百年炉火老店展新颜”等14篇文章，皆是报道和深入探究全聚德老字号餐饮企业文化与品牌创新发展之路。这是因为具有150多年中华饮食文化积淀的全聚德烤鸭店，堪称中华餐饮传统文化与品牌的代表。新中国成立后，特别是经过改革开放市场经济激烈竞争的洗礼，越发生机勃勃，这是很值得持续深入探究的。

在21世纪初期的2002年，全聚德集团所属的全聚德前门老店在我国餐饮业的激烈竞争中脱颖而出，创造了“一把椅子”全年营业额超过10万元和单店全年营业额超过1亿元的中国餐饮业两项新纪录，实属难能可贵。正因为此，也强烈地吸引我持续深入其中，细心挖掘和探究全聚德老字号餐饮企业文化与品牌创新发展之道，期望以点带面，推动我国老字号餐饮企业文化和品牌创新，乃至我国餐饮企业文化和品牌的创新发展。

始建于1864年的全聚德。在20世纪90年代进入改革开放新时期，正值餐饮市场竞争白热化，时任前门老店的总经理沈放，在历任掌门人杨福来、苑海忠等经验的基础上，开启了全聚德老字号餐饮企业文化与品牌创新的新征程，全面规划了全聚德前门老店餐饮企业的发展战略文化、物质文化、行为文化与品牌创新发展要核，以创新全聚德前门老店餐饮企业文化品牌为核心，从经营管理创新、建筑设施与环境文化创新、菜品创新、出品品质管理创新、主动服务文化创新、市场营销创新等诸多方面，推出了一系列有效的、可操作执行的措施，凝聚成旗帜鲜明和极具影响的核心竞争力，为全聚德前门老店餐饮企业文化与品牌的发展，打下了坚实的基础。时至今日，这篇14文章中的论述及其案例仍可资借鉴，温故而知新，从中领悟其诸多创新悟性和创新情怀，以及由此迸发出一系列卓有成效的创新举措。

漫话全聚德烤鸭

据史书记载，北京烤鸭约有300多年的历史。这种烤制方法始于金陵（今江苏南京），随着明朝迁都北京，被带进北京宫中，后来成为明皇宫御膳中的佳肴。

北京烤鸭为什么流传甚广呢？这大概应首先归功于北京鸭。北京鸭是一种生长在中国北方的原种白鸭，经过几百年的驯化饲养而成。由于采用“填”的方式喂养，它生长期短，烤制后皮层酥脆，肉质肥嫩，颜色鲜艳，油多不腻。早时就有“京师美馔，莫妙于鸭”之说。

论起烤鸭，最负盛名的当数北京全聚德烤鸭。1864年，一位专肆鸡鸭生意的小买卖人杨全仁盘下了位于前门的“德聚全”干鲜果铺店，改名为“全聚德”，开始经营烤鸭。此时，北京的烤鸭已主要分为焖炉烤鸭和挂炉烤鸭两个流派了。焖炉烤鸭，使用一种平筑于地面之上、烧秫秸、炉门可以启闭的烤炉，烤出的鸭子肉质显得细嫩腴美，但稍有烟火气。挂炉与焖炉不同，它炉体高大，炉膛深广，有炉孔无炉门。烤鸭时烧果木，通常用枣木、苹果木、梨木、柿子木，果木燃烧时游离出的芳香物质可使鸭子有一种特殊的香味。

全聚德的杨全仁掌柜看好挂炉烤鸭的前途，特聘名厨，使挂炉烤鸭在全聚德得以发扬光大。

100多年来，挂炉烤鸭逐渐在全聚德形成了独特而完整的烤制工序，其中很多绝招、绝技是全聚德的专利。例如，为使鸭坯外形美观，需向鸭体内吹气，但气只能吹得八分饱，否则易使鸭坯外皮破裂；在烤前往鸭腹内灌开水，使鸭子入炉烤时就进入外烤里煮的状态，容易熟而且嫩……于是，全聚德烤出的鸭子，便有了吃起来皮脆肉嫩、鲜美酥香、肥而不腻、瘦而不柴等特点，成为北京独特风味中的佼佼者。

为了体现“买卖公平，童叟无欺”，早年的全聚德便将片烤鸭时流在盘子里的鸭油制成鸭油蛋糕，将片皮后较肥的部分鸭肉切丝回炉做成鸭丝烹青菜，将片鸭后剩下的骨架，加冬瓜或白菜熬成糟骨鸭汤，被称为“一鸭四吃”。后来，厨师们又发掘出用鸭舌、鸭胗、鸭血等烤鸭不用的部分烹制菜肴。经过不断的改革和创新，现在全聚德的鸭菜品种已达三四百种。在这处心积虑、不断创新中，既有吃文化的内涵、经商的门道，又体现了商家行事的规范。从吃烤鸭中，您吃出来了吗？

与李宁合作　刊于1996年1月16日《中国质量报》

全聚德饮食文化源远流长

编者按：

跨越历史长河，饱经沧桑，历尽磨砺，全聚德烤鸭从民间小吃到中华第一名菜；全聚德从默默无闻的烤炉铺，到蜚声中外的餐饮企业；从家族作坊到大型跨国连锁集团，不断地从一个辉煌走向又一个新的辉煌。

2004年7月26日，全聚德集团公司董事长、总经理姜俊贤在“全聚德创建140周年暨亚运村店开业庆典”上介绍，全聚德组建集团11年以来，企业收入、利润、资产量均比集团组建之初增长了5倍以上，品牌价值不断提升。2004年6月28日，在由世界品牌实验室、世界经济论坛主办召开的世界品牌大会上，全聚德荣获中国前500位最具价值品牌，排名第56位，评估价值为84.58亿元，为1994年的30多倍。以史为镜，温故而知新，“全聚德饮食文化源远流长”一文追本溯源，探索全聚德发展中经久不衰的餐饮企业文化内涵。全聚德百年炉火经久不息，炉火更旺。全聚德餐饮文化是中华饮食文化的奇葩，在新时代绽开，向海内外宾客展示风采，全聚德烤鸭香飘万里。

一、全聚德烤鸭溯源

全聚德烤鸭历经一个多世纪，已有140年的历史，时至今日已有了这样的口碑：“不到万里长城非好汉，不吃全聚德烤鸭真遗憾。”这其中，必然有其独特的文化内涵。

鸭子是全聚德饮食文化的重要载体。中国是世界上驯化和饲养野鸭最早的国家之一，养鸭历史悠久，吃鸭历史也就更加久远。祖先们就曾燃起堆堆野火，用树枝架成烤架。烤制各种可以充饥的野味，包括鸭子。至于鸭子的烹制方法或蒸或熬，或煨或烧，或炸或酱，做法多多，而不用任何炊具便可操作的烤制法，大概是各种烹制法中最古老的一种。

据史书记载，北京烤鸭有300多年的历史。这种烤制方法最早始于金陵［今江苏南京，明朝（1368～1644年）初期四十年的都城］，随着明代迁都北京，这道菜亦带进北京宫中，成为明代皇宫中的佳肴。当时这种被称为"炙鸭"的制作方法在明朝人宋诩所撰的《宋氏养生部》中记载道，"用肥者全体，熬汁中烹熟，将熟油沃，架而炙之。"这正是后来北京烤鸭的雏形。

大约1630年，明宫太监刘若愚在他的《酌中志》中详细描述了皇宫中的饮食情况，其中讲到此时宫中崇尚的菜肴就有烤鹅、烤鸡、烤鸭。与烤鹅、烤鸡相比，烤鸭流传得更广，脍炙人口，究其缘由应该归功于北京鸭。北京鸭是一种生长在中国北方的原种白鸭。经过几百年的驯化饲养而成。北京鸭羽毛洁白，躯体长而宽，嘴壳短宽厚，胸部丰满突出，腹部下垂但不擦地，腿短粗，嘴与趾蹼均呈橘黄色。外观很是美丽。由于采用"填"的方法喂养，北京鸭生长期短，肉质肥嫩，烤制后皮层酥脆，颜色鲜艳，油而不腻，遂有"京师美馔，莫妙于鸭"之说。

19世纪中叶，北京的烤鸭已分为焖炉烤鸭和挂炉烤鸭两个流派。焖炉烤鸭，使用一种平筑于地面之上、烧秫秸、炉门可以启闭的烤炉。先点燃秫秸烧热烤炉的炉墙，然后将鸭子放入炉内，关闭炉门。全凭炉墙热度和炽热的柴灰将鸭子焖烤而熟。由于这种烤法火力文而不烈，鸭子的油脂和水分消耗得少，烤出的鸭子肉质更显得细嫩腴美，但稍有烟火气。挂炉与焖炉完全不同，挂炉炉体高大，炉膛深广，内有挂钩用的炉梁，无炉门。烤鸭时烧果木，通常用枣木、苹果木、梨木、柿子木，果木燃烧时游离出的芳香物质可使鸭子有一种特殊的香味。挂炉烤鸭直接在明火上烤炙，有时还需用烤鸭竿挑起鸭子在火苗上燎，以便鸭体上色和成熟均匀。

经过几百年，随着时代的进步，文化的提高，人们生活发生了巨大变化，饮食的需求更要求多变，这便是北京烤鸭饮食文化发展与形成的必然。

1864年，全聚德创始人、第一任掌柜（经理）杨全仁（1822～1890年）盘下了位于前门外肉市的"德聚全"干鲜果铺，改名为"全聚德"。这才揭开了烤鸭餐饮文化的新篇章。

二、全聚德饮食文化之形成

杨全仁原先是做鸡、鸭生意的小买卖人，他以敏锐的眼光看好了当时的北京烤鸭餐饮市场，专门聘请了曾在皇宫内御膳房的厨师，琢磨把烤鸭推向社会。杨全仁非常精明能干，经过他的不断苦心经营，全聚德由一个普通的烤炉铺发展成为以挂炉烤鸭为特色的名副其实的饭馆，为日后全聚德名扬京都奠定了坚实的基础。又经过几代掌柜和全聚德厨师的不断改进和创新，挂炉烤鸭逐渐在全聚德形成了独特而完整的烤制工艺，这之中很有些诀窍。例如，为使鸭坯外形美观，向鸭体内吹气，但气只能吹得八分饱，否则易使鸭坯外皮破裂：掏膛的开口开在右翅下，鸭翅自然下垂后遮住了刀口；打糖就是在鸭身上淋浇饴糖水，烘烤时使鸭皮更好着色；灌水是在烤前往鸭腹内灌开水，入炉烘烤时使鸭坯处于外烤里煮的状态，鸭子容易熟透外焦里嫩……

全聚德烤鸭，外形美观，丰盈饱满，皮色鲜艳呈枣红，宛如绸缎般光洁的表皮酥脆，片下的脆皮放在嘴里入口即化，皮下肌肉间的脂肪熔化渗透到肌肉纤维里面，吃起来皮脆肉嫩、鲜美酥香、肥而不腻、瘦而不柴，成为北京独特风味中的佼佼者。全聚德也因此名声大振。

全聚德烤鸭的吃法极其讲究，并逐渐形成全聚德餐饮文化，在中国菜中独树一帜。鸭子烤好后，要不等鸭脯凹塌，及时片好装盘，此时吃在嘴里皮肉都是酥的，最为味美。其片鸭方法有三种，一种是先趁热片下鸭皮食用，又酥又脆又香，然后再片鸭肉：另一种片法是片片有肉、片片带皮、大小均匀、薄而不碎；还有一种吃法是单片瘦肉。一般一只两公斤重的鸭子能片出一百片左右丁香叶大小的鸭肉。最传统的吃法是将鸭肉佐以甜面酱和葱条，放在巴掌大的荷叶饼中卷裹食之，别样风味。同时，可用酱油和蒜当作料。若不吃葱、蒜，则可佐以细细的白糖和黄瓜条，亦很美味。这种吃法对于外国客人来说，很新奇、很有意思。全聚德烤鸭的吃法，就是艺术。

可以说，经过百余年几代全聚德管理者和厨师的不断努力，不仅形成一套完整科学、选料严格、精工细作的烤鸭佳肴制作工艺，而且形成了赏心悦目、享受无穷的烤鸭佳肴系列品种，造就了独特的全聚德饮食文化。从白条鸭吹气开始，白白净净，丰满造型，栩栩如生。烤熟后，枣红油亮，金灿灿。片鸭时，厨师心灵手巧，快刀如飞，不一会儿近百片“丁香叶”呈现客人眼前。尚未入口，香气扑鼻。将“丁香叶”拌上葱、酱、黄瓜条，用薄如纸的荷叶饼包卷后食之，那第一口的感觉是薄饼绵软、鸭皮酥脆、瓜条清香、黄酱甜爽、葱丝辛甘，多种美味随着不断地咀嚼，慢慢让人感受，美不胜收，回味无穷。这便是全聚德饮食文化的独特魅力。

三、全聚德饮食文化之鼎盛

改革开放后，迎来了全聚德餐饮文化崭新的时代，不仅是因为成立了集团公司，拥有60余家连锁店，规模扩大，更主要是从饮食文化内涵上不断创新，买与卖本身就是商业文化，它的道德标准更体现了人们的文化修养与素质，同时能反映出人类物质文明的进步。创新是全聚德饮食文化的灵魂和生命，在这个时期，全聚德的鸭菜系列不断创新，新品种层出不穷；全聚德的服务也是不断翻新。

为了体现“买卖公平、童叟无欺”，早年的全聚德便将片烤鸭时流在盘里的鸭油制成鸭油蛋糕；将片皮后较肥的部分鸭肉，切丝回锅做成鸭丝烹青菜；将片鸭后剩下的骨架，加冬瓜或白菜熬成糟骨鸭汤，被人称为“一鸭四吃”。后来厨师们又发掘用鸭舌、鸭胗、鸭血、鸭肠等烤鸭不用的部分烹制菜肴，称为“全鸭菜”。经过不断的改革和创新，现在全聚德的鸭菜系列品种已达三四百种。近几年又推出布什宴、希思宴、科尔宴、海部俊树宴等名人筵席，这些名人宴融进了西方饮食文化，丰富了全聚德饮食文化内涵。

本文重点介绍全聚德鸭菜系列的创新项目之一的全鸭席。传统的全鸭席，以烤鸭为主，配菜单一，口味单调。从“一鸭四吃”到“全鸭菜”，也只不过是鸭子身上的各个部位，缺少花色品种。如今的全鸭席，虽说仍以鸭料为主，但博采八大菜系之众长，变中求新。海中的鱼，河中的虾，天上飞的，地下跑的“海”“陆”“空”应有尽有，只要不涉及国家自然保护动物和植物，都推上了筵席，饱了民众的口福。在辅料上，选用食药同源的五味子、莲子、大枣、人参等，符合现代人食补的需求。这些新的原辅料加入全鸭席，营养丰富，菜肴口味千变万化，质感各异。比如“雀巢鸭宝”“雪中争艳”“人参乌鸡炖炉鸭”等，就让人耳目一新。这些都体现了全聚德不拘泥于传统，而是求变创新的精神，正是这种变中求新的宗旨，使得全聚德饮食文化经久不衰，脍炙人口。

在营养上，传统的全鸭席单纯以色、香、味、形为主，偏口感，往往忽视了营养平衡，出现了高脂肪、高胆固醇、高热量的不合理膳食。新近推出的全鸭席讲求科学配比，对全席的热量测算能满足当餐人体营养的需求，形成了高蛋白质、低糖、低盐、低热量、低胆固醇的合理配餐，同时增加了高纤维、粗纤维的含量，以利于现代人的身体健康。比如“豆蓉鸭舌汤”“竹荪鸭卷”“五子炖甲鱼”等。

在烹调工艺上，传统的烧、烤工艺，口味单一，脂肪含量超标，大多数热菜均采用过油工艺，也让人感到油腻。现代的全聚德菜肴制作工艺，借鉴粤菜及国外的烹调方法，采用沸水或热空气为热传导介质，将菜肴制熟。比如“蝴蝶鸭掌”“竹荪鸭卷”，前者水焯，后者先蒸而后装盘。二者都利于造型，菜肴欣赏性强。口感前者香脆，后者清口松软。在传统堆、片、段的基础上，创新制作工艺，形成形态各异的菜肴风格。

要使顾客体味地道的全聚德餐饮文化还要靠服务的传统、规范和创新来保证。刚出炉的烤鸭必须在5分钟之内上桌，其中的各个环节已有了标准化、规范化的操作保证。如今，吃全聚德烤鸭还有一个最大的变化是，不见了昔日老堂头，全是男人的身影，取而代之的是几乎一色的女服务员。另一方面，当代人虽仍围坐圆桌，但已不满意在一碗菜内“洗筷”的不卫生陋习。现代文明促进了宴席服务改革，新的饮食卫生理念、饮食卫生科学进入了全聚德。女服务员将菜肴端上来向食客展示，让人们欣赏琳琅满目的特色形态，然后将整盘菜肴一一为顾客小碟分餐。

四、“老铺”重张再添光彩

全聚德餐饮文化进入崭新时代之后，能否再添光彩，这是当代全聚德全体员工和情系全聚德的人们普遍关心的问题。当代的全聚德人，发扬“不断创新，变中求新”的精神，策划将“老铺”重张，增加全聚德餐饮文化发展的硬件和软件，深层次地挖掘和开发全聚德餐饮文化资源，在现代中展现传统的精华。

前门全聚德烤鸭店是“全聚德”的发源地。改革开放以来，餐饮业强手林立，竞争激烈，为在优胜劣汰的市场经济大潮中生存与发展，应当发挥全聚德老字号的传统餐饮文化优势，并与现代企业经营理念完美地结合，求新、求变，搞特色经营。根据这种创新方案，设计了两个开发方向，一是实施精品战略，从硬件设施到服务质量向一流餐饮企业水平看齐，提高餐馆档次，展现“天下第一楼”风采；二是挖掘传统文化，展示“全聚德”百余年的历史，体现地道的老北京民间风俗和传统的全聚德餐饮文化氛围。1992年前门店改扩建工程完成，建起了一座二层楼的仿古建筑，新建的餐厅内有三大特色：一是燕京八景宴会厅，仿宫廷装修，实行“A”级服务，专门接待双高（高标准、高身份客人）宴会；二是在京城首家实行“明堂亮灶”，设置透明烤鸭间，与餐厅融为一体，顾客隔着玻璃墙可以清楚地欣赏烤鸭的全过程：三是将有百余年历史的全聚德“老墙”移至餐厅东墙，作为“百年老店的”一个佐证。这三大特色几乎成为全聚德前门店的象征，吸引了广大宾客，近几年来为前门店赢得了可观的经济效益和社会效益，2002年首创全国单店营业额1亿元佳绩。

1999年恰逢“全聚德”135周年华诞，为纪念全聚德135年的发展历程，深入发掘全聚德的历史文化，决定打开老墙，亮出老铺，再现老店风貌，展现老北京风俗。前门全聚德烤鸭店建店时只有三间不起眼的小门脸儿。1888年经过重新修缮，建起了新店面：中间大门和两边窗户上面，砖刻的大字赫然醒目，“全聚德”居中，“老炉铺”在左，“鸡鸭店”在右，大门旁边还挂了两块幌子，上写着“包办酒席，内有雅座”和“应时小卖，随意便酌”。这个店面一直沿用了一百多年，被称为“老墙”，1992年，前门全聚德烤鸭店改扩建工程完工后，建起了新的门面，这堵老墙被移到一层大厅的东墙，成为前门全聚德烤鸭店一道独特的景观，历经百余年风雨，老墙匾额上的砖刻大字仍依稀可辨，是全聚德历史的见证。

“老墙后面是什么”，越来越多的人希望对全聚德饮食文化有更深层次的了解。显然，老墙仅仅作为餐厅的一道风景线，其展示全聚德历史文化的功能尚未得到充分的发挥。经过研究，决定打开老墙大门，将老墙后面的加工间撤掉，设立一间整旧如旧的餐厅，格局一如老全聚德的样子，取名“老铺”。为了最大限度地恢复全聚德的历史原貌，请来了《天下第一楼》的美工，参加过该剧演出的老演员和故宫的专家学者，对老铺的建筑格局，厅堂布置进行专题讨论和缜密设计。重新装修后的老铺，每一处细节都经过了认真细致的推敲，处处体现了经营者力图恢复历史原貌的苦心。

打开老墙大门，展现在人们面前的是一间极具中华民族传统特色的旧式餐厅，建筑风格古色古香，为求与老全聚德格局一致；还利用有限的空间，搭建了虚拟的二楼。木格门扇，木制楼梯，实木廊柱，营造出一间传统风味十足的餐厅。餐厅内布局借鉴了《天下第一楼》的布置，餐厅正中高悬“全聚德”的金字匾额，乌木嵌金的对联“只三间老屋时宜明月时宜风，惟一道小味半似尘世半似仙”，点出了全聚德“世道在变，不变的是生意”的主题。东墙正中由八仙桌、太师椅、福禄寿三星聚会图和“福如东海长流水，寿比南山不老松”红底洒金对联组成了一个典型的老北京式的中堂，一派祥和气氛。北墙上是一幅展现老全聚德风貌的浮雕画，引发人浓厚的怀旧情绪。西墙上是四位老掌柜的遗像，默默诉说全聚德的沧桑。南侧则是典型的老北京餐饮行业常用的旧式柜台。餐厅内各种器具也无一不流露出浓厚的旧日气息，餐厅内摆放的是八仙桌、清式木椅，用的是铜茶壶、蓝瓷茶具、泥制小酒壶、小酒盅。为突出老全聚德的旧貌，餐厅里装饰了不少清代古玩，如瓷算盘、留声机、青瓷烛台、花瓶、挂钟、老式电话等，其中有些是老全聚德用过的器物，还有过去的旧账簿，如今又在新装修的老铺里重现光彩。经过精心布置的老铺，使人们仿佛置身于19世纪之初的全聚德，体味到浓重的历史氛围。

老铺装修完毕，恢复了老全聚德的原貌，为了再现老北京餐饮行业的服务特色，老铺内全部启用男服务员，为了让服务人员充分领会旧式跑堂的服务方式，为此组织他们观看《天下第一楼》和《老店》，学习《全聚德史话》，对全聚德的历史进行感性的认识。还请来了“八大楼之”一的东兴楼的老堂头，现已年迈的老师傅和全聚德第四任掌柜的遗孀普崇芬女士回忆老北京餐饮业跑堂的服务方式和当年全聚德的风貌，并组织服务员到京城各大餐饮名店观摩学习。多管齐下，全面提高人员素质，力图培养出精明能干的“跑堂儿的”，再现老北京餐饮行业服务人员的风采。

经过多方面的努力，老铺的软、硬件已基本准备完毕，在1999年7月18日——全聚德135周年纪念日正式开张，作为庆祝全聚德华诞系列盛大庆典的重要活动之一亮相。老铺再现了老全聚德的风貌，展示了全聚德更深层次的文化内涵，同时也是老北京餐饮行业的一个缩影，体现了老北京的风俗文化。当您走进老铺，就会有头戴小帽、身着青衣的跑堂小伙计过来殷勤地招呼：“您几位里边请!”老铺开张以来，深受中外宾客的欢迎。

全聚德和平门店发展了名人文化，全聚德王府井店推出了王府文化，新开张的全聚德亚运村店融进了奥运文化，这些都延伸和发展了全聚德源远流长的饮食文化。

刊于《中国食品》2004年第16期

全聚德永不褪色的金牌

前门外大街，人群熙攘，店铺林立，在日趋现代装修的浪潮中，一座油漆彩画的门楼赫然矗立，犹如鹤立鸡群，独显古香古色的韵味。这门楼上方飞檐叠翠，“全聚德”金字牌匾及“全聚德卡通鸭”的企业标志在阳光下熠熠闪光。

市场经济的大潮给每个企业带来了竞争和压力，同时也提供了发展与新生的机遇。北京前门全聚德烤鸭店，这家拥有130年历史的老字号，却始终立于潮头，愈发显出百年老店的风采。

现代社会是管理的社会，谈到全聚德的管理经验，总经理韩广增说："我们的经验就是全聚德的人心——抓管理、促效益。使员工齐心，抓菜品质量，服务上档次，使顾客满意。只有方法得当，政策对路，才能取得最大的效益。"全聚德有一个精明强干的领导班子，他们抓住人心所向，进行了一系列改革：干部实行聘任制；全员执行合同制；抓管理、定人定岗强化各项规章制度；严把质量关突出菜品风味；服务严格"六个一"标准，即递上一条小毛巾、送上第一杯热茶、斟好第一杯酒、布好第一道菜、卷好第一卷鸭卷、接待好最后一位客人，这些措施好似春潮涌动，广大员工迸发出前所未有的积极性，你追我赶……

李震，这位"点坯创利"的状元，他那特有的"全聚德人的微笑"吸引了众多的回头客。在5月20日至7月14日这短短的日子里，他一个人就销售22万元。问起他的绝招，他说"我喜爱开口说话这行，职高毕业后我就冲着老字号全聚德来"，"我总是观察客人的身份、年龄、籍贯、经济状况等综合情况，为客人当好参谋，介绍能使他们称心如意的菜点"；"客人自选题字的鸭坯每只要168元，但结合介绍老店的历史渊源，令他们享受到全聚德饮食文化的情趣，乐于解囊，满意而去。"

现代化的企业，需要现代化的经营思路和经营方法。如今的全聚德不再是当年的老店铺。新中国成立后，经两次翻修扩建，现已占地6000平方米，前楼楼上燕京八景雅座还有帝王厅，楼下烤鸭快餐厅；后楼上下四面环座可观店史及烤鸭操作，领略"全聚德"文化风骚，可同时接待1000余人进餐，适合高中低档要求。菜品也由单一吃鸭子，发展到如今的全鸭席，鸭菜品种已达三四百种。现又推出了"鸭珍系列菜肴"及"鸭珍圣宴"，全宴冷菜48道、热菜72道、糕点30道、挂炉烧烤12道。

更可喜的是，一年前，以前门全聚德烤鸭店、和平门全聚德烤鸭店、王府井全聚德烤鸭店为核心，成立了中国全聚德烤鸭集团公司，把一个店铺的财富变为整个中华民族饮食文化的宝藏。通过品牌评估，"全聚德"牌号以1994年1月1日为基准日，单项无形资产的社会公允价值为2.6946亿元人民币，完成了"全聚德"商标权的转让，在世界25个国家和地区进行了国际商标的注册，确立了包括商标、商名、牌匾、集团标识系统、建筑装饰风格、食品配方等的"全聚德体系"。现在，"全聚德"有了自身的价值，"全聚德"有了自身的尊严。今非昔比，全聚德奔向规模经营的大潮。眼下，全国已发展近60家。走出国门，在德国不来梅、美国洛杉矶等异国他乡发展"全聚德"。中国饮食文化的这个瑰宝，正在走向新的辉煌。

握别韩总经理时，他感叹道："前人栽树，后人乘凉。"是啊！先辈创业难，历经几代人的努力，才发展到如今的兴旺。抚今追昔，“全聚德”走过的路、迈过的坎，是不断创新的篇章。它饱含着每一任领导付出的艰辛，更凝聚着历代厨师的心血，也有服务员们的深情。“全聚德可别砸在咱们手里”！“新时期的全聚德人，要为祖宗留下的这块金字招牌，添足金，增光辉，可别抹灰”，“也别躺在这块金字招牌上睡大觉”！

刊于1994年9月9日《北京市场报》

全聚德卡通——北京前门全聚德烤鸭店速写

漫步前门外大街，人头攒动，熙熙攘攘。门店朝夕换新颜。对任何一个企业，压力、竞争与生死并存。君不见“××汉堡”已摘下了牌，还有一些老字号在走“背”字。偶抬头得见一油漆彩画的门楼矗立眼前，它在前门大街日趋现代装修的浪潮中，犹如鹤立鸡群，独显古色古香的韵味。这门楼上方飞檐叠翠，中间镶嵌着“全聚德”金字牌匾及“全聚德卡通鸭”的企业标志。

进了店门，韩广增总经理介绍了领导班子成员：党总支副书记杨守强、副总经理李庆谋、工会主席秦尚桃、团委书记李敏，以及全聚德创始人杨氏第五代传人、公关销售部经理杨宗满。韩广增本人兼任党总支书记抓全面工作，班子可谓精干，充分发挥党政工团的作用，做到了领导班子齐心，各显其能，各建其功。

前门全聚德烤鸭店这个领导班子，党政工团齐心协力，各尽其责，是一个“三满意”的领导班子，即上级领导满意；基层群众满意；领导班子自己满意。请韩总经理讲经验，他只说了一条：以身作则，严格管理。前不久，一名干部工作失误，店领导班子研究决定对其处罚，下浮两个月一级岗位工资。韩广增认为自己应负领导责任，主动要求下浮一个月一级岗位工资。此事在全店干部和群众中引起了很大震动：“总经理自责令人佩服”“干部有错与民同等受罚”“干部不能稳坐铁交椅”……它向全体员工敲响了警钟，钟声震撼了每个人的心灵，音讯相互撞击，人心凝聚了。

韩广增说：“领导班子齐心，才能凝聚全店员工的人心。”他们抓住人心所向，进行了一系列改革：干部实行聘任制；全员执行合同制；定人定岗，强化各项规章制度；严把品质关，突出菜品风味；服务严格“六个一”标准，即递上一条小毛巾、送上第一杯热茶、斟好第一杯酒、布好第一道菜、卷好第一卷鸭卷、接待好最后一位客人。这些措施好似春潮涌动，广大员工迸发出前所未有的积极性，你追我赶……

大堂内充满欢声笑语，客人们津津有味地品尝美食，服务员们台前台后忙个不停，看来要找“点坯创利状元”李震实不容易。没见到李震时，误以为是女孩子取了个男孩子名字。当杨宗满向我们引见时，站在面前的是“七尺”男儿，腼腼腆腆，笑眯眯的。也许是他那特有的“全聚德人的微笑”吸引了众多的回头客，在5月20日至7月14日这短短的日子里，他一个人就销售22万元，问起他的绝招，李震说：“我喜爱开口说话这行，职高毕业后我就冲着老字号全聚德来了。我总是观察客人的身份、年龄、籍贯、经济状况等综合情况，为客人当好参谋，介绍能使他们称心如意的菜点。客人自选的鸭坯每只要168元，但结合介绍老店的历史渊源，令他们享受到全聚德饮食文化的情趣，乐于解囊，满意而去。”

说了归齐：一抓管理促效益，员工高兴；二抓菜品质量副服务上档次，顾客满意。负责经营的李副总经理提供的数据：上半年完成营业收入1301.46万元，完成利润256.77万元，比去年同期分别增长18.45%和51.47%。

出得店门，夕阳红似火，折射在门楼“全聚德”金字牌匾上熠熠闪光。是啊！130年沧桑，历经坎坷，如今旧貌换了新颜，不再是当年的老店铺。新中国成立后，经两次翻修扩建，现已占地6000平方米，前楼楼上燕京八景雅座设有帝王厅，楼下烤鸭快餐厅；后楼上下四面环座可观店史及烤鸭操作，领略“全聚德”文化风骚；可同时接待1000余人进餐，适合高中低档要求。菜品也由单一吃鸭子，发展到如今的全鸭席，鸭菜品种已达三四百种。现在又推出了“鸭珍系列菜肴”及“鸭珍圣宴”，全宴冷菜48道，热菜72道，糕点30道，挂炉烧烤12道。

更可喜的是，一年前，以前门全聚德烤鸭店、和平门全聚德烤鸭店、王府井全聚德烤鸭店为核心，成立了北京全聚德烤鸭集团公司，通过品牌评估，“全聚德”牌号以1994年1月1日为基准日，单项无形资产的社会公允价值为2.6946亿元人民币。“全聚德”在世界25个国家和地区进行了国际商标的注册，确立了包括商标、商名、牌匾、集团标识系统、建筑装饰风格、食品配方等的“全聚德体系”。今非昔比，“全聚德”奔向规模经营的大潮，在国内已有近60家分店，并且走出国门，在德国不来梅、美国洛杉矶等异国他乡发展“全聚德”。中国饮食文化的这个瑰宝，正在走向新的辉煌。

刊于1994年8月10日《中国物资报》

以变应变，老店创新

前门大街人潮如涌，店铺林立，商战激烈，企业存亡旦夕之间，近几年不少老字号门前冷落。担负前门全聚德烤鸭店经营重任的副总经理李庆谋认为，这里三教九流、东西南北层次不一，存在高、中、低档的就餐层次。但老店原有的格局却不合理，必须顺应社会消费潮流，以变应变，寻求发展。去年5月改营烤鸭快餐后，适应了工薪族和来京旅游者的要求。又同时增加夜市，从晚上7点半延长至9点半左右。二楼接待旅游团队宴会及帝王厅高档消费，历来不翻堂，李庆谋提出利用时间差，翻堂接宴会。由原来平均接10～20桌，增加至30桌。就这样一个“变”，使前门全聚德烤鸭店去年完成营业收入3340万元，比上年增加39%，实现利税660万元，比上年增长63%。

李庆谋深知店堂留客关键是菜品和质量。他从对顾客的调查中，发现简单的鸭四吃和全鸭席已不能满足当代人的口味。于是，他带领厨师向粤菜、川菜学习，打破本店纯山东风味的模式，独创出柠檬鸭柳、铁板鸭心等新菜，现在做到每月都有十几种新菜同顾客见面，还不定期地在菜肴上桌之前突击抽查，由全店组织的评委会评定优劣记入考评档案，留作晋升职称和提高工资的参考，使得每一位厨师在制作每一道菜时，都来不得半点马虎。目前菜品已集三四百种，满足了不同消费层次和口味的变化要求。就这样、李庆谋从实践中总结出餐饮业要求稳定发展必须不断“创新”二字。

李庆谋还参考当代公关风范，推出了“全聚德人的微笑”的服务主旋律，为给经营机制的大变革找到内在的联系，李庆谋又从实践中推出了“三转”模式：后勤围着一线转；前台围着客人转；厨师围着服务员转。这个模式的出现如灵丹妙药，使企业这条“龙”活起来，生机勃勃。李庆谋认为，企业的经营管理归根结底是对人的管理，去年6月23日，“前门烤鸭店”请来了全店员工356位亲属同庆老店130周年生日，店领导还给先进员工的家属发了奖金。“前方”和“后方”的感情交织在一起，全体员工心更加凝聚了。李庆谋抓经营管理以感情为纽带，突出一个“严”字，重视一个“奖”字。工作直接与个人收入挂勾，从而旧貌换新颜：过去公关部订座多是成绩，而餐饮部不乐意多服务。现在是单子一下，服务到位，做到了嘴勤、腿勤，还主动向公关部要接座。有一次，一个日本旅游团队晚上10点多才到，餐厅服务员、厨房厨师全都耐心等待。

李庆谋在谈到前门全聚德烤鸭店取得的成绩时说："1994年，我们在总经理韩广增的带领下营业面积没增加，人员减少了30人，9个月就完成了全年任务，同时效益增加了1倍。但处在前门这个商战中心地带，时刻都感到有危机，只有以变应变，不断创新，才能有所发展。"今年一开春，这个店又承租了致美斋饭庄，成立了全聚德食品发展中心，形成具有烤鸭快餐、烤鸭生产、制饼、加工小包装食品及烤鸭真空无菌包装车间等多功能的基地，力图开发新品种，扩大生产批量，发展连锁店，拓展国内外市场，为百年老店再创辉煌。

刊于1995年1月20日《中国物资报》

变中求新

——北京前门全聚德烤鸭店总经理韩广增谈经营管理

去年是我国社会主义经济建设和发展史上最重要的一年，是深化企业改革、加大改革力度的关键一年。在市场经济的新形势下，前门全聚德烤鸭店在集团公司领导、关心、帮助下，努力探索新时期经营工作的新思路、新方法，勇于把握住自己，敢于参与市场竞争，带领职工走出了一条适应市场经济的新路。

前门大街的人流，东奔西走，南来北往，层次不一，存在高、中、低档的就餐层次。然而，老店原有的格局却不合理。重新装修后的临街一层营业厅改作商品部，经营服装，难怪有的顾客误认为"全聚德"关门了。去年5月改烤鸭快餐后，日营业额最多时达4.4万元。这一改，适应了"工薪族"和来京旅游者吃"名吃"的要求，了却这些顾客品尝"全聚德"的夙愿。同时又将租赁出去、收不回租金的"怡宾"门市部收回，自营烤鸭快餐与主店遥相呼应，形成合力，仅两个月营业收入就达48万元。后楼一层，接待散客点菜就餐中档消费，但只能解决300人就餐，光靠翻堂仍应接不暇。为满足慕名而来的客人要求，增加夜市，从晚上7点半延长至9点半左右。就这么一变，一年增加100多万元的收入。二楼接待旅游团队宴会及帝王厅高档消费，历来不翻堂。后来根据客源情况，利用时间差，翻堂接宴会，由原来平均每天接10～20桌，增加至30桌。这一突破，每月增加收入10余万元。

全聚德前门店顺应市场消费层次的变化和需求，更新经营观念，改变经营结构，使全店形成高、中、低档的经营格局，满足了社会需求；同时，总结出餐饮业发展，必须顺应社会消费潮流，重视一个“变”字，从而促进全店获得了良好的经济效益。全聚德前门店去年完成营业收入3340万元，比上年增加39%，实现利税660万元，比上年增长63%。

量的满足只是暂时现象，店堂能留住客人的关键是菜品和质量。从对顾客的调查中发现，简单的鸭四吃和全鸭席已不能满足当代人的品位。于是，领导班子成员带领厨师向粤菜、川菜学习，打破本店纯山东风味的模式，引进了其他菜系的制作工艺，不拘泥于“鸭子”，同时又不偏离“鸭子”的推陈出新，独创出柠檬鸭柳、铁板鸭心、香辣鸭肠等新菜，深受中外宾客欢迎，现在做到每月都有10多种新菜同顾客见面。顾客们说，常吃常新。迎来了众多的回头客。

全聚德前门店参考当代公关风范，推出了“全聚德人微笑”的服务主旋律，这个微笑包含尽力满足就餐客人的要求，为客人提供最佳饭菜、优质服务，更融进了在微笑中自觉执行和相互监督，使企业赖以生存的规范。去年以来，没有发生服务性事故，每月收到顾客近100条表扬意见，使得就餐者与服务员之间感情发生了深刻变化。每当客至，服务的小伙和姑娘们都递上了一条小毛巾、送上第一杯热茶、斟好第一杯酒、布好第一道菜、卷好第一卷鸭卷、接待好每位客人。还增添了“点鸭坯”服务项目，员工费尽心思，从店堂镶满老店历史简介和那百年尚存的青砖匾牌设计构思中，联想到如果让客人自选鸭坯，并亲笔题写自己满意的字句。同时，透过玻璃墙目睹烤鸭工艺过程，岂不更加增添了全聚德饮食文化的意境！当顾客看到那枣红透亮、字迹醒目的鸭子“飞来”时，无不拍手称快，虽然比零点烤鸭贵了一倍，也乐于解囊。此举，赢得中外宾客的一致称赞。

前堂红红火火，必然促使后堂热气腾腾。由此，整个店内的经营机制发生了深刻的变化。为了给经营机制的大变革找到内在的联系，推出了“三转”模式：后勤围着一线转；前台围着客人转；厨师围着服务员转，这个模式的出现如灵丹妙药，使企业这条“龙”活起来，生机勃勃。从科室中精简了30名干部，充实第一线，干部支前，义务劳动；前厅忙不过来，仓库的同志就主动送来酒水；空调或水暖有故障，总务处的同志不抢修完不离开现场，前台各个岗位的人员一切都为客人着想，更值得一提的是：“厨师围着服务员转”，按陋习厨师是大爷，服务员得央求他。这回掉了个，原因在于服务员为了顾客，而顾客是店里的“上帝”。这个关系理顺了，一顺百顺，服务就能上档次，店里才能有效益。有一次，服务员要求一位老厨师加菜，老厨师不乐意，有所怠慢，被领导班子决定罚款500元，对全店震动很大。对那位老厨师晓之以上述道理，他心服口服。

韩广增认为，企业的经营管理归根结底是对人的管理。人非草木，动之以情，晓之以理，就不难调动他们的积极性，新店员进店上岗前进行传统敬业教育，当然是必不可少的一课；平常日子，领导干部同职工促膝谈心，问寒问暖，关心生活也不能少。去年6月23日，请来全店员工的356位亲属同庆老店130周年生日，向亲人们介绍为全聚德辛勤工作、无私奉献的先进员工事迹，使亲人们万分激动，纷纷表示理解，支持亲人安心在店里工作，店领导还给先进员工的家属发了奖金。“前方”和“后方”的感情交织在一起，全体员工的心更加凝聚了。有一次，一个日本旅游团队晚上10点多才到，餐厅服务、厨房厨师全都耐心等待。以前内部职工食堂每天晚6点就关门，现在等到一线员工最后一个用完餐。全体员工都说：全聚德前门店员工的热情空前高涨，经济效益也越来越好。

同往年比，营业面积没增加，人员减少了30人，去年全年的任务9个月就完成了，同时效益增加了1倍。但处在前门这个商战中心地带，时刻感到有危机，不能掉以轻心。任凭餐饮业潮起潮落，全聚德前门店将以变应变，变中求新，不断创新，紧追潮头，不断为老店谱新篇。今年一开春，全聚德前门店又承租了致美斋饭庄，利用其原有场地进行改造，成立了全聚德食品发展中心，形成具有烤鸭快餐、烤鸭生产、制饼、加工小包装食品及烤鸭真空无菌包装车间等多功能的基地，力图开发新品种，扩大批量，发展连锁店，拓展国内外市场，为百年老店再创辉煌。

与曾欣合作　刊于1995年4月17日《中国食品报》

前门全聚德“三转”出效益

北京前门大街，人潮如涌，店铺林立，商战激烈。近几年不少老字号门前冷落，商者手足无措。这些压力好似动力，无时无刻不在激励着北京前门全聚德烤鸭店的决策者。他们想，前人几代沧桑创下“全聚德”金字招牌，绝不能在这一代暗淡无光。

在前门大街的人流中，东西南北层次不一，存在高、中、低档的就餐层次。全聚德将重新装修后的临街一层营业厅改营烤鸭快餐，并增加外卖窗口，日营业额最多达4.4万元。这一改，适应了工薪族和来京旅游者就餐快捷、卫生的要求，了却普通消费者品尝全聚德烤鸭的夙愿。后楼一层，接待散客点菜就餐，同时能解决300人就餐，他们将结业时间从晚上7点半延长至9点半左右。就这么一变，一年又增加100多万元的收入。

量的满足只是暂时现象，店堂能留住客人的关键是菜品和质量。从对顾客的调查中，他们发现简单的“鸭四吃”“全鸭菜”，已不能满足当代人的口味。于是，领导班子成员带领厨师向粤菜、川菜学习，打破本店纯山东风味的模式，引进了其他菜系的制作工艺，深受中外宾客欢迎。现在做到每月都有十几道新菜同顾客见面，此举迎来了众多的回头客。对于菜肴质量的检查，他们摸索出了绝招，在菜肴端出厨房、上桌之前进行突击抽查，由全店组织的评委会评定优劣打分，并记入考评档案，留作晋升职称和提高工资的参考。这一招，使得每一位厨师在制作每一道菜时，都来不得半点马虎。目前该店菜品已达三四百种，从而满足了不同消费层次口味的变化要求。

前门全聚德烤鸭店之所以能“变”和“创新”，全得益于从实践中提炼出的“三转”精神。即“服务员围着客人转，厨师围着服务员转，后勤围着一线转”。这一精神的具体体现确保了班与班之间、部门与部门之间、厨房与餐厅之间以及后勤与一线之间的密切配合。“三转”精神切切实实落在了每一个员工的心中，他们凭着热心、诚心、耐心服务对待每一位客人。按陋习服务员得央求厨师，这回掉了个儿，“厨师围着服务员转”。原因在于服务员直接面对顾客，而顾客是店里的“上帝”。这个关系理顺了，一顺百顺，服务就能上档次，店里才能有效益。

北京前门全聚德烤鸭店在过去的一年里，硕果累累，提前两个月完成了全年经济任务指标，完成营业收入5647.03万元，创利税1428万元，实现利润853万元，人均产值13.67万元，分别比上年增加了19.85%、70.26%、50.19%；接待国内外宾客60余万人次，比上年增加近10万人次，承办重点宴会80余次，收到宾客表扬卡19830张；被国内贸易部推荐为“为人民服务，树行业新风”示范单位。

与李敏合作　刊于1998年2月12日《中国商报》

全鸭席新篇

传统的全鸭席单纯以色、香、味、形为主，偏口感，往往忽视了营养平衡，出现了高脂肪、高胆固醇、高热量的不合理膳食搭配。在欢庆全聚德集团创建五周年的日子里，以国际烹饪大师陈守斌为首的全聚德厨师们，推出一桌珍馐荟萃的崭新全鸭席，集中展示了百年老店全聚德厨艺的风采。新近推出的全鸭席，讲求科学配比，对全席的热量测算能满足当餐人体的需求，形成了高蛋白、低糖、低盐、低热量、低胆固醇的合理配餐，同时增加了高纤维的含量，以利于现代人的身体健康。比如“豆蓉鸭舌汤”“竹荪鸭卷”“五子炖甲鱼”等。

传统的全鸭席，以烤鸭为主，配菜单一，口味单调。从“鸭四吃”到“全鸭菜”，也只不过是鸭子身上的各个部位，缺少花色品种。如今的全鸭席，虽说仍以鸭料为主，但博采八大菜系之众长，变中求新有了新面孔。海中的鱼、河中的虾，“海”“陆”“空”应有尽有，只要不涉及国家自然保护动物和植物，均上了筵席，丰富了菜盘子，饱了民众的口福。在辅料上，选用食、药同源的五味子、莲子、大枣、人参等，符合现代人食补的需求。这些新的原辅料加盟全鸭席，不仅营养丰富，同时使得菜肴的口味千变万化，滋味多多，质感各异。比如“人参乌鸡炖炉鸭”，就让人耳目一新。

在烹调工艺上，传统的烧烤工艺，不仅使口味单一，且脂肪含量超标；还有大多数热菜均采用“过油”工艺，也让人感到“油腻”。现代的全聚德厨师们，学习粤菜及国外的烹调方法，采用沸水或热空气为热传导介质，将菜肴制熟。比如“蝴蝶鸭掌”“竹荪鸭卷”，前者水焯，后者先蒸而后装盘。二者都易造型，观赏性强，前者口感香脆，后者清口松软。在传统堆、片、段工艺的基础上，变化手法，创出了形态各异的菜品风格。

当代人已不满意围坐圆桌、“在一碗菜内洗筷子”的不卫生陋习。现代文明促进了宴席服务改革，新的饮食卫生理念、饮食卫生科学进入了全鸭席。服务员小姐将菜肴端上来向食客展示，让人们欣赏琳琅满目的特色形态，然后将整盘菜肴一一小碟分餐给每位，细细品尝全聚德的佳肴。此时，耳边倾听着民族音乐，让人感到传统与现代水乳交融，其乐无穷。

刊于2000年8月31日《生活时报》

老铺重张鸭更香

前门全聚德烤鸭店始建于1864年（清同治三年），是“全聚德”的起源店，以经营传统挂炉烤鸭蜚声海内外，是京城著名的老字号。

改革开放以来，前门全聚德烤鸭店确定了两个发展方向，一是实施精品战略，从硬件设施到服务质量向一流餐饮企业水平看齐，提高餐馆档次，展现“天下第一楼”风采；二是挖掘传统文化，展示“全聚德”百余年的历史，体现地道的老北京民间风俗，增加餐馆的文化氛围，提高客人品位。

1992年前门店改建工程完成，建起了一座二层楼的仿古建筑，新建的餐厅突出三大特色：

其一是燕京八景宴会厅，仿宫廷装修，实行“A”级服务，专门接待双高（高标准、高身份客人）宴会；其二是在京城首家实行“明堂亮灶”，设置透明烤鸭间，与餐厅融为一体，顾客隔着玻璃墙可以清楚地看到烤鸭的全过程；其三是将有百余年历史的“老墙”移至餐厅东墙，作为“百年老店”的一个佐证。

这三大特色几乎成为前门店的象征，吸引了广大宾客，几年来为前门店赢得了可观的经济效益和社会效益。

而当1999年“全聚德”135周年华诞之际，前门全聚德又决定打开老墙，亮出老铺，再现老店风貌，以老北京风俗特色服务满足消费者的求新求变。

老墙的故事

前门全聚德烤鸭店建店时只有3间不起眼的小门脸。1888年经过重新修缮，建起了新店面：中间大门和两边窗户上面，砖刻的大字赫然醒目，“全聚德”居中，“老炉铺”在左，“鸡鸭店”在右，大门旁边还挂了两块幌子，上写着“包办酒席，内有雅座”和“应时小卖，随意便酌”。这个店面一直沿用了100多年，被称为“老墙”。

1992年，前门全聚德烤鸭店改扩建工程完工后，建起了新的门面，这堵老墙被移到一层大厅的东墙，成为前门全聚德烤鸭店一道独特的景观，历经百余年的风雨，老墙匾额上的砖刻大字仍依稀可辨，是全聚德历史的见证。“老墙后面是什么?”越来越多的消费者希望对全聚德的历史文化有更深层次的了解。显然，老墙仅仅作为餐厅的一道风景线，其展示全聚德历史文化的功能没有得到充分的发挥。该店也萌生了打开老墙大门的念头：将老墙后面的加工间撤掉，设立一间仿古餐厅，格局一如老全聚德的样子，命名为“老铺”。为了最大限度地恢复全聚德的历史原貌，该店请来了《天下第一楼》的美工、参加过该剧演出的老演员和故宫的专家学者，对老铺的建筑格局，厅堂布置进行专题讨论和缜密设计。

如今的“老铺”展现在京城消费者面前的是一间极具中国民族传统特色的旧式餐厅：木格门扇，木制楼梯，实木廊柱，营造出一间传统风味十足的餐厅。餐厅内布局借鉴了《天下第一楼》的布置，餐厅正中高悬“全聚德”的金字匾额，乌木嵌金的对联“只三间老屋时宜明月时宜风，惟一道小味半似尘世半似仙”点出了全聚德“世道在变，不变的是生意”的主题；东墙正中由八仙桌、太师椅、福禄寿三星聚会图和“福如东海长流水，寿似南山不老松”红底洒金对联组成了一个典型的老北京式的中堂，一派祥和气氛；北墙上是一幅展现老全聚德风貌的浮雕画，引发人们浓厚的怀旧情绪；西墙上是4位老掌柜的肖像，默默诉说全聚德的沧桑；南侧则是典型的老北京餐饮行业常用的旧式柜台。餐厅内各种器具也无一不流露出浓厚的旧日气息，餐厅内摆放的八仙桌、清式木椅，用的是铜茶壶、蓝瓷茶具、泥制小酒壶、小酒盅，为突出老全聚德的旧貌，餐厅里装饰了不少清代古玩，如瓷算盘、留声机、青瓷烛台、花瓶、挂钟、电话等，其中有些是老全聚德用过的器物，还有过去的旧账簿，在新装修的老铺里人们仿佛置身于19世纪中期的全聚德。

老铺的魅力

老铺装修完毕，恢复了老全聚德的店堂环境，为了再现老北京餐饮行业的特色，老铺内还全部使用男服务员，并让服务人员充分领会旧式跑堂的服务方式。这些服务人员不仅观看《天下第一楼》和《老店》，学习《全聚德史话》，对全聚德的历史增加感性认识，还请来了八大楼之一东兴楼的老堂头、现已90高龄的老师傅和该店第四任经理的遗孀，回忆老北京餐饮业跑堂的服务方式和当年全聚德的风貌，并组织服务员到京城各大餐饮名店培训。当您走进老铺，就会有青衣小帽的跑堂小伙儿过来殷勤地招呼：“您几位里边儿请！”就餐时精明能干的“跑堂儿的”让人享受格外舒爽的服务，赶明儿您得空儿亲身一试就知道了。

刊于2000年11月30日《生活时报》

德行常修品自高

——记全聚德的诚信营销

引子：北京商情咨询公司和《中国资产新闻报》做过一次问卷调查，在收到全国除海南、西藏、贵州以外的28个省、市自治区的读者反馈中，82.6%的人曾经享用过全聚德烤鸭，可见全聚德的顾客遍布全国。这其中有67.4%的人承认，影响他们消费的最主要的因素是全聚德这一老字号的信誉。

从前门箭楼向南，大栅栏的斜对面，一家已有137年历史的老字号，在新世纪第一年又一次成为前门大街上最亮的一颗星——前门全聚德以9000万元的年营业收入创下了新世纪的开门红。整个餐饮业为之震动，探求其经营秘诀，不外乎诚信为本，以德取胜。

90年代初，前门全聚德设立公关销售部，将营销作为企业一项重要经营活动，在餐馆行业率先引入依靠鲜明的企业形象、卓越的产品品质、良好的社会关系、以诚信为本、凭德行经营的营销新理念，结束了坐店经营，忽视和消费者距离的时代，开拓出直接面对市场，贴近百姓的营销新天地。

市场有情，投桃报李

市场的供给与需求是互动的，有什么样的供给就会反馈出什么样的需求。靠形式去取悦消费者，终究不能得到消费者的认可，企业也难以长久维系。一分付出，一分收获，中华民族传统古训，前门全聚德烤鸭店在营销活动中凭的正是真情付出，才得到了诚挚的回报。

在餐饮市场的开发过程中，以全聚德第五代传人杨宗满经理为代表的老一辈公关人员凭着诚实守信、以德为本的工作作风和做人标准，为全聚德开辟了通往市场之路。杨经理至今对第一次与某公司签约的过程记忆犹新：她经过不懈努力，终于争取到与客户面谈的机会，行至半路却忽遇大雨，当她浑身湿透，按时出现在客户面前时，那家公司的负责人被杨经理恪守信约、倾心相待的精神深深打动，当即决定与“全聚德”签订长期的订餐合同。

许多客户都称杨宗满为“杨大姐”，因为她处处为他人着想，始终把客人的利益放在第一位，尽心尽力为客户服务，她总说：“全聚德的德字就是诚、信、真、客人至上，我就是要以这种精神对待每一个人。”她做人做事都讲求诚信，言出必行。一次，前门全聚德店接待一个几百人的欧洲旅行团，许多客人都已八九十岁了，杨宗满特别安排服务人员搀扶他们，并且答应客户亲自接待这个旅行团，以防发生突发事件，其实正巧店里安排她去上海出差，她在上海仅待了三天，办完事情立刻赶回店里，按原定计划接待了旅行团。桩桩件件感人的事迹，在客户心目中树立了亲切可信的形象。客人们都说：“杨大姐实在，说一是一，说二是二，把团队交给前门店心里特别踏实。”在真挚的交流中企业与客户建立了良好的合作关系，在友谊的日益加强中，前门全聚德烤鸭店非常成功地拥有了广大的旅游团队市场，带来了巨大的经济效益。有人问杨宗满经理：“你这个传人传些什么?”她回答：“我传技艺，更传做人。”在工作中处处体现德行与诚信，并且把“全聚德”这个优良传统潜移默化地传给年轻的全聚德人。

随着我国加入WTO，经济全球化又为企业提供了广阔的商机，百年老店新人辈出，依然秉承“诚信”二字。无论是跨国大公司，还是普通的散客，都会得到热情的服务，年轻的公关销售人员用实实在在的做人和做事的方式赢得了客户的信任。有一次，一位客户介绍他的朋友来用餐，在用餐结束时突然下起了大雨，客人毫无准备，没有带雨具，看到客人焦急的样子，销售部的同志将自己打的雨伞借给了客人，而自己却等雨停后才回家。过了一段时间，全聚德的销售人员在开发北京旅游饭店的市场时又遇到了这位客人，他正好负责这一方面工作，因为有了以前的接触和了解，他非常热情地帮助了全聚德和各宾馆、饭店建立了联系，通过双方真挚的合作，每月仅酒店介绍来的客人就有500多位，为全聚德每月创造经济效益10万元以上。客户对全聚德的每次回报，都坚定了全聚德以德公关的销售理念。

真心交流，品质取胜

中国的商家历来重视“德”，当年的全聚德为了防止欺骗顾客，请客人在选中的鸭头上用毛笔画一个记号，待烤好后，可以确认自己的鸭子没有被替换，以标榜童叟无欺，货真价实。随着时代的发展，全聚德现在也有“自选鸭坯写吉言”的节目，不过节目更多的是展示企业文化。但企业比以往任何时候都更重视信誉、重视质量，出于对顾客负责的一片真心，全聚德的信誉体现在严格管理、提高质量上，给顾客提供高质量的产品、高品位的服务。在餐饮行业中，前门全聚德店率先通过ISO9002质量体系认证，大到几千元的高档菜，小到几毛钱的小点心，按ISO9002的标准执行，每道程序都一丝不苟，从不马虎，确保质量达标。

一次，由于业务忙，吃烤鸭的烧饼不够用，面案的师傅挑选了一些质量好的、但需要回炉再加热的烧饼准备给客人上桌，正好被厨师长顾久如看到，他二话不说，从服务员手中接过烧饼，转身进了面案，一抬手，连盘子带饼一股脑就扣了进去。“咣当”一声后，面案的师傅们谁都没吭一声，因为他们心里都知道是为了什么。当然，这个月的奖金从厨师长到厨师一路扣了下去。

好的餐馆，除了要有优势的菜品，还要有优质的服务，二者缺一不可。在服务上，全聚德除了在常规的服务技能方面做严格细致的培训，还不断加强职业道德教育，教育服务人员如何用“心”为客人服务。

2001年12月7日那场突如其来的大雪，想必很多北京人都很难忘，更给了前门全聚德烤鸭店的员工一次严格的考验。当天交通严重堵塞，提前预订的一个4人的团队餐在营业时间结束时，依然没有来电联系。按照惯例，这种团不打招呼，不来电联系，大部分是因为订错团或是取消团，店领导就可以通知全店各个部门取消。虽然属于对方违反合同，全聚德从来都是为了安全起见，为了客人，再多等10～15分钟。可就在店领导刚刚通知全店上上下下10个部门“此团取消”，旅行社的电话就打了过来，此团刚刚从长城下来，大概九点钟之后才到。店领导顾不上多问，直奔各部，找回将离开的师傅，在原岗待命。当客人到店时，时钟的指针已经指向了晚上10：15，偌大的餐厅已空无一人。销售部的同志顾不上疲惫，赶快安排，当店领导看到客人饥寒交迫的样子时，就主动免费为客人送上一道热腾腾全聚德的特色菜——乌鱼蛋汤，为客人驱寒。当把客人高高兴兴的送走时，已经是深夜了，街上的公交早已不见踪影，由于雪天交通大堵塞，根本打不到车。为了客人，全店14名工作人员大部分只能步行回家。有的人走了3个多小时，到家已经是凌晨了。但是大家没有丝毫怨言，第二天仍然以饱满的情绪准时上班。

名店胸怀，客人为重

餐饮工作是一种人与人之间的交流活动，难免会出现误会或差错，处理不当就会引起“投诉”。投诉的原因多种多样，但前门全聚德烤鸭店任何时候都以客人的利益和感受为重。

前门全聚德烤鸭店对每一位客人都是非常尊重的，特别是店领导非常重视顾客意见，一旦出现投诉，店领导都会责成有关部门认真处理，甚至亲自登门道歉。总经理沈放曾经数次率队驱车前往数百里以外的顾客家中处理投诉，亲自赔礼道歉。他说：“我从不相信顾客投诉是故意找茬，顾客来到我们店，是对老店的信任和厚爱，让顾客带着遗憾走，我们是有责任的。”

副总经理杨宗满主管业务，在工作中不知处理了多少大大小小的投诉，她以一位副总经理和全聚德第五代传人的强烈责任感，认真对待每一个投诉，妥善处理每一个意见。曾经有一次，因为餐厅工作的失误造成服务事故，杨经理怀着深深的内疚，在数百人面前，向客户深深鞠躬，在场者无不为之动容。更多的客人投诉与全聚德提供的产品和服务没有直接关系，但对待客人的抱怨，她一样认真倾听，想方设法达到顾客满意，一句话，不能让客人带着遗憾离开。一次，一位外地顾客在全聚德店购买了一只烤鸭，带回家后因处理不当感觉烤鸭口味不好，遂向店方投诉，并要求高额赔偿。经过深入调查，确认不是店方责任，面对顾客的无理要求，杨宗满没有置之不理，而是在三天内给这位顾客打了8个长途电话，耐心讲解烤鸭的特点和食用方法，而那位顾客在将索赔金额一降再降后，终于对杨经理说："大姐，我真佩服您了，就冲您这认真的态度，我下次到北京还去吃全聚德烤鸭！"杨经理也热情欢迎他再次光临。通过这种方式与前门全聚德成为朋友的还有很多。

处理投诉的目的不仅是为了让顾客满意，更是对自己的鞭策，深入总结经验教训，并严格管理，把投诉降至零。目前，企业的宾客满意度几乎达到100%。

对内以诚，对外以信，全聚德餐饮服务文化，永远是全聚德人创造辉煌的法宝！

刊于《企业研究》2002年5月号

北京前门全聚德年营业收入破亿元

本报讯　截至11月19日，北京全聚德烤鸭股份有限公司前门店营业收入突破亿元大关，上缴利税2300万元。近日，中国烹饪协会、北京烹饪协会分别授予前门店"中华餐饮亿元店"和"京城餐饮第一家"称号。

刊于2002年11月28日《人民日报》

前门全聚德改写“一把椅子十万元”的纪录

——营业收入突破亿元大关

截止到2002年11月19日，北京全聚德烤鸭股份有限公司前门店营业收入突破亿元大关，上缴利税2300万元，这是该店继去年营业收入达9000万元之后，在中国餐饮界创造的又一奇迹。11月26日，北京市商业委员会召开会议对前门店的骄人业绩予以表彰。会上，中国烹饪协会、北京烹饪协会分别授予前门店“中华餐饮亿元店”“京城餐饮第一家”的牌匾，如此权威的嘉奖在全国尚属首次。

面对1亿元这个不同寻常的数字，前门全聚德是用“1+1”这个看似简单的算式来诠释的：对于一家纯餐饮企业，每一分的利润都是厨师一刀一刀切出来、一盘一盘炒出来以及服务员一遍又一遍周到的服务、一次又一次地迎来送往凝结成的。在“1+1”的背后是一连串含义深远、沉甸甸的数字：前门店10个鸭炉，每炉烤出1000万元；一年销售烤鸭60万只，接待宾客80万人次，销售菜品90万盘，消耗大葱15万公斤，荷叶饼15万公斤。全店400名员工，人均创造产值25万元：全店900餐位，平均每个餐位实现营业收入11万元，全店2600平方米的营业面积，平均每平方米实现营业收入3.8万元。

如何赋予“1+1”更多的内涵？怎样让“1+1”产生更大的效益？前门全聚德用特色的企业文化、先进的经营理念以及追求完善、永不满足的企业精神，使这道简单的算术题得出了不凡的答案。

紧握市场脉搏，全心全意抓效益。在集团公司“顾客至上”的经营理念的引领下，前门店不光适应市场，更是主动地去较量市场，挑战市场。破除员工中存在的盲目优越感以及对市场的麻木感，只有把企业做强，员工才能和企业一道找到出路。

提炼文化精华，塑造特色企业餐饮文化。前门店深知“全聚德”中华餐饮名店的定位需要先进餐饮文化的支持，“全聚德”的文化传统美德、餐饮文化之精华以及市场发展方向的融合。塑造贴近市场、运作市场、驾驭市场、享受市场的企业文化，将它融入共同的理想、共同的行为准则、共同的奋斗目标之中，使餐饮企业文化在企业经营中发挥出最大的效应。

变革运营机制，向管理要效益。前门店在企业内部引入了ISO9002质量管理体系，建立了能者上、庸者下的用人机制，以实际贡献大小为标准的收入分配、奖励机制。创造了一切围绕顾客需求的“亲情化”服务机制，树立员工“三转服务”服务精神、“一生只一次，一次记一生”“顾客的不便就是我们的不便”“顾客的不满意就是我们的失职”等一系列崭新的服务理念。

前门全聚德烤鸭店“1+1=亿”的答卷，不仅在全聚德餐饮文化的发展进程中开辟了新的里程，也为探索中华老字号的振兴与发展提供了新的经验。

刊于2002年12月2日《人民日报·市场报》

全聚德如何打造亿元店

截止到2002年11月19日，北京全聚德烤鸭股份有限公司前门店营业收入突破亿元大关，上缴利税2300万元，这是该店继去年营业收入达9000万元之后，在中国餐饮界创造的又一奇迹。

戏说“小品”

餐饮行业提供产品的过程和载体有独特之处，体现出很强的时效性，感觉是在做一个小品，必须在短时间内调集全部戏剧要素，博观众一笑。餐饮行业就是在做这样的小品，因此该店提出“一生只一次，一次记一生”的口号，以“一次”界定出特定的短暂时空，把“一生”作为该店竭尽全力要达到的效果。为实现这一点，该店调动全部能力，使出浑身解数，使顾客在用餐的短暂的时空内，听到、看到、感觉到这家餐馆所提供的由建筑风格、用餐环境、餐茶酒具和菜品服务等各个环节构成的一种氛围，体现出的综合实力，要做好每一个细节，给顾客的感官以最强的穿透力，令人产生认同感以及由文化而生的心理震动和美感。

该店于1999年装修重张的老铺就是这样一个精致小品。

“老铺”的第一步是要做到与老全聚德的形似，让人在感官上产生认同感。为了最大限度地恢复全聚德餐饮文化历史原貌，该店请来了《天下第一楼》的美工、参加过该剧演出的老演员和故宫的专家学者，对老铺的建筑格局、厅堂布置进行专题讲座和缜密设计。重新装修后的老铺，每一处细节都经过了认真细致地推敲，处处体现了经营者力图恢复历史原貌的苦心。餐厅布局借鉴了《天下第一楼》的布置，典型的老北京餐饮行业常用的旧式柜台、木格门扇、木制楼梯、实木廊柱以及虚拟的二楼，使人仿佛置身于19世纪中叶的全聚德，体味到浓重的全聚德餐饮文化历史氛围。餐厅内各种器具也无一不流露出浓厚的旧日气息，餐厅内摆放的是八仙桌、清式木椅，用的是铜茶壶、蓝瓷茶具、泥制小酒壶、小酒盅。为突出老全聚德的旧貌，餐厅里装饰了不少清代古玩，如瓷算盘、留声机、青瓷烛台、花瓶、挂钟、电话等，其中有些是老全聚德用过的器物，还有过去的旧账簿，如今又在新装修的老铺里重现光彩。打开老墙大门，展现在面前的是一间极具中国民族传统特色的旧式餐厅，建筑风格古色古香，引发人浓厚的怀旧情绪。老铺的服务同样“仿古”，服务员一律选用小伙子，个个做到了人要能、话要甜，把客人“伺候”得格外舒服。当您走进老铺，就会有青衣小帽的跑堂小伙儿过来殷勤地招呼：“您几位里边儿请!”

老铺满足了宾客进一步了解全聚德餐饮文化历史的需求，成为前门店的又一特色。最重要的是，老铺所包含的历史、文化、风俗，展现出的格局、装饰、器物、服务都是全聚德餐饮文化所特有的，是真正的京城独家。奉献给宾客的是原汁原味的、地地道道的老北京传统餐饮文化的享受。

“1+1”的工作思路

2001年该店提出要踏踏实实做好“1+1”的作业，“1+1”代表了该店一切以市场为核心，全力搞好经营的工作思路。首先，调整心态，要求全体员工要在取得9000万元的业绩后，戒骄戒躁，不要过多考虑客源、业绩，能否再次创下新的纪录，避免盲目乐观，也不必心压重负。毕竟，1亿元不是空想出来的，要静下心，脚踏实地埋头苦干，要靠一刀刀、一盘盘、日复一日的辛勤劳作才能积聚而成骄人的经营业绩。第二，排除干扰，除了经营，企业还担负着许多其他的任务和责任。在各项工作都要做好的同时，必须明确工作重点，给各经营部门创造条件，集中精力，塌下心来做生意，企业的一切行为都要围绕着经济效益这个中心展开，尽可能地避免众多非市场化因素牵扯过多的精力，尽可能地排除不利于经营的各类干扰，全心全意搞经营。第三，管理到位，特别强调管理要注重细节，严格到位，扎扎实实，深入细致地做好每一件事，经营过程中的每一个环节都达到完美，才能实现产品最终的完美。第四，传承全聚德餐饮服务文化，顾客至上，对每一位用餐的顾客都要拿出“一生一次”的热情，作为百年餐饮名店，接待贵宾是该店的荣耀，但老店更把普通消费者放在心坎上，对待所有客人都是一视同仁，只有“侍候”好每一个一，才能有今日一个亿的和，“1+1”的工作思想为全年经营工作创造了较为宽松的心理环境，使大家的工作状态更平稳、更愉快、更轻松，让更多的激情和创造力得以释放出来，让一切劳动、技术、管理和资产迸发出最大的效能。

“1+1”代表了务实求真，实事求是的全聚德餐饮文化精神；是脚踏实地，奋力前行的工作作风；是追求完美，永不满足的企业全聚德餐饮文化精神。前门全聚德烤鸭店全心全意做好“1+1”的作业，用它独特的解法，令这道简单的算术题得出了不凡的答案。

经营理念“爷文化”

前门全聚德老店的经营理念，可以概括为“爷”文化，过去这个行当里老北京人都是这么称呼顾客的。对“爷”应该是什么态度？伺候着！对于“爷”的含义，也不仅仅指就餐的客人，而是有三条线索：

一是客体为爷，企业依靠产品而生存，产品依靠消费者购买而获得利润。企业的“爷”是谁？毫无疑问是消费者、是顾客。是“爷”必尊敬之，必伺候之。该店要动用一切手段，把客人伺候好，让客人满意，迎合市场的需求。

二是在企业内部，强者为爷，员工为爷。树立起“爷”必尊之，“爷”必学之的工作氛围。归根到底是要打破国企员工固有的盲目的优越感，形成拼实力、比业绩，有本事才是“爷”、没本事什么都不是。建立起人才必然脱颖而出，没有真才实学必遭淘汰的机制，从根本上净化企业风气。员工在内心打破“一瓶子不满、半瓶子晃荡”，混日子的优越感，勇于尊别人为“爷”，向有实力、有才华的人靠近、学习。争取自己也成为“爷”，凭借实力得来的“爷”的感觉，才是真正的、有内涵的优越感。员工端正心态，认识到“爷”的真正含义，就会越自尊，越有凝聚力。“爷”文化的精髓是打破虚幻的光环，建立起真正的自信，教育员工要作为强者才能在企业获取一席之地，这与企业成为强者才能在市场中生存、发展的道理是合拍的，符合经济规律和市场需求。在管理者与员工的关系中，员工为“爷”，领导对下属要伺候着，要关心他们的生活，解决他们的困难，给他们提供施展才能的舞台。

三是从工作程序上，从选料到菜品端到“爷”面前的整个生产链中，下一道工序是上道工序的“爷”，上一道工序必须将下一道工序当做“爷”来伺候。采购原料、作料的，要千方百计为初加工者提供方便：初加工的，要求切得丝是丝、片是片、块是块；细加工要为下一道工序提供优质细成品；厨师烧烤制作，要确保给服务员提供优质的成品。服务员上菜是最后一道工序，他们直接面对“爷”。当服务员的侍候得到“爷”的满意时，也即我们一系列的工作得到市场的认可、得到相应回报的时候。该店所谓的“三转”精神，“服务员围着客人转、厨师围着服务员转、后勤围着一线转”说的就是这个道理。摆正自己的位置，明白谁是“爷”，全心全意的伺候着，这并不是自我贬低，而是服务行业本身的特点，认识到客体为爷，才能主体为爷，实现餐饮业的最终目标。

选择“爷”说事，一是目标，二是武器。国企在转制过程中遇到的诸多问题，首先，要选准目标。前门全聚德是名店、老字号，更有其特殊性。这就是长期计划经济、卖方市场心态带来的负面影响。细细想来，服务、饭菜、内部管理的各种问题都与“自我为爷”这种心态有关。企业不彻底打破这种居高临下的心理障碍，根本无法前进。其二，用“爷”说事是我选择的武器，它不是飞机大炮，而是冷武器，是匕首，短兵相接，一刀见血，直捣要害。用“爷”来说道理谁都明白，浅显直白。同时，治顽症要用猛药，大炮打蚊子的办法不行。你自己老拿着“爷”的派头，你就要付出血的代价，就这么简单。

“盘子外的工夫”说文化

不同的历史时期全聚德有不同的定位。全聚德建店之初的格局大致是二楼雅座，一楼散客，门口还放了两条大板凳来打发百姓，其定位基本是达官显贵、社会名流、迁客骚人、纨绔子弟。新中国成立后，劳动人民翻了身，更多的还是为政治服务，华盖云集，名流荟萃，接待了数以百计各国首脑政要，周恩来总理生前曾27次在全聚德宴请贵宾，但周总理生前亲自指示修建和平门全聚德烤鸭店，其目的是为了让更多的百姓能够品尝到烤鸭，使全聚德烤鸭真正走向民间。改革开放以来，进入商品经济社会，全聚德的经营也更多地与效益联系起来，企业定位转向真正意义上的百姓。最广大的顾客需要什么？什么样的营销思路能够吸引他们？通过深入的调研，对于该店这间百年老字号来说，“古老”“正宗”“原汁原味”是顾客在遍布各个角落的烤鸭店中选择全聚德的根本原因，从而确定了老店要走文化营销的道路。

在研究历史、挖掘全聚德传统餐饮文化的过程中，该店注重将历史文化与经营联系起来。1992年前门全聚德烤鸭店改扩建工程完成，开始打文化牌：

首先是继承全聚德餐饮文化历史。全聚德在发展过程中有许多创新和变革，但全聚德餐饮文化的精髓继承下来，体现在烤鸭技术基本上是百余年前的模式，使用传统鸭炉，用果柴烤制，烤鸭师手持烤杆，在热气扑面的明火前操作，这样的烤制过程是文化，是历史，该店特意将它保留下来，刻意不做改变。虽然现在有煤气、电、红外线等新技术，省事省力，又省人工，还可以改善工作环境，而该店却采用纯手工操作，让厨师直接对着熊熊火焰，承受高温的烤灼，就是为了保证形式上的原汁原味，像最老一辈的烤鸭师一样潇洒地挥舞着烤杆，将油淋光亮的烤鸭轻巧地挑出炉门，这一瞬间充满了艺术的美感，该店保留这一过程的操作，就是为了保留这种全聚德餐饮文化韵味。该店修建了明堂亮灶的烤鸭间，把烤鸭出炉的过程展示在顾客面前，在北京餐饮业该店是第一家把最后一道工序亮出来，满足了顾客不仅仅享受美味，更要享受全聚德餐饮文化的要求，该店还首创了顾客自点鸭坯写吉言的方式，使顾客参与到烤鸭制作的过程中来，使顾客在全聚德吃烤鸭成为一个完整的全聚德餐饮文化活动。

其二是引入宫廷文化，北京作为全国政治文化中心迄今已有700余年历史，而且时间较为晚近，皇城的色彩格外浓郁。特别是清朝的老北京、八旗和士绅官员构成的庞大消费阶层和较高的消费水平，形成了商业服务业为皇室和王公贵族提供奢侈享受的特点。据说，康熙、乾隆、慈禧都非常喜爱吃烤鸭，给了人们充分的想象空间，修建了帝王厅、燕京八景宴会厅，仿宫廷装修，实行A级服务，专门接待双高（高标准、高身份客人）宴会，令宾客享受到特有的皇家气派。

其三是恢复全聚德餐饮文化历史，再现民俗。1992年该店将有百余年历史的“老墙”移至餐厅东墙，“老墙”是全聚德创业时的门脸儿，门楣上依稀可辨的砖匾，本身就是历史的见证。为了充分利用好这道景观，该店在全聚德建店135周年的时候，推出老铺，从挖掘老北京民俗的角度来增加其文化厚度。前门全聚德烤鸭店所在的前门大街，是商贾重地，广和戏楼、天桥杂耍都代表这条街必然是热闹而带有浓重的民俗特色，同在一条街上的全聚德也要以此为着眼点，再现其民俗的一面，开一个地道的老北京店。该店有天然的优势，那就是老墙本身是有力地代表历史的证据，该店要做的“老铺”则是在此基础上做的一个节目，把小小的餐厅搞成一绝，让专家学者、百姓都感到过去就是这样的。老铺的设计方案更换了五稿，最终呈现在顾客面前的是一个精致的小品，整体风格古朴，每一个细节都精雕细刻，最大限度地再现了全聚德的历史风貌，并由跑堂小伙儿提供服务，在服务程序上，餐茶酒具、家具陈设，小古董摆设等诸方面都体现出纯正的老北京的民俗风味。

餐饮业搞经营，往往只重视盘子内的东西，如菜品等“实惠”的东西，菜品本身也是讲究文化的，所谓色香味形，以及盛器、菜名，历代经营者在盘子内挖掘得够深了。而餐饮业的特点是全方位的过程，比如建筑风格、厅堂设施、家具器物、服装服饰、字画摆设都在餐饮服务的范畴，除了菜品的色香味形器名外，品牌的魅力更多地体现在“盘子外的工夫”，在菜品之外的领域下功夫，体现在全聚德的经营中，是从各个角落里注入全聚德餐饮文化的特点，做出精致小品，在最短的时间内感动人、吸引人。文化就是产品的附加值，在全聚德金匾下制作的烤鸭、菜品，不仅是满足口腹之欲的食物，而是故事，明堂亮灶、帝王间、老铺、老匾，从顾客踏入全聚德大门的时候，就是一幅透着历史沧桑的全聚德餐饮文化画卷，让客人体会到文化的美感，提高了产品的含金量。以全聚德餐饮文化促经营确立了风格独特的老店文化，也为前门全聚德烤鸭店赢得了客观的效益。全聚德集团团歌第一句“一炉百年的火，铸成了全聚德”，其中的一个“铸”字传神地表达出了全聚德历经百年风雨，经过千锤百炼的全聚德餐饮文化之魂。

企业变革要研究“代价学”

近两年来，前门店的改革步子迈得比较大，总经理沈放的出发点就是如何让企业在转制过程中少付出代价。他看到许多国企的最终代价与最终痛苦，仅在前门大街上，与该店毗邻的几家老字号大多惨淡经营，苦苦支撑，更有的改换门庭，黯然退出；他也看到某些国企老字号的员工依旧懒散，不思进取时，心急如火的他亲身感受到曾经的邻家名店从菜品到服务无一可取时，在瑟瑟寒风中看到新修的华丽大门前门可罗雀时，沈放感到巨大的震撼，不改革，就意味着坐以待毙！在实行改革的过程中思考的一件事就是生产力的提高是需要代价的，生产关系的更改更是痛苦的事。市场已经由计划经济转向市场经济，餐饮业更是最早卷入经济大潮的行业，失去了垄断的地位，没有了政策的保护，只有在激烈的竞争中杀出一条适合企业的生存之路，这就要求企业迎合市场、适应市场，与市场去握手，而市场要求餐饮企业要提高质量，包括菜品质量、服务质量、管理质量等等，一切阻碍这一进程的势力、弊端、积习都必须连根拔除。改革是一项长期、艰巨、浩繁的工作，不能指望一改就灵，要在困扰企业发展的种种问题中，抓住主要矛盾，集中火力，各个击破，要从小事做起，从局部做起，让改革的观念渐渐渗透到企业风气中，在员工思想意识中扎根，要以最小的代价换取最大的成果。从小代价入手，从今天入手是沈放的结论。

在付出代价的过程中，在严格管理的实践中，体现出“头上刀”的严格，该店有勇气把企业不光彩的一面，把国企的陋习弊病“撕裂给大家看”，因而改革进程中充满着浓烈的悲剧色彩，处理人、惩罚人是毫无乐趣的事情，班子会有时是在眼泪中开完的。

该店近年来大力开展三项制度改革，即人事、用工、工资制度改革，主要是对员工队伍进行改革，建立科学、有效的组织机构系统，实现干部能上能下，员工能进能出。同时，涉及收入的分配，让各岗位员工根据贡献大小，在工资收入上拉开档次，实现公平，激励先进。这些工作都涉及人员的调整和处理，是切实触动个人利益的事，是招人记恨、挨骂的事，是令施与受双方都感到痛苦的事。而且这项改革最初进行得非常艰难，阻力重重，当处罚人、开除人、与员工解除劳动合同时，沈放见到了太多的眼泪，接到过太多求情的电话与条子，甚至受到过恐吓与威胁，一次又一次地开会进行危机意识、竞争意识、合同意识教育，一次又一次地接待员工谈话，为的就是在员工心中树立起适应市场经济的意识，提高对风险的免疫力。一年、两年、三年，人事变动、干部任免、员工进出终于不再引起轩然大波，几年来管理人员调整到位，有20多人降了级；重组店内组织机构，根据“提高单位面积利润率”的思路配备相应的人力资源，2001年甚至成为企业的批评年、处罚年。5位管理人员受到了严厉批评，一个班组10余人全部受到严厉处罚。由于改革力度大，实效强，员工已经逐渐适应了严格的管理，对待改革心态平和，大多数人在批评和处罚面前能够从自身找原因，勇于承认错误，感于承担责任，更好地开展工作，在刚刚结束的年度续签合同工作中，不再续签合同的10余名员工平静地接受了现实，积极地寻找新的工作岗位。三项制度改革已经初见成效，为进一步深化改革打下了良好的基础。

“服务、欣赏”聚人心

全聚德之所以能够立得住，在曾经的战乱、变革中逐步发展壮大，肯定有其独特的魅力，是聚集了一种精神。如果说烤鸭和风味菜的长盛不衰代表了物质上成功的一面，给人以传奇的感觉，那么，历代全聚德人刻苦经营、不懈进取的精神，则是凝聚客人、凝聚文化、凝聚人心的精神因素。存在本身就是真理，正是这种凝聚力得以聚天下八方来客，人气旺，口碑佳，使全聚德这棵大树枝叶茂盛，四季常青。

今天的经营管理中，这种理念已经升华为关心员工、激励机制等。作为企业管理者，用惩罚的形式管理员工往往是不得已的，这仅仅是手段，而不是目的。全聚德前门店注重人性化管理，首先是发自内心地尊重员工，了解员工的需要，考虑其工作的动因。所以一切管理决策都要以此为出发点。员工们工作首先是为了求生存，而每个人都有各自的梦想，其中一部分佼佼者还希望能尽快实现个人的抱负和价值。因此，不能把员工简单地看成是劳动力，他们有思想、有愿望，作为领导应该关注到他们精神层面的需求，为员工提供施展才华的舞台。

全聚德前门店的凝聚力是比较强的，这是管理上形成良性循环的一个体现。管理严格，生意就好，大家福利提高，凝聚力就增加，这样又带来更好的效益。而增加企业凝聚力的重要原因之一，就是作为企业首脑的企业管理者能不能真正考虑所有员工的切身利益，是不是出于公心。群众的眼睛是雪亮的，群众的心是清澈的，企业管理者只有把自己的喜怒哀乐、把自己的成功与失败都融入整个集体当中去的时候，大家才会捧场，才会为你的人格魅力折服。总之，企业管理者要用自己的才能、智慧、德行去带动企业这支队伍。全聚德前门店把几年来的管理特色总结成八个字：压力、服务、欣赏、救火。

“压力”体现出对管理人员的“严”。在前门店，管理人员全部是在艰苦的工作中成长起来的，是在复杂的矛盾中磨砺出来的，管理人员不能偷懒，犯了错误更要严惩。对待管理人员，班子从不护短、不吹捧、不“包装”，把管理人员放在实际工作中培养，承受各种压力的挑战。前门店的管理人员不好当，因为冷荤间违反操作规程，鸭胗出现质量问题，从副总杨宗满、总厨师长顾九如开始一路扣罚，在大会、小会上受到严厉批评：“你们的职务都带‘总’字，这‘总’是不能随便叫的，必须对质量负‘总’责。”就是在这样的历练中，锻炼出了一批真正有实力的管理者。

“服务”则体现了对管理人员的情，组织行为学里的“委让权力”正好恰当地阐述了这一观点，责权利下放给属下，给员工提供舞台，搭建桥梁，解决工作中的难题，让他们得以施展才华，实现自我价值。对于中层管理人员，店里给予他们充分的权力去管理自己的部门，掌握岗位调整权、奖金分配权，在工作中有相当大的自由度。比如2001年7月13日申奥之夜的冷餐会庆典方案，店里放手让部门经理全权负责策划实施，最终庆典结果好得超乎想象，主要负责的部门经理虽然非常辛苦，但有这样的机会展示才华和实力，都非常兴奋和激动。店里近两年来提拔上来的青年员工近10名，平均年龄只有24岁，担任餐厅管理的重要职务，他们热情高涨，全力以赴，给老店带来了新的活力，他们带领的班组营业收入以百万元的额度大幅增长，其中一人因业绩突出由领班提升到主管，直至晋升为副经理，只用了两年时间。现在的前门店，管理人员各司其职，部门间协调沟通，员工团结一心，热情高涨，各显其能。在这一过程中领导发自内心地尊重员工，关心他们的生活、困难，了解他们的追求、价值取向，给他们提供有益的帮助，让大家跟着干时感到有奔头。

“欣赏”体现了领导的胸怀，一方面要不吝惜对下属工作的赞美和肯定，要看到并懂得欣赏部下的长处和业绩，对那些默默奉献、不事张扬的同志更要敏锐地感觉到他们的贡献，在适当的场合给予适当的宣传和赞扬，让部下产生成功感和满足感。有员工写信给店领导建议创立网页，领导立即亲笔回信表示赞扬；“五一”期间该店创下了黄金周营销的新记录，各部门经理带领员工全心全意，在经营中合理调控，特聚人气，显示出了后生魅力。领导专门指示店内《老店之声》报以“劲草傲疾风，君子自风流”为题，为5位一线管理人员做了人物特写，称他们是“五一”五虎将，使几位同志非常感动。

“救火”在管理工作中更是重要的一环，虽然委让了权力，但责任不能推。在经营管理工作中出现难题、突发事件时，绝不能一推了之，越是艰难的时刻越要迎着矛盾上，主动承担困难，减轻部下工作的难度和压力，做下属的“扫雷器”“定心丸”“主心骨”。一个餐厅经理因为管理严格，竟有人天天扎她的自行车带，作为领导必须为她撑腰，在职工大会上领导宣布，“请尽管扎，我负责报销！”这种报复行为从此绝迹。最困难的人事问题，如员工犯了错误要予以处罚、甚至砸掉饭碗，或表现平平、合同到期不予续签等，往往会遭遇重重阻力，这些工作都涉及人员的调整和处理，是切实触动个人利益的事，前门店领导本着“与人为善”的态度，都能考虑得非常周全和人性化。

特别是几年前，前门店刚刚开始改革的时候，进行得非常艰难，求情的电话与条子，甚至恐吓与威胁接踵而来，这种时刻绝不能把压力单单放在人事经理身上，而是由店领导班子来承担，这种时候领导办公室大门是敞开的，三年来有近百名员工离开企业，沈放与每个人都亲自谈过话。时至今日，人事变动、干部任免、员工进出终于不再引起轩然大波。2001年度续签合同工作中，不再续签合同的10余名员工平静地接受了现实，积极地寻找新的工作岗位。干部能上能下，员工能进能出，企业树立起沛然正气，形成了适合市场需要的管理机制。

这种管理风格使全店上下同欲，合力一心，为了共同的目标努力奋斗。这是全聚德一脉相承的精神动力，得以聚人气、聚财富。

用结果衡量人

全聚德前门店为每个人才提供了舞台，企业鼓励员工在这个舞台上展示才华，演绎思想。该店可能遇到许多具体的问题，面临许多的选择，有许多意见的交锋，要坚持自己认为正确的理念，坚持到底。想要事事求全，面面兼顾，只能令人裹足不前。建立在个性之上的共性，才是企业所追求的更高层次的统一。员工们围绕企业的大目标，释放才华，彰显个性。从这个意义上讲，全聚德前门店就是凝聚点点智慧、滴滴血汗、人人至诚而打造出坚不可摧的企业精神，价值连城的企业品牌。

衡量人才有许多标准，“用结果衡量人”是市场的选择，是企业的选择，是老店用人的重要标准。过去评判一个管理者主要讲过程、重形式，诸如上级安排的会议开没开，上级的文件有没有下发，致使文山会海的形式主义泛滥，高成本而低效率。前门店自觉打破了这一陋习，管理人员各展其才，许多积重难返的棘手问题便迎刃而解，班组效益大幅提高。比如前门店总厨师长顾九如，以高超的业务技术带动厨师技术水准的整体提升；以超前的质量意识和严格的管理打破了厨师老大的作风，建立起良好的厨房秩序；以创新的精神使前门店的创新菜取得了巨大的成绩。

库房管理一度较为混乱。新任主管赵亚华果断在班组内部进行改革，一举解决了库房部分账物不符、物料浪费严重、员工服务意识差的三大难题，使库房面貌焕然一新。“问题解决了”就是合格的，“从结果入手”重视效益，这在老店已形成共识。

“红灯”与“绿灯”

在改革的进程中，前门店尝到了国企在转制过程中太多的痛苦。国企问题首先是管理问题，国有企业的管理目前还处在最基本管理的层次。既然这一层次的管理是目前国企的现状，那么与其在理论上空洞地提出管理要上档次，不如围绕着企业的基本管理工作做好两件事：一是制定切合实际、经久实用的规范、制度；二是狠抓基本管理工作的落实，就这么简单。把看似简单的事情长期坚持下来，本身就不容易，就是管理上档次。但简单的事情往往体现出复杂的一面。在用人方面以前颇似温吞水。庸者在位、能者靠边的事，司空见惯。在前门店干部的选拔任免上提出绿灯与红灯的理论：自己给自己层层开绿灯，市场就会给你处处亮红灯。因此，前门店选拔干部的第一条标准：看你敢不敢说不。见到违反制度的事情，不敢管不愿管，那您趁早让贤。在近年来被降职的20多位中层干部中，大多数都是因为政绩平平，而并非因为违纪过失。有位被降职的干部想不通，质问领导：“这么多年，我没功劳还没苦劳？”店领导直截了当告诉他：作为管理者，居然还能坦然面对没有成绩？在这个位置上，无功便是过。

全天候、主动型服务

在市场经济的环境下，服务其实已经成为产品的一个重要组成部分。为此，前门店传承全聚德传统餐饮服务文化的精髓，提出全天候服务、主动型服务的概念。

全天候服务强调服务质量，指不管什么样的顾客该店都能接待，都要服务好。全天候服务需要全能型的服务员，该店要求服务员掌握三项技能：一是店史介绍；二是菜品说明；三是英语服务，并相应建立起了严格的培训考核机制。前门店还把服务工作总结出“五字秘诀”：笑、说、勤、胆、巧，指的是发自内心的微笑，生动明了的介绍，跑前跑后的殷勤张罗，敢于推销的胆识，业务技术的娴熟灵巧等五大要素构成了完美的服务。

主动型服务，其核心是主动营销，目的是让顾客在餐厅消费时高兴而明白地提高消费额。在餐厅已不能扩大营业面积，对外不能增加店面的情况下，提高顾客的消费额是增加餐厅营业收入的有效方法，而实现这个目标的工具就只能是推销，服务员是推销的具体实施者。用惯常的眼光来看，餐厅的产品对于顾客来说，只是一个被动的被选择的过程，但服务员如果能用正确的方法加以引导，就能够达到增加销售的目的。在管理上将主动型服务作为一个考核标准，高奖低罚，每月都张榜公布每个服务员的销售业绩。另外，主动型服务并不是要求服务员一味地向顾客推销高价位的菜品，而是要根据顾客的特点进行有礼貌的适当推销，其中服务员揣摩顾客的消费心理是非常重要的，不能不顾及顾客的实际情况进行硬性推销。主动型营销实施以后，大大提高了餐厅的销售额，服务员的服务由被动到主动，练就了一身判断顾客消费水平和揣摩顾客需求爱好的水平。主动型服务让服务员和企业管理者结合得更加紧密了。其实，企业管理的目的也就是让餐厅的每个部分都能够充分发挥自己的能动性。前门店最初的主动型服务要求的是“让每个顾客多掏10块钱”，而实施主动型服务后，达到的效果要远远超出这个标准。

刊于《企业研究》2003年1月号上半月刊、《企业研究》2003年2月上半月刊

百年圣火北京迎奥运，百年炉火老店展新颜

2004年7月26日，全聚德集团举行“全聚德创建140周年暨亚运村店开业庆

典”。孙孚凌、何振梁及文艺界、体育界嘉宾200多人欢聚一堂，为即将出征雅典奥运会的“中国军团”添力助威，共祝中华奥运健儿勇夺金牌，再创佳绩，

庆典上，全聚德集团公司董事长、总经理姜俊贤首先致辞，与会嘉宾一起观看了由全聚德集团与中央新闻电影制片厂联合摄制的专题纪录片《百年全聚德》。

“百年圣火北京迎奥运，百年炉火老店展新颜”。全聚德亚运村店经过四个多月的试营业，今天将全面正式营业。为了全面提高亚运村店的经营管理水平，更好地为广大宾客提供优质服务，亚运村店向北京市旅游局和全国酒家、酒店等级评定委员会提出申请评定旅游星级餐馆和国家特级酒家。两个专家组分别对全聚德亚运村店进行了评审。在庆典上，中国商业联合会副秘书长王耀宣布了评审结果；北京市旅游局饭店餐饮管理处处长赵广朝宣布了北京市星级餐馆评审结果。北京市旅游局副局长顾晓园、北京首旅集团总裁梅蕴新为全聚德亚运村店“国家特级酒家”和“五星级酒店”揭牌。

全聚德创建140周年之际，全聚德亚运村店正式营业。孙孚凌、何振梁、俞晓松为亚运村店正式开业剪彩。在全聚德创建135周年之际，第1亿只烤鸭在前门店隆重出炉，5年后的今天，全聚德第1亿1500万只烤鸭和标志着亚运村店正式开业的第一只烤鸭出炉，原北京市副市长郭献瑞、北京烹饪协会会长杨登彦为两只具有特殊纪念意义的烤鸭片下第一刀，并在证书上签名。从今天开始，全聚德集团在京直营企业向广大顾客正式推出“全聚德烤鸭纪念卡”，顾客在就餐后，将赠送纪念卡留作纪念，并以此为凭证，参加今后各种形式的营销活动。

在中国代表团即将奔赴雅典奋战第28届奥运会之际，体育界的老领导、老前辈及著名的全国冠军、亚运会、奥运会冠军光临亚运村店，使亚运村店蓬荜生辉。为了表达对中国体育健儿奔赴雅典的衷心祝愿，表达我们国家一定能够办好29届奥运会的决心、信心，期待着中国体育健儿从雅典凯旋，何振梁先生及夫人、北京市人大常委会副主任田麦久及体育界的聂卫平、梁艳、李伟男等特邀嘉宾上台，在全聚德集团团旗上签名。

同时，全聚德亚运村店经理朱瑞波宣布：全聚德亚运村店为奥运冠军设立“庆功宴”。全聚德自1864年创建以来，跨越3个世纪的历史长河，饱经沧桑，历经磨砺，在今天欢庆140华诞的大喜日子里，又一家新店——全聚德亚运村烤鸭店建成正式营业了！全聚德亚运村店，是全聚德集团创立的大型体育主题餐厅，设计思想为奥运圣火与全聚德百年炉火的有机结合，营业面积4000多平方米，可同时容纳600多人用餐，整体环境设施集民族特色与奥运文化于一体，尽显中国的皇家气派

与举办过奥运会的城市风情，可谓独具匠心、风格别样。随着北京申奥的成功，城市建设的飞速发展，北京将提前进入现代化，首都经济将进入飞速发展的时期，这给首都的旅游服务业提供了千载难逢的良好机遇和发展空间。全聚德亚运村烤鸭店是全聚德集团抓住这难得的历史发展机遇，为迎接2008年奥运会而兴建的。亚运村店将遵循“绿色奥运、科技奥运、人文奥运”理念，秉承“全而无缺，聚而不散，仁德至上”的企业精神，为传播奥运精神和中华民族饮食文化，为增进中外友谊、交流与合作做出贡献。亚运村店的建成，实现了全聚德集团进驻“两村”的发展战略，标志着全聚德事业进入了一个新的发展阶段。

古人云，以铜为镜，可以正衣冠；以史为镜，可以知兴替。在这激动与欢乐的时刻，我们满怀深情回忆过去，豪情激荡憧憬未来，更增添了历史责任感和民族自豪感。全聚德的历史是一面镜子，它折射出了时代的进步，民族的兴盛。经历140年的创业发展，全聚德烤鸭从民间小吃到中华第一名菜；从默默无闻的烤炉铺，到蜚声中外的餐饮集团；从家族作坊到大型跨国连锁集团，不断地从一个辉煌走向又一个新的辉煌。

140年筚路蓝缕、风雨兼程，140载蕴积涵育、沧桑巨变。在140年全聚德餐饮文化的发展历程中，全聚德集团成立11年来，按照周恩来总理对全聚德“全而无缺，聚而不散，仁德至上”的解释，发扬“艰苦创业、开拓创新、争创一流”的精神，扎扎实实地进行体制创新、机制创新、管理创新、营销创新、科技创新、文化创新、精神文明建设创新等七大创新活动。在北京市委、市政府的领导下，在全体员工的共同努力下，在社会各界的大力支持下，实现了快速发展，跨越式前进，在经济效益、社会效益等方面取得了可喜的进步和骄人的业绩。

今年6月28日，在由世界品牌实验室、世界经济论坛主办的世界品牌大会上，全聚德荣获中国500最具价值品牌，排名第56位，评估价值为84.58亿元，此外，全聚德集团还先后获得了300多项荣誉，社会知名度、美誉度大大提高，成为全国最大的中式正餐跨所有制、跨地区、跨国经营的连锁企业集团。

“全聚德”在北京乃至全国餐饮市场的地位日益显现，全聚德集团作为中国餐饮业实力最强企业之一的形象已树立起来。如今的“全聚德”以其独具特色的餐饮文化和企业发展业绩，成为令国人引以为豪的著名民族品牌。可以说，全聚德集团组建的11年，是改革创新的11年，是与时俱进的11年，是求真务实的11年，也是快速发展的11年，是改革为全聚德创造了新的机遇，是创新让全聚德焕发了勃勃生机，全聚德在市场经济的砺炼中，走出了一条国有老字号企业再振雄风的兴盛之路。

会当凌绝顶，一览众山小。随着社会主义市场经济体制的建立和不断完善，随着国企改革的深入发展，北京的首旅集团、新燕莎集团、全聚德集团、东来顺集团、古玩城市场集团联合重组，建立了新的首都旅游集团，这是首都旅游服务业发展的一个新的里程碑。五家集团的联合重组实现了企业之间的优势互补，提高了抗风险的能力，增强了企业的发展后劲，为首都旅游服务业的大发展奠定了坚实的基础。全聚德集团11年的发展实践使我们深切地感受到，百年老字号只有跟上时代发展的步伐，融入市场经济的大潮中，才能充分发挥自己的品牌优势，提高自己的核心竞争力，才能焕发生机和活力，才能不断发展壮大。这次五大集团的联合重组，正是迎合了市场的需要，适应了时代的需求，是一次意义更深刻、益处更显著的改革。新首旅集团的成立，对于全聚德来说是走向更高层次、实现更大规模、推进更快发展的新的起点和加油站。

回首过去，140年的辉煌是我们的骄傲；展望未来，全聚德的明天将更加美好。刚刚闭幕的新首旅集团半年工作会，提出了集团发展的新的战略思想、发展目标、组织构架和文化价值观，规划了新首旅未来的发展蓝图，是五大军团会师后向新的目标冲锋的动员会和誓师会。全聚德集团表示要认真贯彻这次会议的精神，继续发扬全聚德艰苦创业、开拓创新、争创一流的精神；适应新形势，树立新观念，抓住新机遇，再创新辉煌。

党的十六届三中全会提出了树立科学发展观的战略构想，指明了中华民族实现伟大复兴、繁荣昌盛的光明大道。2008年，奥运会将在北京举行，为首都经济的快速发展提供了难得的历史机遇。全聚德集团要乘五大集团联合重组、新首旅集团组建的东风，忠诚团结、创新拼搏，想集团发展的大事，干做强做大的实事，在全聚德集团11年发展的基础上，联合更多的餐饮品牌，携手共进，打造首都餐饮业的联合舰队，为弘扬中华餐饮文化，促进民族餐饮业繁荣发展，为迎接奥运盛会的举办，不懈努力，做出积极的贡献。在全聚德创建140周年暨亚运村店开业庆典之际，为表达全体全聚德人企盼奥运、服务奥运的决心和信心，表达对顽强拼搏、为国争光的奥运冠军的敬意，全聚德亚运村经理朱瑞波宣布：全聚德亚运村店为奥运冠军设立“庆功宴”。从即日起，在历届奥运会上荣获冠军的中国运动员，一年内可到亚运村全聚德烤鸭店免费享用“奥运金牌庆功宴”一桌。在即将举办的“2004年雅典奥运会”上荣获金牌的中国运动员，将免费享用亚运村全聚德烤鸭店“奥运金牌庆功宴”两桌。他还介绍说，亚运村店是北京全聚德烤鸭股份有限公司投资上亿元兴建的大型主题餐厅。营业面积4000多平方米。地处龙脉，毗邻奥运村。建筑装饰融入了民族文化、皇家风格和奥运特色，体现出“时尚品位、王者风范、人文奥运”的主题特色。既有享誉百年的全聚德烤鸭和全鸭席，还荟萃了川、鲁、粤、淮等菜系名品。是全聚德集团服务于“新奥运、新北京”而倾力打造的餐饮文化的现代经典。

全聚德亚运村店的建成开业，将进一步弘扬全聚德餐饮文化的精髓，以“安全、健康、环保”的绿色餐饮质量为己任。搭建起传播奥林匹克精神、展示奥林匹克文化的平台，成为迎接五洲宾朋、促进友谊与交流的纽带和桥梁。让“更快、更高、更强”的奥林匹克精神和北京奥运会的理念相得益彰。

据全聚德新闻通稿编写　刊于《烹调知识》2004年10期

编著者的话：

北京老字号餐饮企业丰泽园不仅以美味鲁菜传统餐饮文化闻名于世，更是餐饮业厨师精英的摇篮：1984年国家商务部举办全国首届烹饪大赛，餐饮大厨王义均斩获最高金鼎奖，从此便诞生了鲁菜葱烧海参大王；王义均的爱徒屈浩1996年荣获首席亚洲大厨称号，继而一鼓作气在国际烹饪大赛中拿下6项全能冠军，推动中国餐饮厨艺文化走向世界，享誉全球，彰显中华老字号餐饮文化之物质文化的丰饶，正因为丰泽园拥有一代又一代的精英大厨，才得以不断推动其餐饮物质文化创新。

这篇文章更告诉我们，哪家餐饮企业拥有一批志在创新的餐饮大厨，哪家餐饮企业便拥有了不断创新餐饮物质文化的核心竞争力，从根本上讲，是拥有了企业餐饮文化与品牌创新的未来。

“丰泽园”的第二个春天

提起“中华老字号”“丰泽园”，人们自然联想到中南海内那所古代园林建筑“丰泽园”。那里曾是几代帝王和伟人毛泽东居住过的地方。在30年代，京城“八大楼”生意红红火火，但其中新丰楼的名厨栾学堂、陈焕章等20多位师傅，仍图发奋进取，要创办新的山东餐馆。于是，由同德银号经理姚泽生出资5000元扶植，择地处珠市口原济南春饭庄旧址，要办新店。开业前，姚泽生召股东们在中南海内的“丰泽园”议事。当时应西单商场经理雍胜远荐邀与会的大书法家李琦即席说，居、轩、楼、斋都很俗气了。就用现在的地方“丰泽园”为名最合适，取丰泽二字象征菜肴丰饶、味道润泽之意。这名，过去有皇上，不敢用；将来也说不定成不成，反正现在是可以的。一番话，使大家茅塞顿开，欣然赞同。于是，借用“丰泽园”的美名作为饭庄字号，李琦书写了“丰泽园饭庄”的匾额。

几经沧桑，“丰泽园”旧貌换新颜。三年前，经过翻新扩建，一座地下两层、地上五层，建筑面积14800平方米的现代饭店，耸立在北京珠市口西大街东头。这幢风格独特、装饰典雅的饭店，1994年被评为首都建国以来“群众喜爱的新建筑”。改变昔日单纯餐饮的格局，集住宿、娱乐、购物为一体，成为多功能、综合性的涉外三星级饭店，使老店在改革开放的新时期，焕发了青春。

“丰泽园”在新任总经理龚桂英的领导下，发扬老店餐饮文化传统，在开展多种经营业务、走向国际市场的同时，不忘企业在鲁菜餐饮文化上的权威地位，尊师重教培养出一批批烹制正宗山东餐饮文化风味菜肴的优秀人才，以全国十大名厨之一的王义均大师为首，拥有高级厨师、服务师78名。一批后起之秀如史连勇、尹振江、张永才、屈浩等崭露头角，屡屡在国内和国际烹饪大赛中获殊荣。所烹调的山东餐饮文化风味菜肴，令中外宾客赞不绝口。狠抓管理，重视质量，促进效益，使得“丰泽园”连年营业收入突破3000万元，完成利税超200万元。

在当今激烈的市场竞争中常胜不衰，为“丰泽园”创造了再度辉煌。

刊于1997年11月6日《华商时报》

编著者的话：

北京老字号餐饮企业东来顺的涮羊肉在京城也是久负盛名，1955年公私合营，经过60多年的发展，已打造成为继全聚德之后的北京第二张传统餐饮文化名片，享誉全国乃至全球的中国传统餐饮文化品牌。

可以说，东来顺的始建和逐步经营发展的历程，以及其餐饮企业文化与品牌的逐步形成也是独树一帜。其发展的历史表明，创建者丁德山有很强的经商悟性，从1903年在东安市场摆起卖豆汁和拍糕的清真食品小摊，3年后挂出“东来顺粥摊”的招牌。1912年，不到10年竟扩张成“东来顺羊肉馆”。而后，“东来顺羊肉馆”在餐饮市场竞争中不断主动出手，占得先机，逐步发展壮大，成为集原料、辅料、餐厨工具与器具、生产销售一条龙的农工商“联合企业”。这在当时的餐饮业也是绝无仅有的。

丁德山从一位街边摆摊的小贩蜕变为经营颇具规模的涮羊肉餐馆的老板，其企业发展谋略、物质文化与服务文化建设有板有眼，发掘和记载下来，对于当今的餐饮业经营者及欲涉足餐饮业者都能从这篇文章中咂摸出一番滋味的。

东来顺的故事

20世纪初的北京城，一个叫卖黄土的年轻人，在新开的东安市场里徘徊。他看到许多小摊儿本钱不多，生意不错，便打定主意在这里摆个饭摊儿，以求发迹。这就是后来誉满京华的东来顺饭庄的起点。这个年轻人叫丁德山。

从小食摊到“联合企业”

1903年，丁德山向亲友借得手推小车、木案、板凳甚至碗筷，又借得一点本钱，同他的弟弟一起，在东安市场摆起了卖豆汁和拍糕的清真食品摊。到了1906年，丁德山有了一点积蓄，便在摆摊的地方搭起棚子，挂出了“东来顺粥摊”的招牌，经营品种增加了玉米面贴饼子和稀粥，并开始雇用一名工人。1912年东安市场失火，木棚被焚。丁德山又重建了三间瓦房，扩展为“东来顺羊肉馆”，并增加了学徒和雇工，但还是小饭铺。

东来顺卖涮羊肉，丁德山是煞费苦心的。当时，前门外正阳楼饭庄有位名厨刀功精湛，选肉、切肉都有独到之处，因而正阳楼的涮羊肉以鲜嫩可口闻名京城。丁德山便想方设法与这位厨师结识，用高报酬挖来帮工传艺，带出了一批徒弟。切出的羊肉铺在青花瓷盘里能够透过肉片隐约地看到盘上的花纹，能够和正阳楼的相媲美。东来顺由此享名。

丁德山很善于经商。他首先在选用羊肉上下了功夫。每年秋天，东来顺成批买进内蒙古集宁地区西坞旗的大尾巴绵羊，都是阉过两三年的公羊或仅产一胎的母羊。丁德山还在东直门外先后买了几百亩土地租给佃农。羊买来后，便交付佃农饲养，他只给饲料，以羊粪代工钱。入冬，涮肉旺季到了，羊也喂肥了，便陆续屠宰上市。自然，涮羊肉只选用羊的“上脑”“三岔”“黄瓜条”等部位，以保持鲜嫩无渣，质量之优良为其他饭店所不及，当然价格也成倍提高。而其余部位的羊肉，本店用不完的，成批售给羊肉铺。这样，从买羊、喂羊到卖羊肉，每一个环节都能得到厚利。丁德山还在东直门外经营二三十亩地菜地，东来顺可以以低价优先得到鲜嫩的蔬菜，更增强了与同行竞争的条件。

丁德山的资本和利润基本上是用来发展商业的。他拥有几百亩土地，但都服务于搞好东来顺的经营，实际上是逐步发展成了农工商“联合企业”。开始，他自设作坊，如用小麦、黄豆、小米、芝麻等粮食分别加工成面粉、酱、醋、香油、芝麻酱、杂面条等，供东来顺销售。之后又开设了天义顺和永昌顺两家商店，都是前店后厂，既经营粮食和副食品，又磨面、榨油、制作酱菜。东来顺所需的各种作料，包括特制的糖蒜、韭菜花，也都是自产自销，保持了严格的质量标准，而且做到利不外溢。他还开设了一家“长兴铁铺”，东来顺的铜、铁炊具在那里打造，价格既低廉，还可以随时改进。涮羊肉的火锅，原先烧炭的筒子太小，火势不旺。他便定制火锅，放入筒子，加强火力，肉片入锅，一涮即熟，使涮肉更见鲜嫩。这种以东来顺为核心的“联合企业”，带有浓厚的封建的自给自足经济的色彩，但不论对工人还是农民的剥削都是十分残酷的，无孔不入的。

东来顺有了“联合企业”的辅翼，经营左右逢源，生意蒸蒸日上，规模也随之扩充。1917年雇工40多人，1921年70多人。1930年新建了三层楼房，开设了雅座，增添了山珍海味，可包办清真教席，但仍以涮羊肉作为重点，雇工人数增至140多人。据30年代一些年份的账面记载，每年涮羊肉季节销售出的羊肉片均在10万斤以上。1942年，竞争对手正阳楼倒闭后，东来顺在北京就首屈一指了。

“大板凳”与“活广告”

丁德山的经商才能，还表现在“大板凳”上。所谓“大板凳”，就是当年粥棚的传统：不设座椅，几位顾客同坐一条长板凳上吃饭，食案也比普通饭桌矮一点。饭食品种简单，但经济实惠。东来顺新楼建成后，仍然在楼下东厅保持了可容百余人同时就餐的“大板凳”。这里的饺子、馅饼，肉多油大；这里的烙饼、抻面、玉米面贴饺子和廉价炒菜，分量足、品质好；杂面条则使用黄釉粗瓷大腕，给得多，价格也比一般饭铺低廉。所以，不但吸引了这一带的建筑工人、搬运工人、拉洋车的和做小买卖的等各行各业的劳动者，而且有些家在外地的人、中学生也来吃“包月”，因为比在校吃伙食还便宜。“大板凳”不但生意兴隆，经常客满，而且赢得了很高的声誉，有些“老主顾”说：“丁掌柜到底是摆摊出身，发了财还不忘咱穷苦人”。

果真如此吗？否！这不过是丁德山经营的“诀窍”之一。他曾非常得意地讲过自己的生意经：“穷人身上赔点本，阔人身上往回找。”他这一招相当于“活广告”，内外四城到处跑。果然，照顾过“大板凳”的穷苦人，吃到比较便宜的饭，往往互相传告，招来新的顾客。特别是那些拉洋车或排子车的和串家做零工的工人，更容易起宣传作用。有时外地旅客下了火车找饭馆，拉车的便主动把他拉到东来顺。店员们说：“老掌柜的‘招’真使绝了！”“大板凳”真的“赔点本”吗？否！充其量只是薄利多销而已。这里面自有奥秘。因为“大板凳”所卖的除了面食以外，肉和作料几乎都是楼上雅座的下脚料。比如涮肉座上的一斤羊肉片要卖二三斤羊肉的钱，剩下的肉头“甩”到“大板凳”上，不仅够本，还有微利。有些菜帮、肉屑等已经算过成本的东西，在“大板凳”上贱卖同样可以赚钱。而更深的奥秘还在于沽名钓誉，吸引更多顾客。这在修理炉灶时表现得更为明显。

饭庄的炉灶，耐火程度有限，每年都需要翻修。“大板凳”火眼少，修炉灶就得暂停营业。所以，每到修炉灶的前几天，这里的饺子、馅饼就逐渐比平时加肉、加油。当时顾客也许不觉得特别好，但待到停业，这批顾客到别处吃饭，相比之下更觉得还是东来顺好。炉灶修好后，顾客自然返回，甚至还能带来新的顾客。这也是丁德山引为得意的“活广告”。

丁德山的“活广告”花样繁多，层出不穷。他曾在店门前搭起炉灶，架一口大锅，请一位能够不使用笊篱直接用手从开水里捞面条的师傅当众表演，大声吆喝，以吸引顾客。冬天，他还在门前摆开一排肉案，让十几位切羊肉片的师傅一字排开，冒着西北风在街头切肉片，晚上电灯雪亮，更能招人。

“大板凳”与“活广告”都是为了挤垮同行，独得厚利。东来顺对面有一家会元楼饭馆，一度是竞争对手。丁德山不但争夺顾客不遗余力，而且损人利己不择手段。据称有一次预报有阴雨天气，顾客稀少，丁德出便叫职工故意大声吆喝，虚张声势，造成备菜很多的假象。会元楼没有觉察，真备了很多菜，结果造成了损失。经过几年较量，会元楼终于倒闭。当时东安市场有个资本家见羊肉馆发财，想把会元楼接过去经营。丁德山闻讯，捷足先登，抢购到手，自己不用，便把店面租出，但约定不得开羊肉馆。

曙光初照

1946年的一天晚上，身穿灰色军装的叶剑英同志和他的同事们来到东来顺雅座吃饭。

服务员们互相传告："住在北京饭店'军调部'的共产党代表来了。"当时，苦难的古城人民正在传颂着毛主席、共产党，传颂着八路军、解放区。这天，他们有幸见到了叶剑英同志，大家三三两两轮番上楼在雅座外眺望。饭后，座上客人走尽了。叶剑英同志主动和服务员们亲切交谈，了解工作和生活情况，并且深入浅出地讲内战形势，讲斗争任务。大家围拢上来，拘束消失了，泪眼模糊了，一个共同的心声：从来没见过座上客这样关心和尊重过自己啊，如果能够天天给这样的顾客端饭送菜该有多好！

像沉沉暗夜见到了曙光。大家心里升起了解放的希望。

东来顺的职工，每天至少得劳动十四五个小时至十六七个小时，经常是黎明即起直忙到吉祥戏院散了夜戏，顾客走尽才关门。他们不但被剥夺了必要的休息和睡眠时间，而且被加重劳动强度来榨取血汗。他们没有固定工资，每天分取点"零钱"（即小费），远远不够养活家口，生了病更治不起。有人累病了被踢出店外，有人积劳成疾直到累死。卖元宵的黑二娃，在东来顺干了一辈子，大年初二累死在店里，掌柜的叫人把尸体背到清真寺就不管了。包饺子的老职工张德元，带病上班死在路上，东来顺分文不给，还是职工凑钱才得以掩埋尸骨。至于解雇，更是资本家压迫和剥削工人的拿手本事。有个在天桥开茶馆的吴秃子，是"人市"把头，平时每天在东来顺分"半份零钱"，专为东来顺雇工和散人。业务忙时大批添人，旺月一过则成批解雇。掌柜的散人，并不当面辞退，只是在关门之前把吴秃子找来，由他把被解雇的工人叫到一边，说一句"咱们口上见啦！（去茶馆另找工作之意）"工人就得马上取出铺盖让掌柜的检查，当晚离店，毫不通融，即使露宿街头也不能等到次日。每年腊月最忙，忙到阴历除夕"喊堂"（闭店前高喊"找补啦！"催客离店叫喊堂）之前，吴秃子来了，当晚就得领走十几人甚至二三十人。

1945年，丁家的"联合企业"解体。丁德山把东来顺传给其子丁福亭掌柜。1948年解放军围城之际，丁福亭突然宣布停止营业，全体解雇，最后一次使用这个看家本领。

然而，暗夜破晓，换了人间，东来顺的店史从此翻开了新页。

北京新中国成立以后，在党的工商业政策感召和国家贷款扶植之下，东来顺又恢复营业，职工成了企业的主人，经过一系列尖锐复杂的斗争，于1955年实现了公私合营。从此，改善经营，热情服务，不但保持了原有餐饮文化的风味特色，而且不断取得新的进展。1969年东安市场拆建时重建了三层楼房，营业面积达到2700多平方米；职工增到二百五六十人。一、二、三楼各有一所可容100多人同时进餐的大众餐厅；一楼设有小吃部，供应奶油炸糕、烧饼、奶酪和各种甜食；二楼设有九个单间雅座；三楼有两个高级宴会厅。所有餐厅总是顾客盈门，座无虚席，雅座和宴会厅更需先期订座。

东来顺得到上级和有关方面的关心和支持。羊肉由食品公司作为必保的“特需”供应，质量优于当年。切肉是关键环节，从前手工锯切，费工费时，无法大量供应。1973年亚非拉乒乓球邀请赛在北京举行时，东来顺为了接待参加比赛的1400多名宾客吃涮羊肉，发动了14位刀工高超的师傅切肉四天三夜。现在，东来顺已经用上了切肉片机，每台每小时可切出肉片50多斤。劳动强度减轻了，肉片质量提高了，再也没有顾客座上等肉片的现象了。涮肉的汤和作料都坚持了高标准。火锅用汤仍是用口蘑、虾仁、葱白加工；作料虽已不是自己制作，但选择很严，仍是用优质的小磨香油、酱油、腐乳、芝麻酱、韭菜花、虾油和料酒配制而成；糖蒜还是自己制作。肉美汤鲜，配以精致作料，相得益彰。此外，东来顺还经营新疆风味的烤肉和烤羊肉串，并且增添了挂炉烤鸭，使信仰伊斯兰教的顾客能够在清真饭庄吃到北京烤鸭。

新中国成立后的东来顺为社会主义建设事业作出了贡献：工农群众进京，每以一尝东来顺的涮羊肉为快；在国际交往中也发挥了很大作用，涮羊肉多次送上国宴，来访的国家元首和知名人士，大多吃过东来顺的美馔。邓小平同志两次亲自来到东来顺，宴请过莫桑比克总统萨莫拉和美国国务卿基辛格。近年来贯彻对外开放的政策，外事活动频繁，旅游者日益增多，慕名而来就餐的外宾很多，东来顺更有了广阔的用武之地。宴会厅和雅座经常宾客满座，或畅叙友谊，或交谈贸易，都对餐厅服务留下深刻的印象。有的面对精致的筵席照相留念之后还舍不得下箸；有的饭后离去又来信深切致意；更有的外宾或使节启程来我国之前先打电报到东来顺订座。在一定意义上来说，东来顺已成为国家的一个外事活动场所。

刊于2000年11月23日《生活时报》

编著者的话：

20世纪90年代初，老东安市场改建。老东安市场里的一些老字号餐饮企业，如东来顺、五芳斋、湘蜀饭庄等都在外迁重建之列。1998年，原东安集团公司将五芳斋和湘蜀两家老字号餐馆合并外迁，移至王府井大街198号原东安市场幼儿园旧址重张，各取原餐馆名中一字，更名为五湘斋。意图保留两家老字号的特色，两好变一好。但事与愿违，重张时虽红火一阵，但五湘斋的新店名不被广大消费者认可，同时又缺乏持续的市场创新，逐渐失去了生存的活力，最终也难逃被市场淘汰的厄运。后又改为老字号东来顺第一分店经营。

金街开了家五湘斋

“一斋吃遍天下”，这样的餐馆在京城还真少有。

在金街王府井的五湘斋饭庄虽称不上“吃遍天下”，却可称得上“吃半天下”。在这里，您不仅能吃到川、湘、淮扬等风味菜肴，还能吃上老北京东来顺涮羊肉。您可能会问：“这五湘斋到底什么最好?”这还得从它的历史谈起。

“五湘斋”这三个字一叫出口，老北京人会觉得耳熟，更会情不自禁地想起老王府井大街上那赫赫有名的、具有近80年历史的“五芳斋”和近50年历史的“湘蜀”两家饭庄。五湘斋的确是由这两家老字号饭庄发展而来的，各取一字称为“五湘斋”，并请著名书法家米南阳题匾。

在经营风味上，五湘斋仍以淮扬风味为主，取苏州、无锡两地风味之长，继承了老店菜肴的餐饮文化风味特色。原经营江苏风味的菜肴有100多种，做法精致，颇有讲究。代表菜有水晶肴肉、松鼠鳜鱼、清蒸甲鱼、烧鳝段、炒鳝糊、罗汉大虾等。精美菜肴出自高厨之手，五湘斋饭庄有高超的技术队伍，有中国烹饪协会理事、烹饪技师，同时还有10多位特级厨师。因此，传统特色菜在厨师的手下正宗地道，创新菜品在厨师的精工妙手下熠熠生辉。几年来又不断研制精美型、营养型、文化型、大众型等各类新菜品，丰富了代表菜品种。五湘斋出色地融汇了八方菜系的餐饮文化，这也是一种颇具特色的餐饮文化。

五湘斋近期推出一系列新菜品，以“形色鲜美、口味醇香”为特点，如三虾豆腐、橙子鸡、竹香鳗鱼、五湘香排、琵琶虾、兰花鱼肚、三鲜豆卷、明珠豆腐等菜品。同时，为了让更多的工薪阶层能够品尝到较高档的菜肴，五湘斋“大菜小作”，将一道上百元的菜改制成几十块钱的小份提供给顾客，还可以达到分餐的科学饮食，受到不少顾客的好评。

刊于2001年11月30日《北京晚报》

新兴餐饮企业

编著者的话：

北京贵宾楼饭店始建于改革开放初期，早已成为北京新兴餐饮企业中的佼佼者，可谓异军突起，至2004年连续3年进入全国餐饮百强企业。

作为北京新兴餐饮企业的代表，北京贵宾楼饭店具有独到的餐饮企业文化与品牌：其建筑布局和设施以及管理软件所体现的餐饮企业物质文化元素都堪称一流；其管理者，特别是王福和总经理的经营管理理念和企业文化发展战略别具一格；其行为文化和服务文化也很独到；作为餐饮企业物质文化核心的菜品创新更有一套科学的体系，既善于博采众长、更善于创新，可谓青出于蓝而胜于蓝。正是一枝独秀的餐饮企业文化与品牌创新，引领北京贵宾楼饭店不断持续发展，独傲群雄。

以一当十
——北京贵宾楼饭店的精品战略

笔者在北京贵宾楼饭店，听说一则有趣的故事：一位睡在贵宾楼饭店龙床上的外国客人，做了一个梦：来中国当上皇帝了。一觉醒来，推开窗户眺望皇宫，看见在阳光下金色的琉璃瓦熠熠闪光，兴奋不已；他还不过瘾，又登上了第10层的观景平台俯视，皇宫近在咫尺。这时，他认为梦是真的。

我想，这个故事中的主人翁能够从梦中、从贵宾楼饭店感悟和享受到皇帝般的生活，应当感谢香港著名爱国人士、全国政协副主席霍英东先生12年前的那个决策：与北京市合资兴建贵宾楼饭店。霍先生那敏锐的目光瞄准的是，东连老北京饭店，西临紫禁城，坐北朝南，面向长安街的这块风水宝地。更何况，都是龙的传人，观念、理念都源自中华民族的几千年传统文化，双方在规划贵宾楼的总体方案时不谋而合，很自然地考虑到了倾注民族文化内涵，并与现代文化融合。从东长安街往西行，过了王府井口，就可依稀见到那飞檐叠翠的贵宾楼门楼。进了门楼，如同进了皇城，因为北京城自明朝就形成了四重建筑格局，前三门以南为外城；前三门以北至天安门两侧红墙为内城；天安门两侧红墙以内为皇城；午门及四角楼以内为紫禁城。北京贵宾楼饭店地处皇城之内，楼前的红墙就是当年的皇城宫墙，与巍巍紫禁城毗邻。下榻贵宾楼即可身在皇城之中，体味九五之尊的王者风范。难怪传说故事中的那位外国客人，有了皇帝般的感受。

贵宾楼饭店中西合璧、古典与现代融合的建筑，天然自成地形成了中西文化的特殊载体。宾客进了一层，映入眼帘的是玉石镶嵌的国画“群仙祝寿图”、牙雕“长城万里图”“京剧脸谱”……宛如漫游在中华民族的悠久而灿烂的文化长河中。沿着圆柱楼梯盘旋拾级而上，进红墙咖啡厅，15根精美、璀璨的黑色大理石圆柱托起宽敞的玻璃幕墙，视野尽处是一抹红色的宫墙烘托着四柱七楼式的金碧牌楼；与另一侧婀娜多姿的菖蒲河倒映着金瓦红墙，相映成趣。在平添几分古雅、神秘中，品一杯香浓的异国咖啡，是古，是今，是仙，是帝……任你品味无穷。

那三层上的花园大厅，以两根直径1.8米的白色立柱撑起25米高的玻璃穹顶，四周的眺台栏杆层层叠叠，缘萝悬垂，如瀑布从天而降，气势壮丽。其北侧罗马风格的12生肖石雕，用汉白玉精雕细刻而成。这一设计灵感源于被毁的圆明园中，著名景观大水法中12生肖喷泉再现。这一中外文化的大碰撞，让中外宾客驻足，各自的浮想，不尽相同。

贵宾楼饭店的217套标准客房和豪华套间，都以明、清式花梨木家具及古典字画装饰，充满中国传统情调。位于9层的皇帝复式套房，一派昔日宫廷装饰，入住的贵宾仿佛置身梦中，自会浮想联翩。

贵宾楼饭店这般充满文化魅力的硬件，让中外宾客流连忘返。美国前国务卿舒尔兹、基辛格，英国前首相撒切尔夫人，德国前总理科尔，法国前总统德斯坦，俄罗斯前总理普里马科夫等世界政要都曾在这里留下了他们的身影。许多外宾登上贵宾楼第10层观景平台，去追思遐想那五千年的文明古国，又不时转向南侧凉台欣赏那穿梭如织的车水马龙，体味现代中国巨人前进的步伐……可以说，贵宾楼饭店是北京，也是中国对外展示改革开放巨大成就的一个窗口。外国客人透过她，接近北京，了解中国。

多少中外贵宾在贵宾楼饭店亲眼看见了长安街多少个不眠之夜，那沸腾的人群就是新中国前进的脉搏；那锣鼓声是中国奋进的号角……正是这个重要的窗口，国家领导人邓小平曾来视察；香港回归前夕，江泽民主席在此亲切会见霍英东先生；

李鹏委员长为其题词；朱镕基、李瑞环也曾光临。

然而，北京贵宾楼饭店的领导者，并不满足于天时地利，他们更注重事在人为。从12年前建店伊始，就树立了精品战略——以一当十。

总经理王福和意识到新千年的步伐与我国加入WTO之后，所带来的机遇与挑战，光有上乘的硬件是远远不够的，他针对饭店市场竞争日烈的状况，提出不单纯依靠硬件招揽客人，因为许多五星级饭店的硬件经过装修，已经达到很高的水平，要在硬件以外下功夫，必须“攻”心，首先从服务抓起，首创了“服务经理”。

几乎所有企业家都会把一条十分著名的定理告诉自己的员工，即在通常情况下，对于一家服务企业而言，80%的收益来自于20%的回头客。换言之，真正给企业带来巨额财富的人，是为数不多的具有较强财力或较高忠诚度的客户。谁留住这样的客户，谁就拥有了财富。

谁能把客户留住？在竞争日趋激烈的现代服务领域，传统的“均一服务标准”可以达到这样的目标吗？答案是否定的。每位宾客都是特殊的，特殊的宾客被整齐划一地对待，是无法让每位宾客都满意的。把服务当成麦当劳快餐店中的汉堡包、可口可乐一样的无差别、标准化，正成为服务失败的前奏。

为了规避风险、提高顾客的忠诚度，北京贵宾楼饭店率先提出了“服务经理”的概念并已开始实施。它集庶务、管家、秘书和大堂经理四项职能于一身，为宾客提供个性化服务。服务经理对客户的承诺是——您的期望，我的责任。这句掷地有声的允诺，表达的是一种全新的服务理念。服务经理不仅要寻求各种途径和办法满足客人提出的需求，还要观察和分析客人的潜在需求，通过服务给客人带来满意和惊喜，将服务升华为一门艺术。

“非均一服务标准”主张的真正内涵就是通过真诚的和个性化的服务，在宾主之间引发心灵的共鸣。

如果说，以往要求员工要记住和称呼客人的名字，现在的服务经理不仅能够记住客人的名字，还通过优质的服务让客人记住了自己的名字，记住了贵宾楼。这可以说从量变到质变，是服务的大变革。

说来也巧，笔者在贵宾楼大堂见到了一位即将离京的欧洲客人，他兴奋地说，今晨从服务经理的手中接过了他昨日遗失的机票，使他能如期踏上归程，并一再表示下次还要来贵宾楼住。在与笔者握手告别时，还啧啧赞许道：“这里的宽带网让我与世界各地的商务联络十分快捷……总之，OK！”

相比京城其他五星级饭店，贵宾楼的客房较少，在抓精品、以少胜多的同时，王福和总经理的另一只手抓住了餐饮，相比之下，其他饭店餐饮收入占全店三分之一，而贵宾楼的餐饮收入却上升到全店的六成左右。2002年贵宾楼饭店餐饮收入达到了7800万元人民币，饭店餐饮座位年均创收达人民币11.5万元，折合1.39万美元，高于国际上评估优秀餐饮企业的标准：座位年均创收1.1万美元。

王福和总经理下大力气狠抓饭店餐饮的内部管理，2000年初贵宾楼的餐饮部有三个厨房、四个餐厅，经营方式是各自为政，餐厅的特色不突出。一个品牌菜各厨房抢着做，这样就势必造成同样的菜品，客人在不同的餐厅吃出不同的口味，菜品的质量也参差不齐。这种内部的无序竞争，严重影响了饭店的形象和产品的信誉，同时带来菜点成本和人力资源的巨大浪费，员工积极性也不好调动。为扭转这种不利的局面，对三个厨房进行了统一管理，餐厅和厨房的员工按工种和技术重新搭配，人员适当精简。在成本控制上，统一了进货渠道和各种原材料的标准。在此基础上，还改变了蔬菜、水果传统的供货方式，由等供货商送货上门变为每日到各大批发市场采购。新的举措大大降低了餐饮食品成本和人工成本，提高了原材料和菜品质量。

王总在狠抓餐饮管理的同时，抓好了菜肴的精品。王总认为，贵宾楼以独特的中式风格和细致入微的服务，吸引了大量海内外宾客，更必须有精美的佳肴留住宾客，供应与贵宾身份相称的美味佳肴。贵宾楼的客源市场促使其餐饮要走精品化的路，要创自己的品牌，形成有影响的极品餐饮，吸引最高档次的消费群体。极品餐饮，可得到义务的广告宣传，在贵宾楼消费的客人会增添自豪感，成为炫示的话题。极品餐饮容易被地位较高或成功而富有的人士认可，经常被选作款待佳宾、展现本地或本企业经济的窗口，自然能带来丰厚回报。

在精品餐饮战略的指导下，王总任命全国技术能手田润福为行政总厨。以前分散的厨房合并后，由行政总厨一人负责。启用了一批优秀的餐、厨管理人员，同时也给许多年轻的管理人员和厨师创造了展现自我的空间。这些年轻人有学历，理论知识丰富，在老师傅的带动下业务上肯钻研，有创新。众人拾柴火焰高，继1993年首创“鱼翅捞饭”迅速占领北京市场之后，经过几十次的改良创新，目前已形成自己独特的烹制“秘方”——“御福翅泡饭”。菜品在制作上达到了标准化和专业化，配料、用量、汤基等都是配方制。2002年，仅御福翅泡饭一个菜品就卖了2300万元。在保持传统品牌的基础上，贵宾楼又相继推出了御福黄金鲍、御福坛老大、御福坛八珍等8个品牌菜，受到了广大消费者的青睐，使贵宾楼的餐饮因此上了新台阶。

天道酬勤。北京贵宾楼饭店“以一当十”的品牌战略，取得了良好的经济效益和社会效益。王福和总经理表示，还要继续搞好个性化和人性化服务，并加大餐饮品牌的对外拓展。2002年大连分店开业，今春与新疆、山西几家四星、五星级酒店的合作也在进行之中，把贵宾楼的服务和贵宾楼的餐饮品牌推向全国。

刊于《企业研究》2003年9月上半月刊

肥水不流外人田

面对社会餐馆、酒楼的严峻挑战，宾馆饭店的餐饮经营能否守住自己的一方天地？北京贵宾楼饭店的餐饮经营思路值得我们参考。

笔者家门前的一个四星级饭店的餐厅，几乎每年都要换店名，自打去年歇业，已一年有余，至今未见重张迹象，一打听才明白，敢情人家饭店自己不经营餐厅。受此启发，多方打听又才明白，京城不少星级饭店大多只留个把餐厅，其余出租，坐收渔利。问及饭店经理，原来是“自己经营风险大，不如出租保本。”于是乎，住店客人不在店内用餐，店内“肥水”往外流。举凡这类饭店的经营比例大体是客房收入占2/3、餐饮收入占1/3的格局，不拿餐饮当回事。

北京贵宾楼饭店以设施一流、高档服务而享誉京城。对于贵宾楼饭店的餐饮经营，总经理王福和有着超出常规的想法：客房数量固定，收入相对稳定，不可能靠提高客房价位再增盈，而饭店收入的增长点恰恰在餐饮，餐饮的价格浮动有空间，客源不只住店宾客。只要风味对路，质量保证，价格合理，各方顾客就会闻风而来。王福和决心要把一般星级饭店餐饮收入占1/3变为“2/3”，留住肥水不外流，做好、做大、做强饭店餐饮。

以前，贵宾楼餐饮部有三个厨房、四个餐厅，经营方式是各自为政，餐厅的特色不突出。一个品牌菜各厨房抢着做，这样就势必造成同样的菜品客人在不同的餐厅吃出不同的口味，菜品的质量也参差不齐。这种内部的无序竞争，严重影响了饭店的形象和产品的信誉，同时带来菜点成本和人力资源的巨大浪费，员工积极性也不好调动。为扭转这种局面，2000年初，对三个厨房进行统一的管理，餐厅和厨房的员工按工种和技术重新搭配组合，人员适当精简；在成本控制上，统一进货渠道和各种原材料的标准，在此基础上还改变了蔬菜、水果传统的供货方式，由等供货商送货上门变为每日到各大批发市场采购。新的举措大大降低了餐饮菜品成本和人工成本，提高了原材料和菜品质量。

王福和总经理十分重视发挥高级厨师的带头作用和创新能力，任命全国技术能手田润福为行政总厨。以前分散的厨房合并后，由行政总厨一人负责。同时启用了一批优秀的餐、厨管理人员，并给许多年轻的管理人员和厨师创造展现自我的空间。这些年轻人有学历，理论知识丰富，在田润福的带动下业务上肯钻研，有创新。众人拾柴火焰高，继1993年首创“鱼翅捞饭”，领先北京市场之后，经过几十次的改良创新，菜品在制作上达到了标准化和专业化，配料、用量、汤基等都是配方制。在保持传统品牌的基础上，又相继推出了御福黄金鲍、御福坛老大、御福坛八珍等8个品牌菜，形成御福宫廷菜系列佳肴，受到了众多宾客的青睐，贵宾楼的餐饮跃上新台阶。

几年来，贵宾楼不断研发“燕翅鲍”系列菜品，历经数次改进而创自家特色，御福坛老大、御福烧鲍鱼等特色鲜明的系列菜品日臻完善，好评如潮。此后，一系列以菌类、素食类等为主要原料的菜品相继推出，满足高端食客不断变化的口味和健康需求。如今贵宾楼的“御福官府菜”已经发展成独具一格的品牌，并注册了商标。“御福”品牌不但稳稳驻足本地，而且成功地走向天津、山西、新疆等地。还吸引了向来挑剔的香港地区食客。贵宾楼的客源市场促使其餐饮要走精品化的路，要创自己的品牌，形成有影响的极品餐饮，吸引最高档次的消费群体。著名的香港赛马会会所和香港喜来登酒店每年都要举办“贵宾楼御福官府菜美食节”。极品餐饮，赢得义务的广告宣传，在贵宾楼消费的客人会增添自豪感，成为炫耀的话题。极品餐饮容易被地位较高或成功而富有的人士认可，奉为款待佳宾、展现本地或本企业经济实力的窗口，自然带来丰厚的回报。

贵宾楼餐位仅有600多，餐饮员工只有200人，但餐饮收入却连续4年保持在7500万元以上，占饭店总收入60%以上；特别是2004年，餐饮收入高达8686万元，人均创收42.3万元，连续3年进入全国餐饮百强企业。国际酒店业评估餐饮经营好的标准为每把餐椅创收要达到1.1万美元，而贵宾楼饭店每把餐椅的餐饮收入达到13万元（合1.6万美元），比国际标准还高出0.5万美元。

市场是检验经营决策的唯一标准。贵宾楼饭店在“硬件”以外下功夫，一手抓精品服务，留住客人：一手抓极品菜肴，扩大消费空间，十分奏效，使得客房、餐饮双丰收。由于在社会上有了知名度，创出了一系列的精品，形成了自己的优势市场，赢得长年累月的合理消费群体。全店四个餐厅在统一原料、科学配方、标准化制作，确保推出独特风味品牌“御福官府菜”的同时，让各餐厅个性化，各有侧重口味，“蓉园”兼容传统和新派川菜，“名园”同时推出中国精品名菜，“古都”则包容粤菜，“咖啡厅”以中西结合自助餐为主，既有品牌菜，又有不同风味，迎接八方来客。

“惟有梧桐招凤凰”，“凤凰”进了店，有好菜，还得好伺候。王福和在服务业率先提出“让客人记住我们的名字”的服务口号。他认为，让服务员记住客人的名字只完成了服务的一部分，更重要的是让客人记住服务员的名字，这样才真正体现客人对服务的满意和忠诚度。饭店以真诚感动客人，客人以忠诚回报饭店。如今，几乎每位在贵宾楼用餐的回头客人，都会叫出曾为他们服务过的员工的名字，因为他们已经把服务人员当作了朋友、秘书助理和咨询师。在这里，周到的礼数和细腻的服务已是对服务人员最基本的要求，而预期客人需求、掌握客人每次用餐的心理、熟记客人口味喜好、记录每一次客人对菜品的建议等，这些更深层次的服务的传递，则令客人深感关爱和尊重。

王福和从变幻莫测、飞速发展的市场中找准自己的位置，对酒店的餐饮经营所面临的诸如经营成本高、受入住率高低影响大、经营策略的变化受制于饭店整体风格等难题，运用“揽一流客人，创一流菜品，供一流服务”的经营策略和具体措施一一化解，为宾馆饭店如何在餐饮上做足“文章”提供了有益的参考思路。

与张奕合作　刊于《餐饮世界》2005年6月号

编著者的话：

本篇文章与其后的2001年及2002年为湘鄂情内部刊物撰写的“湘鄂情之‘食’”“湘鄂情之食以安为先”3篇文章，记述了我国首家民营餐饮企业上市公司湘鄂情的企业餐饮文化与品牌创新的一些经历。

我曾任湘鄂情媒体顾问，回忆当年撰写这篇文章之时的心境，我怎么也不会想到湘鄂情竟然在三四年之后逐步淡出餐饮业市场，宛如耀眼的流星，又像艳丽的昙花一现，黯然消失。如今，湘鄂情的兴衰已是一些人茶余饭后谈论的故事，而对于餐饮业内的人士来讲，却是难得且值得缕析条分的极为典型案例。

成也萧何，败也萧何。很认同有人这样评价湘鄂情：“湘鄂情当年的成功得益于孟凯的商业眼光，湘鄂情如今的没落或许很大程度上同样也归咎于此。一位传奇企业家的失败，其实恰恰说明着，其本身真正企业家精神的匮乏。”归根结底，还是缺乏企业家的审时度势的悟性、运筹帷幄的谋略。

不能因为湘鄂情失败而抹杀它过往的成功，也不能因为它过往的成功而不咎其失败之因。反思并客观地评价湘鄂情，会帮助后来人从中获取受益无穷的经验与引以为戒的教训。从这篇文章并透过这篇文章可以得到一些感悟与启迪。

没有任何特殊出身背景的20出头的年轻人孟凯，以一往无前的打拼和执着，十几年的辗转奋斗，以其独到的商业眼光和睿智，竟然从一个深圳街边小餐馆，一步一个脚印打拼发展到2009年11月11日在深圳证券交易所挂牌上市的我国第一家民营餐饮企业——北京湘鄂情餐饮管理有限公司。湘鄂情的传奇经历，无疑为年轻的创业者，特别是闯入餐饮业的创业者展示了可以企及的发展愿景，激励无数创业者的创业热情。也许这几篇文章能够为许许多多的创业者播下一颗萌发冲动、激情和梦想的种子：孟凯能做到的，我也能做到……

曾经，湘鄂情的品牌扩张战略部署及其企业文化建设等方面有谋有略并卓有成效，逐渐形成了具有荆楚餐饮文化风格又博采众长的湘鄂情个性化菜品体系，获得国家工商行政管理局认定的“中国驰名商标”，先后获得“全国绿色餐饮企业”“全国特级酒家”“中华餐饮名店”“第五届全国烹饪技术比赛”团体金奖，以及“2008年北京市纳税千强企业、连锁餐饮业前五强”“2009年首届京城餐饮50强企业前十强”。无疑，其成功经验大有可借鉴的。

改革开放以来，餐饮行业市场始终在不断增长，但餐饮企业市场的激烈竞争程度也在不断增长，每天都有不少餐馆倒闭，每天也都有不少餐馆开张，潮起潮落，生生死死，见怪不怪。时时事事都在提醒与告诫企业，餐饮文化中的忧患意识不可松懈，更不可或缺。

正是“故欲思其利，必虑其害；欲思其成，必虑其败。”利与害，成与败，往往在一件事、一个事物、一个企业是共存的。还记得，南京启动会上，乘着湘鄂情股票上市的东风，孟凯意气风发、谈笑风生，大展宏图，一派繁荣景象，充满乐观期待，也深深感染了包括我在内的大家。

回过头来看，惟独不见忧患，不见危机对策。很快，始于2013年的市场形势突变，餐饮高端市场大幅度萎缩。显然，湘鄂情始料未及，未能及早布局，也缺乏缜密的应对预案，匆忙中的餐饮市场定位调整，以及后来脱离餐饮市场的资本跨行腾挪，都未奏效和成功，以致丧失了时机、资本功能和竞争力。

了解足球比赛规律的人常说："足球运动员阅读比赛的能力越强，驾驭激烈比赛的能力就越强。"在竞争激烈的餐饮业市场中博弈，也要学会阅读餐饮业市场的风云变幻。

应该说，孟凯与湘鄂情的顺利与挫折，成功与失败，都是餐饮业的一份宝贵财富，值得餐饮业的经营者和创业者认真阅读、思考、剖析，从中汲取经验与教训，定会提升驾驭餐饮业市场的能力，有助于自身企业餐饮文化与品牌创新。

湘鄂情品牌战略扩张拉开序幕，首站选在江苏南京启动

我国首家民营餐饮企业上市公司湘鄂情（股票简称湘鄂情，股票代码：002306），在经过2010年整个年度的稳步发展，调整品牌扩张的思路、布局之后，今年开始将加大湘鄂情品牌扩张的步伐，年内完成国内以行政区划分的品牌扩张战略部署。湘鄂情品牌战略扩张的首站，选在了江苏省南京市。因此，湘鄂情公司的年度高峰会定在南京举行，2011年2月27、28日胜利召开。

湘鄂情十分重视南京在江苏的重要性，经济发展迅速，消费水平全国名列前茅，是发展湘鄂情餐饮品牌的首选之地。今年内湘鄂情有望在南京开3家新店，第一家已签署合同正在报深交所，即将公告。董事长孟凯坦诚地告诉记者，期待第二家、第三家的选址合同。古都南京是块风水宝地，他希望与南京的房地产开发商或楼盘所属单位代表碰出火花，进行真诚合作，无论是租赁或购买的方式都可洽谈。

在武汉，湘鄂情已成功购得土地，建设餐饮休闲娱乐综合体，是发展湘鄂情品牌的另一种新运营模式。董事长孟凯也希望得到南京市领导的支持，购买土地建设新综合体。在南京完成布局目标之后，必将转战江苏全省地级市，发展江苏区域的

连锁扩张。由江苏辐射整个华东地区。

孟凯董事长谈到，南京物华天宝、人杰地灵，在湘鄂情发展南京乃至江苏全省的连锁经营中，热情欢迎南京市、江苏省内的有识之士加入湘鄂情的管理团队，共同为湘鄂情品牌扩张出力，共同打造民族餐饮品牌。

孟总在新闻发布会上还谦虚地回忆起，他17年前在深圳靠几张餐桌创立湘鄂情时，才是个20出头的小伙子，以他坚韧不拔的创业经历现身说法，孟总由衷地欢迎江苏省、南京市的青年人，加入湘鄂情的团队，趁着年轻干一番事业。

北京湘鄂情股份有限公司的前身是北京湘鄂情酒楼有限公司，成立于1999年9月14日。发展至今已有11年的历程，从小到大成为国内餐饮业中“中国驰名商标”之一的著名品牌，在全国已有31家连锁店。平均单店面积4000平方米左右，共有12万平方米以上店面，相当于快餐门店的300多家。

湘鄂情2009年成功上市之后，2010年是上市之后的内控完善年度。在狠抓市场开拓、狠抓管理创新、狠抓增收节支、狠抓人力资源管理、狠抓企业文化建设等方面都卓有成效。2010年公司收购了上海店、西藏店，在北京已新开广渠门店、西单二期店、海运仓店；呼和浩特店、郑州店、西安店、南京店、武汉晶殿大宴会厅等新店。在去年稳步发展的基础上，调整品牌扩张的战略部署，今年将有一个大发展。

湘鄂情雏形于荆楚大地，起步于特区深圳，腾飞于首都北京。在京城，去年包括新开店在内共开到了13家直营店，并完成了中央厨房、物流配送中心等基础建设工作，在全国已拥有31家连锁店的基础上，从全局考虑，今年将完成全国以行政区域划分的品牌扩张战略部署。湘鄂情在全国的品牌推广计划已开始实施，继续以北京为中心建立区域总部辐射华北东北地区，以武汉为中心辐射湖北地区，以长沙为中心辐射湖南地区，以南京为中心辐射江苏地区，以上海为中心辐射上海以及周边地区，以深圳为中心建立区域总部辐射华南地区，以西安为中心辐射西北地区，以成都为中心辐射西南地区。其中辐射华东的战略支点和重点首选经济繁荣的南京，并从此拉开了品牌扩张的帷幕。

对于众口难调的话题，孟凯董事长颇为风趣地回答，湘鄂情是民族餐饮品牌，是人民大众的品牌，在经营上，高中低消费相结合，满足不同阶层、不同人群和人民大众的需求，就是要“调众口”。在选址上，孟总说不求大而全，也可小而精，每个店都要有特色，在800平方米至10000平方米之间都是考虑建店之列，这要看当时当地消费者的情况而定；而在口味上，湘鄂情以粤菜、湘菜、鄂菜为基础，兼容了淮扬菜、川菜、徽菜、鲁菜等国内各大菜系之长，并学习西餐优点形成多融合的湘鄂情独特风格。在目前现行的定位模式上大体分为四种主力品牌："湘鄂情"品牌的消费群体仍以中端为主，兼顾高、低端；"湘鄂情·源"以满足工薪消费，朋友聚会为主，门店主要开在商场、写字楼，高档装饰，低价消费；"菁英会"则专门高端针对商务宴请；另一个创新品牌是"晶殿"大宴会厅，是专业的宴会品牌，专门接待大型婚宴、寿宴及各种喜宴或大型商务宴会，高档、豪华、服务周到。这种新的宴会模式已在武汉成功运行，营业面积达5000余平方米。

针对"湘鄂情去年3月公示的2009年度报告中所提及的，将确保2010年度净利润较上年增长20%"可否实现的问题，孟凯董事长笑着回答："风物长宜放眼量。上市第一年，我们夯实基础，大力拓展，重在'业'而非'绩'。希望大家持续关注湘鄂情的发展，支持湘鄂情的发展！"然而从他满面笑容中，记者真切感受到孟凯先生对他的公司充满信心，我们有理由对湘鄂情未来充满期待！

湘鄂情之"食"

"民以食为天"。吃饱了，有劲，才能干事。

自打我们的祖先发明"钻木取火"，几千年来，"食"逐渐变得丰富多彩。到了近代，烹饪方法层出不穷：蒸、煮、涮、炖、煎、炒、汆、烩……花样翻新，并形成口味各异，风格不同的八大菜系等诸多派系。

与"食"俱进的湘鄂情之"食"，20世纪90年代始创于改革开放的窗口深圳，以湘鄂特色风味博众青睐。进入新世纪，北上京城乃至全国发展，融入粤、鲁、川、淮阳、东北等地方风味，以调地域变化之众口。然而，如今餐桌上的八方宾朋，众口更难调。但众望所归的标准，只有一个：好吃就行。

湘鄂情在董事长孟凯的引领下，审时度势，前瞻性地海纳百川，融汇各大菜系之精华，贯通于一炉；不拘泥于一个菜系、一个名厨，而是广招贤厨，尽其发挥所能，不断创新出取悦于众的湘鄂情特色的珍馐美味之"食"，在烹坛独领风骚。

比如，2004年推出的"昆布（海带）鲍鱼"。改革开放后，海味美食风靡全国，人们几乎吃腻了传统技法烹制的鲍鱼。这道菜的出现，让人眼前一亮。鲍鱼煨入味之后，用食盐包裹再焗。呈献宾客时，服务员手托盘中形如"宝贝"之食，让人不知为何物而称奇。当服务员三次吉祥语送祝福，三请客人用小木槌敲“宝物”破“土”而出，哗然！竟是一只海带着衣的栩栩如生的鲍鱼呀！惊喜之余，食欲油然而生。掌声中，刀叉齐舞，围坐客人共同奏响了中西合璧的美食交响曲。此菜既保留了传统的鲍鱼煨法，又借鉴了杭帮名菜“叫花鸡”的烹法，不用泥土，而用食盐隔火而焗，妙哉！经过焗而使受过煨的鲍鱼坚硬蛋白质变得柔美而味透，美哉！如此一来不仅烹饪原料变化，且烹饪方法更新，还带动了服务模式亲情化，营销模式趣味化，迎得众人喝彩，适应了消费新潮，传为佳话。

又如，2006年从传统鲁菜“葱烧海参”脱胎而出的“小米炖辽参”。其将主料辽参与小米配伍，使动物蛋白与植物蛋白巧妙结合，营养平衡。技法由葱烧改成汤炖，参的韧劲减弱更为嫩滑，让您在齿颊间舞动海味风情之时，味蕾留香着田园小米的清纯，难以忘怀。这是此菜旺销六载不衰之所在，也是北京业界跟风效仿之成因。

林林总总，仅举二例略表湘鄂情之“食”，继承传统，又不墨守成规，创新中不忘本，与“食”俱进，独创湘鄂情特色。您到湘鄂情品“食”，不必寻觅哪派哪系，保您能领略到不同风味风情；无论来自何方，您想吃的家乡味未变，味更浓郁。在与“食”俱进的湘鄂情美食中，虽不能让您款款都中意，但总有一款适合您。您常来，常吃常新，您说好吃就行。

湘鄂情重视食品安全卫生，所有蔬菜、肉类，鸡鸭鱼海鲜，都经过严格检验检疫，层层把关方能入肴端上餐桌，让您吃放心菜，乘兴而来，满意而归。

我刊每期都要刊登湘鄂情创新之“食”，欢迎您品评。

刊于《湘鄂情》（内部刊物）2012年第1期

湘鄂情之食以安为先

“民以食为天，食以安为先”，千古金言，代代相传，家喻户晓。

湘鄂情董事长孟凯奉第一句为“天”，视第二句为“命”。孟凯天天讲的是，食品安全是我们企业的命，我们的一切一切都要唯此命是从。

17年前，孟凯在深圳创业之初，盘下一个小店，支起四张餐桌，进入餐饮行业之时，他就明白：他店虽小，但和大饭店一样，干的都是老百姓心中“天”大的事；他更明白：他店里菜品虽不及大饭店的规模，但和大饭店一样，都必须让顾客吃得放心和卫生，食品安全是餐馆的信誉和生存的命门。当年，我国食品安全法规尚不够完善，食品检验技术也不够完备，孟凯采购食材靠的是两眼观其色、鼻口辨其味，识好坏、辨真伪，不敢一点疏忽；孟凯每每创新一道菜，都要亲自试吃，不仅追求可口上眼，更要保证食品安全，不敢有丝毫懈怠。

湘鄂情不断发展，逐渐成长为大型餐饮集团，“食以安为先”已是企业发展的根基，更是企业的生命线。

湘鄂情进入京城发展之后，引进“五常管理法”，实行全面质量管理制度，在食品安全卫生方面，逐步建立起一套完整的保障体系。

湘鄂情上市之后，其食品安全卫生保障体系更臻完善。

一斥巨资，在大兴建立集食品加工生产、检测、配送一条龙的中央厨房配送基地，引进国外先进食品检测设备仪器，招聘专业技术人才，组建现代化食品安全卫生检测室，对购进的蔬菜等食材及加工出的半成品乃至成品，分别按标准检测农药残留量、重金属含量，食品微生物、食品添加剂等食品安全卫生指标，把住每道关口，不让超标食材、半成品进入下一道加工工序，不让超标食品出厂，确保湘鄂情所有食材及出品的安全卫生。从基地配送到各门店的半成品及成品，每批次都必须按规定留样备查。

二斥巨资，建大型现代化中央厨房，投入生产运营，不仅为中餐标准化创造了有利条件，更重要的是保障了食品安全卫生。中央厨房是全封闭式的，厨师在进入中央厨房前必须更换工作服，分七步洗手消毒，走过消毒通道，才能进入封闭的工作车间。根据直营店的需要，所加工出来的半成品或成品，采用临界温度保鲜，当日生产当日用冷链配送车配送到各门店，切实保鲜、保质、保卫生。

湘鄂情为了让客人吃到放心菜，从源头抓起，无论是水果、蔬菜、鸡、鸭、鱼、肉、蛋、海鲜及食用油、烹饪辅料等，都是与有资质的大型生产基地公司签订长期供应合同，以保证原料的安全，在烹调之前还要经过严格检验，才能进入制作程序。

湘鄂情的食品安全生命线以冷链系统来保障。从原料（采摘、捕捞、收购）生产、加工、储藏、运输，直至完成菜肴销售的各个环节，始终在规定的温度条件下进行，以确保出品的安全、新鲜、美味、营养。

一个成功上市的餐饮企业，从理念到行动，奉“民以食为天”为企业之天，视

“食以安为先”为企业之命，不断发展和完善企业食品安全保障体系，保障餐饮出品的安全卫生。

刊于《湘鄂情》(内部刊物)2012年第2期

编著者的话：

北京顺峰海鲜酒楼是高档餐饮的代名词，也可以说是京城新兴高档餐饮企业文化的一个代表。这正是我关注和探究的兴奋点。

北京顺峰海鲜酒楼由广东顺德老板在京创办，是北京较早经营粤菜佳肴的一家餐馆。其口味好，价格高，档次高，在那个狂热追求高档豪华的时期，可谓是一座难求。在2012年之后每况愈下，关停了一部分店面，目前仍艰难地维持着。

无疑，餐饮企业在规划和创建自身企业文化与品牌时，考量的是市场，选择的是市场定位，市场调查、研究乃至选择是否准确，势必影响企业的发展，甚至危及企业的生存。同时，市场也会有情选择或无情抛弃餐饮企业。毫无疑问，餐饮企业文化与品牌创新，关乎餐饮企业经营潮起潮落，乃至生生死死。

顺峰的值与不值

顺峰在国内餐饮界可谓是赫赫有名，尤其在北京，去过顺峰的人可能并不多，但随便你去打听，不知道顺峰的人却是寥寥。档次高、价格高、味道好、服务好的“两高两好”，是社会公众对顺峰的评价。

采访之前，我从没去过顺峰，但也对顺峰“菜品味道鲜美、收费叫人咂舌、生意常年红火”早有耳闻。同一品牌的高档酒楼在一个城市开一两家生意红火不足为奇，因为总有一些“吃”面子的高消费者，但心中疑惑顺峰在京城总计有9家店，且9家都很红火。这就有些奇了，难道真的有那么多为面子不吝金钱的消费者？在顺峰消费，他们能得到什么，值吗？

老总自评值与不值

顺峰饮食娱乐有限公司的总经理林锐均先生，是一个很随和的管理者，谈吐之间，脸上总是挂着笑容，为人率真，颇有些知无不言、企业无秘密的坦诚。我们的访谈开门见山。

林总说，许多没来过顺峰的人认为顺峰档次很高、消费很贵，不是一般消费者能吃得起的。这很正常，因为顺峰作为高档海鲜粤菜酒楼，无论在菜品、环境还是服务、消费上，本身就明确定位于高档次。尽管叫酒楼，实际上属于餐饮类的高级商会场所，来顺峰的不少客人都是有一定层次、身份的人，其中有商人、政要、歌星、明星等，又以商务人士为主。他们到顺峰消费，往往带有一定的商业目的，比之收费，他们更在意菜品是否美味可口、服务是否令人满意、生意进展是否顺利。他们大多用这个标准来衡量钱花得值与不值。

林总说，"实际上顺峰也并非如一些人想象的都是高价位的菜品，他们可能不知道，高档酒楼食肆比中、低档的饭店在菜品种类上往往要多得多。以顺峰为例，这几年仅开发、推出的新菜品就有180多种，其中不乏些中档价位、普通百姓消费得起的。至于消费者评价在你这儿钱花得值与不值，你只要看这家餐饮企业的经营状况就能一目了然，只有客人觉得'值'，他才会再来，你的生意才会好。"林总剖析道，"环境、菜品都是基础。服务性行业要让顾客觉得'值'，难就难在'服务'二字上。顺峰是高档酒楼，每天面对来自全国甚至是全世界的宾客，他们层次不同、文化背景不同，要求也就不同。要想让千差万别的客人都能够乘兴而来、满意而归，仅提供表面化的技能、技巧服务显然是不够的，还必须要深化服务的内涵——情感化服务，对待客人就像对待亲朋好友似的，让他们在消费的同时不仅得到常规服务，更有贴心周到的真心关怀和深情问候，感受到至爱亲朋般的温暖，从而在一份轻松自在、无拘无束又备感得到尊重的好心情下消费。这种用自己的真心真情换取顾客真心真情的服务，才是顺峰被顾客认定'值'的根本所在。"

设竞赛比值与不值

顺峰办有一份企业内部报纸——《顺峰报》，每月一期，对开小八版，内容多以企业文化理念、企业动态、管理经验、员工心得、厨艺交流等为主。我注意到，其中有一期浓墨重彩地报道了去年举行的"顺峰第二届服务技能技巧比赛"。这是一次顺峰北京地区7家酒楼的内部赛事，比赛筹备了一个月、一赛就是十天，分为团体赛和个人赛，可谓是上至总经理下至每个服务员，人人重视。我问林总，投入如此多人财物力，如此兴师动众，值吗?

林总答得也爽快，“非常值！事实证明，虽然我们投入了不少精力，但收获更大。首先，它增强了广大员工的服务意识，培养和提高了一线服务人员的接待水平、应变能力以及推销技巧，系统地展现了集团下属各店的服务水平。同时，通过这次活动，还挖掘出企业内部的人才，并找出了各家服务和管理上存在的差距，开展了一些有针对性的专业培训，从而把我们的服务工作推向了一个更高的层次，加强了顺峰的整体竞争力。”

他认为，高档酒楼的经营离不开文化，这种文化在顾客眼中就是“你有而别人没有，或者别人也有但明显不如你”的鲜明的企业特色和优势。“文化”是要不断完善和提高的，否则，你慢一点别人就可能很快赶超你。顺峰要保持这种优势，实现自己的经营目标，就要充分启发、激励、调动、依靠每一个员工，而内部竞赛是一种很有效的方式。

除了这种服务技能技巧的比赛，顺峰还注重与外界的交流、学习。去年10月，顺峰就与新加坡餐馆业工会举行了一次对顺峰“富有意义”的厨艺切磋与交流，“通过这次切磋，我们向新加坡同行学到了严谨治厨、合理用料、精工细致、讲究卫生和个人厨德等优良品行，对我们工作的提高大有裨益。顺峰一向注重新菜品的研究和开发，也乐意与国内外同行交流新技术、新烹法。事实上，我们已坚持了5年的每两月一届的顺峰厨艺大赛，早已证明了这是一种成功的尝试。5年中，我们不断推出顾客喜闻乐见的新菜品180多款，为顺峰沉淀优势、争取顾客起到了极大的作用。”林总说。

投资办学值与不值

此次采访顺峰，还有一个重要的动机：听说顺峰年初与北京联合大学旅游学院合作办了一所“顺峰餐饮管理分院”，在餐饮界是开先河之举，反响很大。顺峰为何要投资办这么一所院校？是制造新闻噱头，只搞一两期短期培训班，还是要长期经营下去？企业办学院，是顺峰真的有这么大的需要，还是……我一脑子的疑惑。

采访完顺峰，我知道这绝不是新闻操作的需要。因为在媒介宣传上，顺峰一直持以低调的态度，甚至自1994年以来，顺峰一直保持着北京市餐饮行业营业总额第一及人均创收第一、1999年荣获第四届全国烹饪大赛团体金奖、无形资产已达4.6亿元等等足以让企业自豪、炫耀的佳绩，均鲜为人知，即便在其自办的《顺峰报》上，也只是轻描淡写的一笔带过。可以说，顺峰的“名声”大多是顾客们口碑传播开来的。

用林总的话说，这个学院的创办，肩负着企业持续、健康发展的使命。“从短期看，通过学院的成立，搭建了企业学习型组织的平台，可优化员工队伍，规范企业管理，让企业逐步由传统的经验式的管理过渡到典章化、制度化、科学化的管理模式，从而达到为顾客提供标准、超值、人性化的服务；从长远看，新世纪里，现代企业对人才的需要也正从技能型向知识型转变，企业只有具备了高素质、德才兼备的职业经理人，才能保证健康、持续的发展。创办学院是顺峰发展实际的、迫切的需要。”林总说，“顺峰学院以培养现代餐饮职业经理人、高级烹饪技师及优秀服务技术人才为目的，把企业与国际最新的应用技术、最先进的管理理念、最前沿的管理思想接轨，将常规的‘充电式’培训导入学习型组织。通过生动的案例教学及情景教学，深入浅出，让学员在解决问题的过程中学习，有计划、有目的地启动智力能源开发，并应用到日常管理工作上，使企业由‘量变’真正上升到‘质变’，将顺峰的经营管理水平推向一个系统化、科学化、国际化的运营水平。”

事实上，顺峰管理学院的成立，本身就是管理的大胆创新，是在企业管理理念、管理体制、方式上进行的改革创新。“学习型组织”的意义，不仅在于领导者管理水平的提高和充实、可以不断激发企业所有成员的潜能与价值，更在于企业优势的积蓄和拓展。想想看，如果你的企业在学习和接受新知识、新技能、新思想上比竞争对手都更快、更强，你的明天将会怎样?

与张柏合作　刊于《中国名牌》2001年6月号

编著者的话:

这篇文章与其后收录的“菜肴纳入专利，保护品牌战略促进企业改革——‘扒猪脸’申请中国发明专利”“金三元‘扒猪脸’开发菜肴荣获专利”“假‘扒猪脸’侵犯知识产权被查封”“走精品创新之路——记我国中餐业首家通过ISO9002质量认证的北京金三元酒家”“春龙节，吃猪头”“成功无悔当初”等6篇文章，皆是论述沈青父子从事餐饮业的成功经验和创新情怀。

我和沈青父子称得上交集颇深的老朋友了，相识始于1982年，是在我供职的《现代制造工程》杂志社与牡丹江技术交流站共同举办的全国新技术、新工艺交流推广展览会上。这在改革开放初期走出北京前往东北老工业基地开展大型经济技术交流活动，实属首创。而后，沈青父子俩在改革浪潮推拥之下，竟然从驾轻就熟的环保科技工作者跨界转行到全然陌生的餐饮业。

当然，吸引我不断深入探究沈青父子从事餐饮业的成功经验，并非因为我们是老朋友，而是在于这个成功个案和成功经验具有很强的特性，其餐饮企业文化与品牌创新的历程，确有值得深究和普适的借鉴价值。

我的探究集中体现在三个方面，值得认真剖析：一是长期从事工程技术工作跨界进入餐饮业的门外汉，从本质上讲，也是餐饮业的创业者，而且是仓促上阵进入餐饮业的创业者，是如何在短短几年里奇迹般地取得成功；二是过往长期从事工程技术的经历，对于他们取得成功又有哪些助力；三是其餐饮企业文化与品牌创新有哪些独具的特色。这6篇文章沿着这三个思路，也是三个方向进行了论述。

两个外行干内行干的事，居然干得有声有色，风起云涌。他们之所以能够成功，最关键的是选准了他人看不上眼的拳头菜品“扒猪脸”，并运用业已娴熟在心的工程技术方法，对于“扒猪脸”菜品进行一系列科学、高效的分析试验研究，并依据试验数据制订了科学的制作方案、工艺和制作工序的参数，保障了“扒猪脸”菜品质量及其稳定性，赢得了客人和市场。

他们又基于从事工程技术的经验，于1996年申请“扒猪脸”获得我国首例菜肴专利，创造了餐饮文化历史，揭开了餐饮业知识产权的新篇章，是北京金三元酒家独具特色的餐饮企业文化和品牌创新。

这些成功之道说明，从工程角度讲，作为属于食品工程的餐饮与其他工程技术在方法乃至技巧上都是相通的。只要肯登攀，就会有成功的机会，关键在于要掌握科学方法并在实践中大胆前行。

菜肴纳入专利保护，品牌战略促进企业改革

——“扒猪脸”申请中国发明专利

北京金三元酒家的“一种将生猪头整体加工成熟食的方法”（简称“扒猪脸”），最近向中国专利局申请了发明专利。此举，在京城餐饮界传为佳话。

有关专家指出，我国1984年制定的专利法第25条第4款规定“不受理食品、饮料、调味品的专利申请”，是出于怕因专利保护造成垄断而影响食品业的发展，但经过几年的实践并没有什么影响，同时考虑与国际专利接轨，因而于1992年修改专利法时，删除了上述条款。但在我国餐饮企业中，主动意识到要求专利保护的并不多见，以致造成近几年来发生了多起著名菜肴受到侵害的国内外事件。显然，北京金三元酒家在餐饮行业率先把特色菜肴纳入专利保护行列，维护合法竞争和正当经营，这一举措必将引导企业改革向纵深发展，同时推动名牌战略的实施。

刊于1996年7月22日《中国专利报》

金三元“扒猪脸”开发菜肴获专利

不久前，在北京名菜名点鉴定展示成果揭晓时，意外地爆出大冷门：在100多家参赛餐饮名店中，北京市金三元酒家竟荣获13个名菜名点称号，并摘取整体设计艺术奖，其中该店专利菜肴——“扒猪脸”位居名菜名点之首。

更具新闻性的是，成功开发这13种获奖名菜名点的是金三元酒家的董事长沈青及其子、总经理沈晓峰。他们父子俩不仅事业相承，共同潜心开发菜肴令人赞叹；同时，他们还让“扒猪脸”获得国家发明专利，列为北京市科技成果项目。

大千世界无奇不有，沈青和沈晓峰父子俩，原本是环保科技工作者，后改行干餐饮业，但一个“扒猪脸”专利，传奇般地名震京城，享誉海内外。两个门外汉把酒家搞得如此热气腾腾，一时业内猜测好多，秘密何在？沈青向记者一语道破：“有志人可自写春秋”，沈晓峰补充说：“百事通理，科技能兴业。”

沈晓峰跟随父亲沈青辗转国内各地，改造锅炉数年，磨炼了坚韧不拔的毅力和善思好学的习惯。他在参加改造锅炉中，首创将锅炉混凝土拱改为耐火砖拱的新工艺，编入了他父亲《节能与环保》的专著中。然而，近几年“三角债”的困惑，把父子俩经营的公司拖进了泥潭，有时连差旅费都难以凑够。正在难以为继之时，有家餐饮店不景气，一位好友拉他“救驾”。出于东北汉子的豪爽，父子俩上了金三元酒家这只小“船”。

门外汉要变内行，谈何容易。一辈子搞科技的父亲，提醒儿子到知识宝库中去寻觅。人们看到父子俩经常逛书店，跑图书馆。他们从购买的数千元古今书籍中，查阅了上百万字资料。祖国饮食文化博大精深，早在几千年前，河北涿鹿县矾山镇就流传着“吃肉要吃猪头脸，娶媳妇要找矾山板”的谚语，意即矾山板的姑娘漂亮，是因吃了猪头肉的缘故。史载1400年前就有“蒸猪头”之说，到了清代，猪头制作技术有了较大进步，“去五臊、治极净，去骨”。据《清稗类钞》所载“焖烧猪头尤有特色，口味浓厚，清洁无比……”如此名馔佳肴，为何不能流传，父子俩找到了答案：传统烹饪，多凭感性经验操作，一个厨师一个样，缺乏科学的定量标准和规范，他人无从掌握其精髓，也不能形成规模。他们看到有些菜点虽无源远流长的历史，但借助科学化操作，风行于全世界，如麦当劳、肯德基等。父子俩猛悟到：餐饮业的航船，只有靠科技才能驾驭。

他俩从营养科学开始，让人们重新认识猪头肉。他们还委托权威单位化验分析猪头肉的营养结构，发现猪脑中的脑磷脂是健脑营养剂，有利于增强人的思维能力，预防老年痴呆症；猪头皮的胶原蛋白质，可以改善人体皮肤弹性，消除皱纹，美容保健。猪头肉中的钙、磷、铁、锌等多种对人体有益的矿物元素搭配十分合理，如果整体加工食用，可以达到营养平衡、热量平衡的科学效果。父子俩再也按捺不住开发猪头菜肴的心潮，决意在加工方法的科学化上下功夫。

沈晓峰得益于大学所学设计方法，沈青拥有数十载搞发明的经验。他俩从营养科学入手，首先制定了降低猪头脂肪成分及保留其有益成分的总体方案，同时摒弃不符合卫生要求的传统加工方法，从选主料的定质、定量开始，经数十次试验、比较，创造出一整套加工猪头的严格工艺流程及定量规范，达到现代美食标准：营养平衡、热量平衡、味道平衡、颜色平衡的要求，用这种科学方法加工的猪头，无论在哪个厨房做都不变味、不走样。“扒猪脸”给父子俩心灵的震撼，不仅仅是获得科技成果的地位，从中也悟出了当今餐饮业发展的奥秘：传统方法与现代科技的结合，才是饮食业再造辉煌的航向。

猪头露了脸，沈青和沈晓峰经营的“金三元酒家”门庭若市，效益连年成倍翻番。他们目前又把全店创新的数十种东北菜实施规范化生产和管理，现在又有20余项菜肴准备申请专利，他们要使“金三元”成为“中国餐饮专利之乡”。

与陆振华合作　刊于1997年12月5日《人民日报·海外版》

假“扒猪脸”侵犯知识产权被查封

3月31日，河北省三河市昊园餐厅因擅自使用金三元酒家分店名号，并非法制作、销售专利菜“扒猪脸”构成侵权，被北京市朝阳区工商局和河北省三河市工商局联手查封。

从1999年12月26日起，特色菜“扒猪脸”被批准为我国首例发明专利菜肴，专利享有者为北京金三元酒家。与这一菜肴相关的“扒猪脸”标贴、“扒猪脸”帽子同时被国家知识产权局授予外观设计专利证书，“金三元”商标及两个卡通猪的形象等也进行了商标注册。昊园餐厅未办理转让或签约手续，盗用“金三元”注册商标，自称为金三元酒家分店，并出售假“扒猪脸”，侵犯了北京金三元酒家的专利权和商标注册权。

刊于2000年4月21日《光明日报》

走精品创新之路

——记我国中餐业首家通过ISO9002质量认证的北京金三元酒家

北京金三元酒家经过全体员工不懈努力，日前终于成为我国中餐业第一家通过ISO9002国际质量体系认证和英国皇家质量保证有限公司审核和注册的餐厅。

自从1993年1月1日中国采用ISO9000族为国家标准后，到1998年底，全国共有8117家企业进行并通过了认证，然而中餐业却迟迟没有加入到认证的行列中来。北京金三元酒家成为中国餐饮业首家通过ISO9002国际质量体系认证的餐厅，这给沉寂已久的中餐业爆出了一个冷门。

1994年，从事环保事业且已步入花甲之年的沈青先生和他的小儿子沈晓峰先生受朋友邀请转行搞起了他们从未接触过的餐饮业。他们在北京三元桥脚下开了一家不足400平方米的小餐厅（金三元酒家的前身），刚开业的时候，经营状况并不好，换了好几种菜系，可是怎么也火不起来。后来父子俩通过查阅各种资料，终于从科技中找到了答案：传统烹饪，多凭感性经验操作，一个师傅一个样，缺乏科学的定量标准和规范，他人无从掌握其精髓，也不能形成规模。做餐饮只有依靠科技才能发展。于是他俩首先从营养科学入手，创出今天众所周知的中国餐饮业第一道申请专利的菜肴——扒猪脸！

扒猪脸的诞生使金三元火爆起来。接下来，他们聘请了包括总经理在内的数十位高级管理人才，在酒楼内部导入CI理念，采用CSC餐饮电脑管理，开发了电脑健康咨询的软件系统，建立了科学的管理模式。经改良的十三道菜点获得北京市“名菜名点”称号；荣获’98爱迪生世界发明博览会“国际餐饮大王”称号；创新菜系——猪皮系列、阿拉斯加深海鱼头系列的推出；沈青先生汇总经验提出的“五连一锁”的理论，并著书《名牌战略与连锁经营》。

这一切都是为向科技化、标准化的方向发展做着准备工作。1998年，沈青父子成为中国餐饮业第一个“吃螃蟹者”，他们向传统的中餐业发出了强有力的挑战：金三元酒家要进行ISO9002国际质量体系认证，让中餐向科技化、标准化方向迈进！万事开头难，他们首先从内部高层领导班子抓起，统一思想，进行教育和培训，然后层层培训，贯彻ISO9000思想。他们通过国家考试从30多个员工中选拔出7个优秀员工作为认证的内审员，并制定了28个程序文件、5个管理文件、6个作业指导书以及方针和质量目标，各项条款共3000余条。为了解决菜品质量问题，根据程序文件把每一道菜品的工序都程序化、精细化，并成立了菜品的配送中心，从采购、验收、粗加工、切配、烹制到上桌，每一条每一款，程序文件中都有明确的规定，厨务人员严格按照程序文件的规定去作。

金三元所有的菜肴制作和营养分析都被“量化”，所以顾客到金三元吃到的菜品质始终是一致的。在抓菜品质量的同时还狠抓内部管理和服务质量，从站岗、迎宾、入座、问茶（拿菜单）、落巾、点菜、下单、取酒水、上菜、席间服务、甜品、买单、送客、收尾等一系列工作程序，每一个细节都进行了明确的规定。在不断发现认证中的“不合格服务”的同时，不断地改进自己。在经过严格的三次内审、一次外审后，在关闭所有的不合格项后，终于在1999年6月20日通过ISO9002

国际质量体系认证，并通过英国皇家质量保证有限公司的审核和注册，这是中餐业第一家通过此项认证的餐厅，这为中餐与国际餐饮业接轨，向国际餐饮业迈进起到了巨大的推动作用。

刊于1999年9月7日《中国旅游报》

春龙节，吃猪头

农历二月二日龙抬头，大仓满，大仓流。民间习俗春龙节来到，我国北方大部分地区，家家户户打着灯笼到井边或河边挑水，回到家里便点灯烧香、上供，叫“引田龙”。这一天家家户户要吃面条、炸油糕、爆玉米花，吃猪头肉，比作为“挑龙头”“吃龙胆”“金豆开花，龙王升天，兴云布雨，五谷丰登”，以示吉庆。

为什么在“二月二”要吃猪头肉呢”？古代猪头是祭奠祖先，供奉上天的供品。平常的时间猪头是不能随便吃的。祀神祭祖用牲醴三供，“猪头三牲”表明猪是祀神必备品。猪的形象，奋勇向前，有进无退。北方人在“二月二”龙抬头之日，家家户户煮猪头。还有另一层意思，那就是初一、十五都过完啦，“二月二”是春节中最后一个节日。一般农户人家辛辛苦苦忙了一年，到腊月廿三日过小年时杀猪宰羊，从这一天起就开始改善伙食，每天饭菜都要见点肉，三十除夕夜全家吃团圆饭，初一吃饺子，破五吃饺子，十五吃元宵，到正月一过，年也过啦，节也过啦；腊月杀的猪肉基本上都吃光啦，最后只剩下一个猪头，这猪头只能留在“二月二，龙抬头”这一天才能吃。“二月二，龙抬头”这一天，大地万物都开始复苏，一切动物、植物都开始抬头，一年要开一个好头，迎来这一年的风调雨顺。龙王是管降雨的，他上到天宫，农民要把最好的祭品供上给龙王吃。“二月二”吃猪头肉也是吉祥的象征。用猪头祭神当供品的故事就太多啦。把猪头当作祭奠祖先、供奉上天的供品，可追溯到先秦。

宋代的《仇池笔记》中曾记录了一个与猪头入馔有关的故事：王中令平定巴蜀之后，甚感腹饥，于是闯入一乡村小庙，却遇上了一个喝得醉醺醺的和尚，王中令大怒，欲斩之，哪知和尚全无惧色，王中令很奇怪，转而向他讨食，不多时和尚献上了一盘“蒸猪头”并为此赋诗曰：“嘴长毛短浅含膘，久向山中食药苗。蒸时已将蕉叶裹，熟时兼用杏桨浇。红鲜雅称金盘饤，熟软真堪玉箸挑。若把毛根来比并，毡根自合吃藤条”。王中令吃着美馔蒸猪头，听着风趣别致的“猪头诗”，大喜之余，还封那和尚为“紫衣法师”呢！

传说中，张渤是汉代人，治水救灾而成神，治水时变成一头大猪，用嘴拱开山石险阻，疏通水道。

吴承恩《西游记》第六十七回唐僧师徒要过“七绝山稀柿洞”，猪八戒现出原形用嘴拱开千年不通的古洞，师徒才能安然通过。

俗语还说：“哪有提着猪头找不着庙门的”，这其中道理更是不言而喻。人若怀才不遇，不必气馁，早晚必会找到能够理解你，而又肯接受你的人。

看起来“二月二”吃猪头是古代留下的传统，是吉祥兆头的标志。那么现在“二月二”猪头肉怎么吃呢？想着宋朝王中令吃到的那盆和尚端出的蒸猪头，品着猪头诗，那番景象已经是历史，一去不复返啦。现如今由北京金三元酒家发明的“扒猪脸”，那可大不一般了。他们把猪头肉给予了最高的待遇，载上了时代最时髦的称呼，叫作中国菜肴首例专利“扒猪脸”。那“扒猪脸”经过选料、清洗、喷烤、洗泡、酱制等十二道大关卡的标准化生产，历经十多个小时的修炼，一道“扒猪脸”才能端上餐桌。吃这金三元的“扒猪脸”，还要卷上煎饼，中间裹着他们特制的“炒合菜”，达到荤素搭配和营养膳食平衡。卷煎饼时要戴上专用的一次性高温消毒手套。

你看，吃这道“扒猪脸”有多潇洒啊！这里不是充满了五千多年的餐饮历史与当代高科技融为一体的新的饮食文化吗！说到这里还不算完，他们制作的“扒猪脸”不仅肥而不腻、肉骨分离、糯香可口、回味无穷，而且经科学化验部门所提供的数据，它的美容、健脑效果极佳。女士吃它皮肤更加细嫩，粉红透白；孩子们和年轻人吃它可以健脑，小小一个“扒猪脸”，对提高国民素质有多么重大和深远的意义和影响啊！

更为可喜的是当代的高科技和市场的结合让消费者不用到饭店，坐在家里也可尝到那美味佳肴的“扒猪脸”。为了满足消费者的需要，经过真空包装的“扒猪脸”装上精制礼品盒，走入家庭餐桌，还可以作为孝敬老人和馈赠亲朋好友的礼品。看来高科技的饮食文化距离我们的现实生活已经越来越近啦。

这正是：二月二，春龙节，龙的传人过龙节，龙节要吃猪头肉，中国人要过自己的节！

刊于《烹调知识》1999年第3期

编著者的话：

严琦是当之无愧的巾帼创业英雄，从一个普通的会计一跃成为全国餐饮企业的知名老板，其在重庆的总店被团中央选定为全国青年创业示范基地，本人当选为全国政协委员。

严琦崇尚歌德的一句名言："你若要喜爱你自己的价值，你就得给世界创造价值。"这是她创新情怀的很好写照，她也执着地践行着这句名言。

严琦独具慧眼，从一个人们司空见惯的小小田螺，敏锐地洞察到"辣子田螺"的无限商机，发现田螺作为菜肴的发展远景，是一道菜肴，更是无可估量的田螺经济。这是严琦的创新感悟。

经历9年艰苦而卓有成效的创业，她以"辣子田螺"带动了科学研究、生态养殖、物流配送、餐饮销售，创造了"从1+5（1个厨师加5张桌子）发展为4亿营业额"的一个餐饮业奇迹。然而，更值得品味的是严琦创造的"辣子田螺"餐饮文化。

2003年非典过后，严琦携重庆知名餐饮品牌陶然居及一道四川家喻户晓的创新菜"辣子田螺"闯京城。数年里，连开4店，让京城百姓享受了地道的山城麻辣、川味鲜香的重庆餐饮文化。嗣后，严琦更进一步创新了重庆菜餐饮文化新概念。使我这个重庆人有机会在京跟踪探访老乡严琦，了解和探究其企业餐饮文化与品牌创新的成功之道：创新和为确保菜品绿色化的集团化生产系统和体系。

严琦提出重庆菜新概念，陶然居京城受宠

位于西直门外首都体育馆对面腾达大厦二楼的陶然居二店，装饰风格的基调与朝外大街一店基本一致，让人联想到陶然居创立之本意，出自田园，归于自然，绿色餐饮，安全卫生，其乐陶陶。店内独具匠心的装饰风格，融入巴渝民俗文化，既古朴典雅，又现代富丽，给当今人们提供了舒适就餐的环境。3000平方米的面积，29个豪华包间，可同时容纳680人就餐。陶然居二店入驻海淀区，提供了一个商务宴请、团体宴会、家庭聚餐的好去处。

重庆陶然居创建10年来，连续荣获中华餐饮名店、中国餐饮百强企业、全

国十佳餐饮连锁企业等20多个殊荣，自去年10月入驻北京朝外大街昆泰商城8个月以来，以一道首创的绿色无污染、科学生态养殖的辣子田螺重庆风味菜风靡京城，其40多道中国名菜名点深受京城百姓青睐。为满足海淀区百姓品味重庆菜独特风味的需求，陶然居京城第二店于6月2日在西直门外大街168号腾达大厦二楼试营业，并同时在两个店举办为期1个月的重庆菜美食节，集中展示陶然居创业10年来，在中国烹饪协会、中国饭店协会等权威机构举办的多次烹饪大赛中获得的40多道中国名菜名点及创新菜，以飨京城食客。

在严琦总裁的带领下，陶然居经过10余载对传统川菜和巴渝饮食文化的继承和创新，形成了陶然居重庆菜麻辣鲜香的独特风格：麻得到位，辣得彻底，鲜到极致，香入心扉。区别于成都菜麻辣中透着的婉约，而突出麻辣中的豪放，麻辣时畅快淋漓，鲜香时回味悠长，深受新时代不同消费群体的喜爱。

陶然居重庆菜美食以陶然居集团分布在西南三省的多个生态养殖基地及绿色无污染蔬菜种植园为依托，统一物流配送，源源不断供应全国53家陶然居连锁店，规范、标准，保证了原料的优质。在美食节期间，以中国名厨陈小彬为首的一批高级厨师将坐镇朝阳和海淀两店，同时展示其烹饪绝技，向首都食客奉献40多道中国名菜名点及创新菜。其中首推辣子田螺，这田螺不是稻田里的普通田螺，而是人工用青草和野生草类在无污染的湖泊中养殖的，个头大，肉质饱满鲜嫩又无泥腥味，经科学化验富含蛋白质、钙质、脂肪、碳水化合物、核黄素、维生素E及钾、钠、镁、铁、铜、硒、锌等20多种微量元素，能滋补强身。经过陶然居大厨运用传统重庆菜技法，突出麻辣，再用现代烹饪手段调出当今人们喜好的鲜香口味，用餐时用竹签把螺肉挑出，蘸上汤汁后入口，肉质脆嫩，有嚼头，满口鲜香略觉麻辣，最后把螺壳中的汤汁吮干时，回味中顿觉麻辣馨香。千万别忘了把吃完田螺剩下的汤打包回家，下面条、炒菜、煮土豆片，都是上佳调料，美味非凡。这道辣子田螺于1998年被原国家国内贸易局评定为中国名菜，以此为主题创新制作的陶然螺之宴在第三届中国美食节上荣获中国餐饮界最高奖“金鼎奖”。辣子田螺风味独特诱人，10年来旺销不衰，是陶然居的招牌菜。

其他金奖菜，如晾竿白肉，其装盘造型酷似生活中在竹竿上晾衣衫，一看便有食欲，肥瘦相间的猪肉切得薄如纸片，与绿的黄瓜片，红的胡萝卜片搭配，荤素平衡，色彩亮丽，相得益彰，再蘸上味汁，爽！这是对各种白肉吃法的创新，让你一见，便垂涎欲滴；芋儿鸡，选用巴蜀农村吃活食、青菜为饲料的土仔公鸡及滑糯新鲜的小白芋，用民间传统调料泡制合烹而成，使鸡汁与酸菜味相互渗透，成菜色泽红亮，口感滑润，泡椒味浓，软糯适口；橘香串串兔，精选仔兔腿肉剁成小块，先腌后炸并翻炒，成菜外酥里嫩，孜然香味浓，回味郁厚；泡椒童子鱼，取白鲢幼鱼，肉质细嫩，泡椒味重……

美食节期间除了40多道中国名菜名点外，还推出了20多道应季重庆创新菜，以回归大自然，追随巴渝民间情调为主题，创新菜有豆蓉烩鱼糕、豆花黄腊丁、水煮牛锦绣、鲜海椒炒蛋、蚕豆鱼丸汤、琥珀花仁酥、巧拌野苦菊、芽菜粑粑、翡翠豌豆糕等。就说这豆花黄腊丁吧，源于巴山蜀水村民日常食用的一道家常菜，经陶然居大厨挖掘整理创新，盛在紫砂八角斗碗中，端上城市餐桌，变成了一道美味佳肴，让久居闹市的人们品品巴渝人家的原汁原味重庆菜，品味豆花滑嫩，黄腊丁鲜嫩糯香；还有水煮牛锦绣，是把牛背筋、牛大肚、牛黄喉、牛心、牛舌炖熟之后，煨入魔芋、芹菜、葱段、香菜，再盛入锅仔中，麻辣鲜香，味道醇厚，比那大肉有吃头；更有那豆蓉烩鱼糕咸鲜糯嫩，鲜海椒炒蛋风味独特，巧拌野苦菊醋香脆爽，翡翠豌豆糕香甜可口，芽菜粑粑咸鲜糯柔。

陶然居总裁严琦女士潜心钻研，多方求教，追本溯源，提出了重庆菜新概念，继承和弘扬重庆菜传统饮食文化，走个性化发展之路，以源远流长的巴渝饮食文化为依托，创造重庆菜个性化的品牌。

广义讲，川菜风味是清鲜醇浓并重，并以善用麻辣著称。但川菜绝非逢菜必辣，而是“当麻则麻，当辣才辣”，而且讲究“浓淡交错，疏密得宜”：觉得腻了，便来清淡的菜；觉得味重，便来酸甜的菜；觉得醉了，便来醒酒的羹。川菜分为上河帮（成都、绵阳地区为中心）、下河帮（重庆、万县地区为中心）、小河帮（自贡、宜宾为代表），地区不同，川菜的风味也各有特色。成都地区口味较温和，重庆地区较为浓烈，而自贡、宜宾介于二者之间。

川菜的影响已大大超出了四川行政区划的范围，近20年来川菜已经成了当今中国发展最为迅猛的菜系之一。然而重庆地区的川菜，由于地域不同、历史的差异、人文结构区别，毕竟与一般意义上的川菜不同，若以成都与重庆两地区而言，成都菜的麻辣鲜香透着婉约，而重庆菜的麻辣鲜香充满豪放，讲究麻得到位，辣得彻底，畅快淋漓，鲜到极致，香入心扉。就陶然居集团创建10年的积累来讲，严琦女士认为现在到了发挥创新精神，走个性化发展之路的时候，作为巴渝人应当义不容辞地挖掘、继承和发展蕴含巴渝传统文化底蕴的重庆菜饮食文化，适时地提出重庆菜这个新概念，同时也适应了重庆市从四川省划分出来成为直辖市的政治、经济发展趋势。

重庆的饮食文化特色在整个中国烹饪文化中其个性是最为鲜明的。重庆菜源自于川菜，故也有“渝派川菜”之说。重庆菜自秦汉时开始，到唐宋时已自成体系，清代时辣椒传入后麻辣味型开始出现，此时重庆菜已形成“麻、辣、鲜、香”的鲜明个性。抗战时期，全国各大菜系的名厨云集“陪都”重庆，使重庆菜得以博采众家之长，达到了炉火纯青的境界。

重庆菜虽源于川菜，但和川菜相比味道更浓烈、更火爆，更具地域饮食文化特色。调味多样是重庆菜最大的特色，可以用“一菜一格，百菜百味”来形容它。那“一顿豆花饭，赶早不赶晚”“红豆生南国，毛肚最相思”“辣子田螺芋儿鸡，闯过江湖成名宴”……这些都是对重庆菜最好的写照。

地域特色突出、乡土气息深厚，也是重庆菜的一大特色，白市驿板鸭、辣子田螺、南山泉水鸡、临江门老火锅等等，它们源于生活又高于生活，在保持特色的基础上，求新，求变。重庆菜不光是个性鲜明、好吃，同时重庆的饮食文化也是全国最丰富、底蕴最深的，一是具有三千多年历史的巴渝民俗文化；二是兼收并蓄的陪都文化（抗战文化）；三是朴实豪爽的两江文化（码头文化）：四是重庆直辖之后厚积薄发的三峡文化。

与郭建宇合作　刊于《中国食品》第11期

“两江水”火锅风采独具

心细的人到北京陶然居朝外店就餐时，会发现在大厅北侧还有“两江水”。“两江水”火锅是陶然居的子公司。“两江水”虽是不声不响地流淌，也如同锅中的红汤红红火火，不少食客这回吃正餐“辣子田螺”，下回就去“两江水”涮火锅。

山城重庆处在长江、嘉陵江两江的汇合处，古称巴国，历代巴人船上红汤鱼鲜，两岸支锅水煮，火锅饮食文化源远流长，两江水火锅因此而得名。

陶然居创意的火锅就餐环境颇具匠心。“两江水”的涮料有100多种，红汤艳、白汤靓，红汤用上好牛油加20多种作料熬制，白汤用老母鸡炖成，蘸料为香油或麻酱。还有30余种小吃任选。

“两江水风情火锅宴”在第四届中国美食节上摘取中国名火锅宴大奖，“两江水码头文化老火锅”荣获第五届中国美食节火锅宴最高奖“金鼎奖”“中国名火锅宴”

双料大奖。

两江水火锅溯源

据陶然居总裁严琦介绍，火锅在中国已有一千多年的悠久历史。远古先民“燧木取火”，置食物于烧热的石块上烫熟。继而发明釜甑、陶鼎等炊具容器，实际已经孕育了现代火锅的雏形。时至明、清，火锅的吃法已盛行于世，烫食原料的选择亦更加丰富精美。地处长江、嘉陵江两江汇合处的重庆，千百年来形成两江水火锅。

重庆陶然居餐饮集团创建10年来，挖掘整理了“两江水”火锅饮食文化，创立了陶然居两江水火锅品牌。以味制胜，自成格局。其特点是麻辣烫鲜、风味厚重、醇香诱人、久食不腻；选料广泛、荤素兼备；围桌会食，随心所欲。真可谓“围炉聚饮欢呼处，百味消融小釜中”。

吃法讲究

两江水火锅吃法独特。吃时，自己操作，从“江边”自取，择其所好，自涮自烫。顺“江”而流的竹筏上琳琅满目的菜品，有荤有素、有老有嫩、有脆有鲜，再配上鲜嫩爽口的凉菜、多姿多彩的小吃，更是别有一番风味。

吃火锅是一门艺术，追求的是一种独特的享受，食法很讲究，有烫食法和煮食法的区别。一般来说，质地嫩脆、顷刻即熟的原料适合烫食法。如鱼片、肉片、腰片、羊肉；质地比较紧密、顷刻间不易熟的则要多烫一会儿，如鸡片、鸭肠、金针菇、海白菜等。重庆民间涮食毛肚、黄喉讲究“七上八下”，或者在涮烫时只要看见“鸭肠打卷，毛肚起泡”就可取出食用，意思都是指多烫一会儿。

一些不易烫熟的原料，如鸡爪、鸭掌、鹅掌、肉丸、蹄筋，则不宜烫食，必须煮食才行。把原料投入汤卤中煮熟吃即为煮食法，一般来说，鲫鱼、鳝鱼、泥鳅、龟、虾、香菇、鱼丸、魔芋、粉条、肥肠等都适合煮食。这些原料必须经过长时间的加热才能食用。涮食禽类食品，必须煮熟。

质地鲜脆、柔嫩的荤菜宜先吃，这样更能体现原料的鲜美、脆嫩，最后吃土豆、粉丝、香肠、腊肉、藕片以及各种蔬菜等，因为这些原料自身有很特别的味。有的原料含有很多淀粉，先下到锅里容易浑汤，破坏汤料的口感。蔬菜提前涮烫，会很快“刮”去汤料中的油层，使口感淡薄，寡而无味。

涮食两江水火锅，最好配用麻油油碟（四川人称香油为麻油），香油可以减辣、润肠、败火；火锅的汤料要添足，尽量保持原料能在汤汁中烹熟，避免出现干锅；随时打沫子，特别是生肉食下锅后，血沫子应随时撇净，以保持汤面干净，不影响口味；注意调整火候，下料过多，火力不旺，会影响涮食原料的风味，火太旺容易烧锅边，发生焦煳，影响汤料口感；海鲜类的原料最好下到鸡汤中涮食，既可保持其固有鲜味，又别有情趣；选择若干制作精美的川味小吃，更能收到锦上添花的效果。上小吃的顺序应做到先咸后甜，干湿搭配。

特点突出

陶然居两江水火锅用的器皿是专门订制的，锅中加了隔断，将白汤与红汤分开。用料用味独具特色，火锅底汤料考究，注重麻辣。这种火锅的另一特色是不仅可在秋冬季吃，盛夏季节也同样受欢迎。

选料广泛。天上飞的、地上长的、水里游的，都可作为火锅的原料和调料。陶然居依托其在大西南的种植、养殖基地，将绿色食品源源不断地配送全国各地连锁店，确保安全卫生。

调料齐全。没有作料也就失去了火锅特有的风味，辣椒、香槽、腐乳、韭菜酱、卤虾油、芝麻酱、花椒、酱油、醋、糖、味精等，东、南、西、北各种调味料无所不包，无所不用。根据各地区风土人情及饮食习惯和爱好选配，因此别具风味。陶然居调料多数为自建基地生产，确保独特风味。

风格别致。火锅有菜有汤、有荤有素、有麻有辣、有浓有淡，调料众多，既能下酒，又可佐餐。

刊于2006年1月11日《中国旅游报》

编著者的话：

2001年，几位湖北人合伙进京创办蟹老宋酒楼。

“蟹老宋”推出6个特色的香锅菜，以“香辣蟹”为主打，开创了京城先吃后涮的餐饮文化之先河。

“蟹老宋”开张即火，食客竞相排队，竟然造就了青年人围“炉”而坐，谈天说地，享受独特餐饮文化的场所，至今畅销不衰。

“京城食蟹不怕辣，香辣蟹又成金招牌”“跟风有门道”2篇文章，着力探究“蟹老宋”如何在京城众多餐馆的同质菜品“香辣蟹”的市场残酷竞争中，能够独善其身、畅销不衰的餐饮企业文化与品牌创新的奥秘。

“蟹老宋”的菜品创新，是一种确保菜品质量、坚守和诚信的创新情怀，值得餐饮界同仁品味。

京城食蟹不怕辣，香辣蟹又成金招牌

今年，京城的餐饮业可以说十分“火辣”。夏天刚刚兴起的“水煮鱼”辣味还没淡下去，秋天的“香辣蟹”紧跟着又加了把“辣椒”。市面上的一些店家纷纷挂起“香辣蟹”招牌，大有与“水煮鱼”较“辣劲儿”之势。于是，“香辣蟹”也出现了专卖店，刚刚在西直门外高粱斜街1号开张的“蟹老宋”，就是其中最有说头的一家。

“蟹老宋”的老板当然姓宋，名叫宋汉桥。宋家在湖北武汉可以说是个餐饮世家，传到老宋这儿已经第四代了。他们在湖北开的“香辣蟹”连锁店不下十几家。老宋讲，“香辣蟹”原名叫做“楚香蟹”，因为先麻后辣，最后齿颊留香。后来，食客们也就将“楚香蟹”俗称为“香辣蟹”了。现如今，“香辣蟹”已经从湖北、重庆、四川、上海一带北上，大举进入北京市场。蟹老宋“香辣蟹”最大的特点，就是吸收了麻辣火锅和海鲜制作方法上的一些精华，吃起来既麻辣又有浓郁的鲜咸香味，不过，与湖北的“香辣蟹”相比，“蟹老宋”的蟹在麻度和辣度上减轻了不少。

尽管都叫“香辣蟹”，但是“蟹老宋”的蟹滋味又与众不同。他采用一种湖北家乡原料经慢火精心熬制的酱料。这酱料是宋家独传秘技，所以烹制出香辣蟹风味更独特、更鲜香。用其秘制酱料制作的甲鱼牛鞭锅、魔鬼鸡、香锅鱼味道也不同寻常。特别值得一提的，还有采用洪湖地区野生放养的鸡、鸽、鸭等禽类，加上上等药材，经文火煨炖数小时才上桌的野味鲜锅，更是有滋有味，颇具滋补功效。此外，香锅吃完以后还可加汤涮青菜等食物。老宋说，这是在京城开的第一家店，定将看家的本事全抖搂出来，做大、做响“蟹老宋”的名号。同时，再给好吃涮锅的京城食客们添道涮锅的新理念。

刊于2001年11月2日《北京晚报》

跟风有门道

按语：

蟹老宋的“宋”是指创始人之一，出身于湖北餐饮世家的宋汉桥。2001年，老宋同好友朱时春、翟光军等合伙在北京创立了蟹老宋酒楼，以香辣蟹为主打菜，正是香辣蟹火爆京城的一年。蟹老宋酒楼在京城推出“香辣蟹”不是最早的一家，却是最成功的一家。蟹老宋酒楼已拥有5家直营店、数十家加盟店，年营业额过亿元。

近年来，“香辣蟹”流行风潮过后，北京绝大部分“香辣蟹”特色酒楼倒闭。但是，蟹老宋却发展为拥有5家直营店，数十家加盟店的知名餐饮企业，年营业额过亿元。蟹老宋可以说是跟风潮流中的一员，在潮流退却之际，蟹老宋就像潮汐过后留在沙滩上的瑰宝，不仅没有倒闭，反而发展壮大起来。蟹老宋是如何突破流行菜餐厅潮流过后必死的宿命呢？本刊记者专访了北京蟹老宋酒楼总经理翟光军先生，为您揭开谜底。

蟹老宋酒楼从开店之初就立志要做百年老店，诚信经营。在“香辣蟹”流行潮中，翟光军审时度势，有所跟，有所不跟，有所创新，有所突破，终成为北京知名餐饮企业。

原材料跟风

制作“香辣蟹”最佳选择是用缅甸黑蟹。因为缅甸地处亚热带，适宜黑蟹生长，全年365天都可以供应活黑蟹。这种黑蟹个头适中，皮薄肉厚，肉质鲜美，价格适中，适合百姓消费。蟹老宋酒楼也是选择用缅甸黑蟹制作“香辣蟹”。

在缅甸黑蟹价格大涨和供货不足的情况下，蟹老宋酒楼为了保证质量，依然坚持采用缅甸黑蟹制作“香辣蟹”，为此承受了很大的成本压力。后来，市场证明蟹老宋的做法是多么明智。

一个十分红火的“香辣蟹”市场，仅仅维持了几年就迅速走下坡路，印证了经济学中著名的“公地悲剧”原理。这个原理大意是说：一块草场是公有的，许多人都前去放羊。作为放羊者，羊的数量越多，其经济收益越高，所以他会不加考虑地拼命增加羊群的规模。当放养的羊的总量严重超出该草场承载能力时，草场便开始恶化。一直等到草场变成了荒漠，大家才意识到都失去了放羊赚钱的机会。当初那些趋之若骛的“香辣蟹”经营者，多是想趁热闹赚一把的心理，少有对市场兴衰走势予以客观分析的理性。尤其是“香辣蟹”发展后期的价格战、以草蟹替换海蟹的种种做法，亲手毁坏整个市场赖以生存发展的“公地”。无数用劣质蟹制作“香辣蟹”的酒楼倒掉了。

2004年、2005年时，全国“香辣蟹”市场空前火爆，对缅甸黑蟹的需求量很大，很多“香辣蟹”酒楼难以保证原材料充足。当时，很多顾客慕名来到蟹老宋酒楼品尝“香辣蟹”，酒楼一直坚持“拒绝沽清”。

这套理念来源于蟹老宋总经理朱时春10多年前在日本的从业经验。他当时工作的中餐馆有着50余年历史，午餐营业时间到下午两点。一天，有位客人1点55分进店，点了一份西红柿炒鸡蛋，而店里的西红柿已经沽清（卖光）了。日本老板鞠着躬说了很多的对不起，客人倒无所谓，换了个菜吃完走了。回到后厨的老板却当着所有员工直流眼泪。后来朱时春才弄明白，虽然离营业截止时间只有5分钟，菜料卖光了情有可原，但老板却认为菜单就是餐馆向客人作出的书面承诺，只要在营业时间内就必须提供服务，沽清不是不守承诺的借口，虽然客人没有提出意见，但这样缺乏诚信的事情，却有可能潜移默化地让这家有着50多年根基的企业走向死亡。

为了保证原材料常年足量供应，翟光军等蟹老宋酒楼高层管理者联系到了缅甸驻中国大使和缅甸螃蟹协会相关负责人。他们在了解蟹老宋酒楼后，觉得蟹老宋酒楼是一个有实力和发展潜力的餐饮企业，对缅甸螃蟹开拓中国市场将起到重要作用。取得了他们的支持后，螃蟹货源就解决了。翟光军随后又在国航艰难争取到一个舱位，这样缅甸黑蟹就可以以最快的速度空运到北京了。蟹老宋酒楼在缅甸和昆明都常年驻有工作人员，负责原材料采购和运输。

口味不跟风

2001年，蟹老宋凭借70万元启动资金在北京高粱桥开创第一家店，营业面积680平方米。

当时，“香辣蟹”在北京正处流行前沿，他们便瞄准了这个市场，走的是“一招鲜”的路子，主打“香辣蟹”。蟹老宋的“香辣蟹”味道不同于湖南的干辣、四川的麻辣、贵州的酸辣，其味道先麻后辣，辣中带甜，酱香浓郁，唇齿留香。

北京、四川、湖南、上海、广州等地的“香辣蟹”虽麻、辣、鲜、香各有特色，但蟹老宋的“香辣蟹”却独树一帜，以酱香宜人而征服了食客。这得益于蟹老宋董事长宋汉桥祖传四代的制酱秘方，采用20多种中草药及作料制成。蟹老宋香辣酱，其保密程度类似于可口可乐，他人难以获取，这是蟹老宋经久不衰的秘诀之一。从味感上讲，辣的刺激印象深，微麻，回味略带甜口，酱味留香长久，给人以温馨的感受，人们自然青睐酱香。蟹老宋制作“香辣蟹”，为了使酱香浸透蟹肉，坚持用缅甸鲜活的黑蟹处理后过油，用蟹老宋特制酱料炒制，加入其他麻、辣等调料，这为先吃蟹肉后涮锅，始终确保酱香浓郁创造了有利条件。

蟹老宋的“香辣蟹”吃起来既麻辣又有浓郁的鲜咸香味，而在麻度和辣度上有些调整，并分微辣、中辣、重辣三种，麻辣级别不同，但酱香始终浓郁。香辣蟹的烹饪过程十分严格，下锅之前的蟹绝对是活蹦乱跳的新鲜货，风味主要来自于原料中的辣酱，由于制作时先用特制的油料过油，及蟹老宋秘制酱将蟹肉爆炒一番，所以螃蟹有独特的酱香味，之后再放入麻辣汤中烹制，吃到嘴里是香中带麻辣，而绝非干辣呛鼻，越吃越有味。

吃法有创新

为区别于惯常的“香辣蟹”，蟹老宋一开始就确定了香辣口味和“先吃后涮”的组合，确立了蟹老宋的特色。以“香辣蟹”“香辣虾”为首的6个香锅，简约无华，无论是情侣小酌、朋友约会还是家庭聚餐，点上一锅，围炉而坐，谈天说地，欢声笑语，十分爽快。香锅端上就是一盆熟菜，先品其原汁原味，待蟹、虾下肚，盆中浓汁兑上高汤，再点火，涮菌类及蔬菜，吃热菜及涮锅子两不误，首开了两样吃法合二为一的先河。蟹老宋酒楼是第一家将菜与火锅合二为一端上京城餐桌的酒楼。此前北京的涮羊肉，只涮；四川火锅也是涮；唯独这“香辣蟹”是将活蟹处理、剁块炒香后当作一盆熟菜上桌，再兑入高汤，点火涮菜、品汤，蟹香回味悠长，汤味馨香诱人，菜与汤兼得，这也是蟹老宋香辣蟹吃法新颖的所在。

先吃后涮符合北京人的饮食习惯，北京人对涮锅有着特殊的爱好，先吃后涮的“香辣蟹”锅底无论是涮肉还是涮青菜都美味可口。同时，蟹老宋酒楼的涮菜价位较低，青菜一般是6元；香菇、平菇10元；墨鱼丸、鲜鱼丸12元；牛肉、羊肉16元。这样就把人均消费维持在50元左右，有着很高的性价比。

蟹老宋酒楼刚一开业，来就餐的人就排起了长队，蟹老宋比在武汉老家还火，最多的时候，排队就餐的人数有150号之多，半年时间便收回了成本，开始赢利。

后续有突破

蟹老宋相继开出了5家分店，如何保证口味的统一至关重要。翟光军认为，虽然中餐不能完全实行标准化，但是要尽量实行标准化操作。他牵头制定了各主打菜品的标准化操作方法，并对厨房进行标准化管理。

例如："香辣蟹"制作标准。

（一）进货标准

1. 所有的蟹都是活的，并且不能有过大的异味。

2. 每一只蟹的重量在2～3两之间。

（二）加工标准

1. 挑蟹

（1）挑出死蟹。

（2）挑出一两以下的蟹。

（3）挑出有臭味的蟹。

2. 杀蟹

（1）用剪刀顺着蟹嘴上面把壳敲掉，挑出小壳、破壳，很脏的黑壳，洗净后待用。

（2）用剪刀剪开捆蟹的绳子，注意要耐心地将绳子绕下来，保证蟹螯、蟹脚不被拉掉。

（3）用剪刀剪去蟹鳃、蟹尾。

3. 分解蟹

（1）将蟹螯拍开，但不能拍碎、拍掉。

（2）顺着蟹肉中间对开成两半。

（3）用中号的塑料筐在水中翻洗，滤尽后待用。

（三）制作标准

1. 配制标准

（1）每斤蟹按6两净肉配。

（2）每斤蟹配料头6两（大葱2两，5厘米长；西芹2两，5厘米长；蒜米1两；生姜条1两），配酱1.5两，配花椒6粒、辣椒4颗。

2. 生产标准

（1）每锅1斤起炒，最多炒3斤。

（2）拉油的温度是中温，时间35秒左右。

（3）料头用中火炒3分钟。

（4）下蟹后，放米酒再炒20秒钟，下酱后，加啤酒炒1分钟，下混合粉后离火翻炒均匀起锅。

3. 装品标准

（1）1斤和2斤的用32厘米的火锅装。

（2）3斤的用34厘米的火锅装。

（3）4斤以上用36厘米火锅装。

（4）每斤摆4个壶，撒花生米0.4两，香菜3根。

蟹壳的制作，用水把蟹壳放少量盐煮5分钟，中温拉油20秒。

（四）保存标准

1. 常温存放不得超过1小时（杀好的蟹和蟹壳）。

2. 高温存放或残蟹存放不得超过0.5小时。

3. 拉油的蟹和炒熟的蟹不得存放。

4. 蟹壳制好后不得隔夜存放。

标准化管理带来的重大变化是后厨成为单一的生产部门，厨师成了纯技术工种，他们所要做的就是严格执行菜品的加工程序，保证菜肴出品质量和时间，最大限度地进行标准化生产。生产部门的标准化管理包括原材料进货标准、生产加工质量标准和工时段管理标准等等。工时段管理具体到各个岗位的厨师不同时间段的工作内容，比如9：00取出待加工的原材料，9：10进行粗加工，9：30制作半成品，10：00清洗蔬菜等。

蟹老宋的标准化管理的目标就是保证员工每天在同样的时间做同样标准的事，这样才能保证菜品恒定的口味和质量。但这样的要求会不会让员工产生厌倦情绪？翟光军也承认这是他们推行标准化生产时遇到的最大问题：“中餐厨师一般都习惯了松散的工作状态，菜肴的口味也会根据自己的感觉调试改变，但‘蟹老宋’厨师的工作就是最大限度按标准制作口味统一的菜。刚开始厨师都很不习惯，也有闹情绪的，毕竟这是改变多年形成的工作习惯。”

一靠监督，厨房对各个厨师的工时段标准都有详细规定，互相监督；厨师长定时检查各个厨师工作情况；店长定时检查厨房原材料、粗加工食品、半成品的卫生质量和加工情况。二靠督促，督促的主要手段就是培训，包括厨前、厨中、厨后培训。对于那些闹情绪的厨师，企业领导会单独找他们聊天，告诉员工这样做对其有什么好处，说服他们。

仅凭一道“香辣蟹”是难以维持酒楼生计的。翟光军很早就在思考，“香辣蟹”流行过后，再如何突出酒楼的特色。翟光军仔细分析了酒楼自身条件，决定走一条特色香锅之路。做香锅的酒楼也有很多，为什么蟹老宋酒楼就做得比别人好呢？

蟹老宋每一种香锅都有着清晰的定位，相辅相成，走少而精的路线。

“香辣蟹”“香辣虾”适合所有的顾客。“香辣虾”选用产自珠江三角洲地区的罗氏虾为主料，罗氏虾富含丰富蛋白质、钙、磷等营养成分。辅料为大葱、西芹等，配以香辣酱炒制而成，外酥内嫩，酱香浓郁，微麻微辣，略带回甜。

宋公财鱼锅、一锅鲜适合家庭消费。财鱼锅选用生财鱼为主料，辅料为四川产的优质酸菜、野山椒、鱼丸等，用上等高汤烹制而成，汤洁白而鲜醇，口味咸鲜，鱼肉滑嫩，回味中略带酸辣，经常食用有利水、补脾及温补功效。一锅鲜选用野外放养的珍珠鸡、三黄鸡、鸽子、鹌鹑、麻鸭等为原料，加入多种中药材慢火熬制而成，成菜色香味美，多种珍贵禽类的鲜美滋味和中药材的芳香使一锅鲜成为蟹老宋一款经久不衰的经典菜品，比较适合老人和小孩食用。

老宋野鸭锅属于地域特色菜。老宋野鸭锅选用人工饲养的野鸭为主料，用湖北特产荆沙酱精心烧制而成，口味醇厚，鸭皮爽嫩，香味浓郁，咸鲜中略带辣味，成菜用海带、豆皮垫底。

老宋家蹄花锅适合女顾客消费。现代科技证明，猪蹄还有美颜补血，健身滋补的作用。老宋家蹄花锅主料为优质猪蹄，辅之以当归、党参、西洋参、薏米等多味中药材长时间煨制而成，蹄花软糯、汤稠味美、回味绵长。成菜用鸳鸯锅出品，以满足客人不同口味需求。

霸王牛鞭锅适合男性顾客消费。霸王牛鞭锅采用湖北长江一带的野生乌龟，上好的牛鞭，再加上十几种产于湖北三峡的中草药，配以上好的汤汁，经文火煨制而成，入口酥烂，咸鲜可口。

刊于《东方美食》2009年1月号

编著者的话：

蜀王风味酒楼老板蒋晓平曾是重庆钢铁公司坐办公室的干部，20世纪80年代初，国家号召“铁饭碗”下海经商政策出台后，他是头一批“吃螃蟹”的勇敢创业者。

蒋晓平闯京城，不仅开正餐川味店，还开正宗重庆火锅店，且连开数家。在20世纪90年代餐饮市场竞争的激烈形势下，蒋晓平毅然决然地从餐饮舞台全身而退，转行做起了白酒的经营销售业务，这也算餐饮业界的奇葩。如果这也算没有离开餐饮业，那么蒋晓平继而又悄然远离餐饮业，大跨界转战IT行业，真令我惊叹不已，而且竟然干得有声有色：创办短视频偶像红人孵化平台，也是国内最早的短视频MCN机构——门牙视频，全网全矩阵粉丝近6亿。我和他交流，他只是说："剑未佩妥，出门已是江湖，千帆过尽，归来仍是少年。"几十年来蒋晓平初心不改，满腔创业创新热血不减，真乃运筹帷幄的创业创新勇者、智者。

蜀王以味制胜

位于北太平庄路25号的蜀王风味酒楼豪威分店，抓住了人们崇尚自然的心态，把环境设计得既富现代格调又颇具民间风情。仿蓉城竹楼的布局，又辅以庭院式结构，但不以竹质装饰，却用具有竹韵的木形条代之，赭色与深赭色搭配，明暗对比之间，既活泼又典雅。那玻璃模拟窗的营造，加之灯光照射，使翠竹明媚，仿佛让您置身于竹楼品茶。那走廊间大树下的风谷车（使谷子脱壳成米的木制设备）及鸡公车（川西平原对独轮车的称谓），能把您带到川乡享受丰收的喜悦。如此餐饮文化场所，让人们进入休闲的佳境，怎能不诱发食欲。

"蜀王"总经理蒋晓平说，从成都来的川菜名厨陈舜全，7年来创出了具有成都餐饮文化特有的风味川菜。他们认为，川菜之所以长盛不衰，缘由在于它"海纳百川"，经历代川厨的不断推陈出新，突出了川菜的风味。这个风味又是一品一味，百菜百味，千变万化，归根得益于川厨不保守，将各大菜系之长为我所用，融会贯通，不断别具一格。因此，人们夸口，吃在中国，味在四川。

陈师傅到了北京，秉承川菜以味制胜的宗旨，创出了风味川菜。其基本风格是：鲜味多变，辣而不燥，厚而不腻，淡而不薄，从而适应了北方人的口味，深受食客赞赏。比如"回锅鳜鱼"，采用川菜烹调回锅肉的技法，将鳜鱼片煸炒，使鱼片颇具回锅味，咸鲜微辣、回甜，且鱼肉鲜香，肉质细嫩，再加之盛于盘中保留鱼头鱼尾造型，不失为一道新颖别致的鱼菜。海鲜是粤菜的专利，但到了陈舜全师傅手中，它可以变成川味，做到既有海鲜的鲜味，又有川菜的川味。比如“香橙海鲜”这道菜，将用川菜技法烹制好的鲜虾、鲜贝、鱿鱼、海参盛于香橙壳内，造型自然美观，橙黄色、海鲜色对比艳丽，极能诱发食欲，其海鲜味浓郁，质地脆而嫩，淡中见厚重，一股橙香扑鼻而来，十分适合南北食客的风味。还有那从川乡引进和变化的豆花系列菜肴，更会让您饱尝川乡川情，体味独特的风味“蜀王”创制的一百多道风味川菜，会让您百吃不厌，常吃常新。

您若去“蜀王”品火锅，也别有洞天。他们综合重庆火锅的“豪放”及成都火锅的“婉约”，注意汤料的熬制和滋味的勾兑，配之以20余种辛香辅料，精心制作，自成一体。他们根据季节的变化来吊汤，同时也征求食客的口味来改变其汤的味道，让您每次有鲜。川味火锅味在汤中，被涮食物浸味其中，回味无穷。

刊于《国际食品》2000年第4期

编著者的话：

海碗居炸酱面大王餐馆的创业人，也是“老北京”的关泉海，追梦和重拾孩童时的老北京餐饮文化记忆，传承老北京炸酱面餐饮文化，并不断与时俱进和创新。

“70届”的关泉海，没有下乡，留城从工人干起，辗转多个岗位后，恰逢改革开放下海经商。源于老北京人的“老北京”餐饮文化不渝情结，在增光路开了首家海碗居炸酱面大王餐馆，着力传承“老北京”传统餐饮文化。

海碗居炸酱面大王餐馆火爆，是他预料之中的事，因为从小在家吃“老北京”饭长大，耳濡目染，轮到他掌勺，其出品当然错不了。由此一发而不止，一个劲儿开了6家店，至今红火依旧。

我曾约好友、著名京味作家刘一达到海碗居炸酱面大王餐馆品尝，闲聊中两人的老辈儿多年前竟然是西城劈柴胡同的老街坊。聊着老北京和儿时的京味菜肴和小吃，聊得兴起，刘一达欣然命笔题写就“炸酱面赋”七言长诗。关泉海装裱成牌匾，至今仍悬挂在每个店的门厅前。后来刘一达还撰写了“关家十二山”专稿，刊在《北京晚报》。这十二山，出自关家12个兄弟姐妹，关泉海排行第12。

“善”就一个字

在与不少餐馆老板的接触中，有时遇上老板当着客人的面训斥员工，那情景令人尴尬，我总觉得那是没把员工当人，是对人家人格的侮辱，换了自己绝不会在那儿干了。但大多数员工为了挣口饭吃，仍然忍气吞声地干下去，不过，您认为他能干好吗？

现在普遍倡导人性化管理，但是连起码的尊重都没有，何谈人性化管理呢？俗话说“善有善报，恶有恶报”，只有善待别人，别人才能善待你，这个道理在企业经营中同样成立。

笔者对北京海碗居炸酱面大王餐馆明察暗访，发现该店关泉海经理的管理别有洞天。他时时处处注重维护员工和顾客的人格尊严，满足其自尊心和被人尊重的欲望。

别把人当贼防

海碗居的上百名员工来自四面八方，他们当中大多数是远离家乡和亲人，相对缺少关爱，因而关泉海经理不摆老板架子，给予员工以父辈般的关怀、兄长似的温情。一次，洗碗班班长因患重感冒在宿舍休息，关经理得知后立马去看望并送去了在冬季价格十分昂贵的西瓜，让他安心养病。他真的是把这些远离父母的小伙子当成自己的孩子一样。“店小二”们都说，在海碗居，如果哪位员工探亲归来，迎接他们的一定是关经理暖乎乎的问候和热气腾腾的炸酱面。每逢除夕，关经理定会放弃红火的生意歇业半天，举办联欢会，好让辛苦一年的职工们痛痛快快地欢乐一番。

职工刘树运自编自演山东快书《说唱海碗居》因没有竹板，他就用嘴模仿出快板的声响说道：海碗居的菜真不少，炸酱面那才叫个好，小伙子和白面，里头还得放鸡蛋，一擀就得一大片，刀刀切得一条线，下到锅里滴溜溜转，捞到碗里莲花瓣，鲜嫩菜码在上面，又好吃又好看，又筋道又好咽。小碗干炸让人馋，吃了这碗想那碗。听着这平白质朴的快书，看着那热情洋溢的表演，问他的创作激情来自何处？刘师傅笑着说，好的工作环境就有好心情。这段职工自己创作的山东快书也让关海泉经理感到自豪，他说，员工心情很重要，明智的经营者要时刻了解他们的喜怒哀乐，顺应员工个人需求和注重员工群体行为。因为每个职工都不是独立的个体，他们是你一盘棋中的每粒棋子，而经营的一切思想都是从员工点滴工作中体现出来的。关经理说，对待职工首先是要尊重他们，不能总是居高临下或终日像防贼似的，而要与他们沟通思想，互信互赖，要充分调动他们的主观能动性，使他们感到作为企业的一员要将自己的发展与企业的发展生存紧紧连在一起。在海碗居您会经常看到关经理与员工朋友般的谈心，给他们亲人般关怀的感人情景。

关经理说，在店里他不让员工叫他“老板”，而要称“经理”，因为他认为经理代表一定层次，代表着一种发展过程，代表着一个时代。而这个时代，是现代化的时代，是相互依存的时代。在现代化的餐饮管理中，关经理也参照现代化管理模式，制定了几万字、数十个条例，但这只是一种有形的管理方式，很难管住员工的心，而让关经理更为关注的是要以人的感情为链条去推动餐馆工作流程的各个环节，让员工自觉地去工作。有了错误，不是一味地惩罚，而是让员工自己去认识什么地方不对，从中吸取教训。员工心情好了，工作必然会有效率。

善待客人

关泉海当初选址考虑到甘家口周边社区内有近30万居民，就将极具老北京风情又适应不同消费层次需求的炸酱面作为主打经营品种，同时还有各种京味家常菜。开业三年来，海碗居总是宾来客往，200平方米的餐厅座无虚席，经常要翻台五六次，有时还要发号排队等候。笔者在餐厅的门厅里，见到一家三口手里拿着30号，还依旧耐心等候。我询问何不换个地方就餐？他们异口同声地表示，就是爱吃这里的炸酱面，因家住附近经常来，都快把这儿当成食堂了。

关经理想到，北京市民来这里吃炸酱面，不仅要让他们品尝到京味饮食文化的原汁原味，更要使他们感受到老北京人的厚道与教养。有时遇到街坊四邻大婶、大妈慕名到店里来买炸酱，店小二们会像四合院里的老邻居那样“您拿走吃吧”；倘若就餐的客人面条吃至最后还觉得欠点儿，您只要叫声“小二”，马上就会来人再给您添上半碗：而喝碗面汤、来瓣大蒜就更像在自己家里一样随意。关泉海把善待客人深化为人性化管理的内涵。

作为一名土生土长的北京人，并自言有深深老北京情结的关泉海认准一条：经营老北京餐饮文化品牌，就要对得起“老北京”这三个字。最令关泉海追忆并执意要不断挖掘和发扬的是，老北京人与人之间的真诚、友善，老北京待人处世的仁义、热情。他说，过去老北京俗话讲的是“进门是客，坐下是爷”与如今餐饮服务中的“顾客至上”一样，都是讲求满意周到的服务。

在海碗居，迎来送往、穿梭忙碌的服务员都是清一色的小伙子，而客人对他们的称呼也一律用老北京时代的叫法“小二”。有的客人为怀旧，有的客人图新奇，甚至故意在餐桌上拉开嗓门儿多招呼两声“小二”，常引得众“小二”一起上前，虽然有时会让小伙子们白跑一趟，但大家都将这当成追忆老北京风情的愉快小插曲。这不仅使人强烈地感受到浓厚的京味，而且也拉近了彼此的距离。那些“您好”“欢迎光临”等规范化的服务用语在这里也变成了老北京热乎乎的迎客语，那话语中透着对来客的尊重和亲热。不久前，两位从英国探亲回国的华裔老夫妻在家人的陪同下，特意来到海碗居追寻童年的美好时光，当关经理得知其中一位老人正巧当天过96岁生日时，领班便用真挚的祝寿语代表餐馆向老人表达衷心的祝福，众位“小二”也齐声应和，场面热闹喜庆，感动得两位老人和家人连挑大拇指。

善待员工，善待客人，关泉海用一个善字串起了你、我、他三者之间的人性关爱。三年开三个店，日日红火，顾客盈门。

刊于《餐饮世界》2004年1月上半月号

编著者的话：

曾几何时，一个四川小乡村的“推豆花”，竟然瞬间惊艳京城，铸成一道亮丽的“豆花”餐饮文化风景线，吸引了众多食客，更吸引我深入其中探个究竟。

“品味豆花文化”“豆花香京城”“品豆花全宴，到新豆花庄”“一豆绽开中国饮食之花——记北京的一次豆花文化研讨会”等文章，集中探究了这道四川广茂城镇乡村“推豆花”如何在北京一炮打响，如何在北京四处飘香，而深究的是在激烈竞争的餐饮业如何出奇制胜、一举创业成功的企业餐饮文化与品牌创新之道。

四川广茂城镇乡村，“推豆花”就等于“过年”，是老少皆宜、贫富皆融的特色美食。在改革开放初期，四川籍创业者刘扬独具悟性，把这一广受大众喜欢的特色美味引进到京城，连开数家店，并邀请四川烹饪高等专科学校熊四智教授及北京相关美食专家举办豆花文化研讨会，成为当时北京餐饮业的热点话题，食客趋之若骛，四川的豆花餐饮文化之花盛开京城，少说也有10多家。

品味豆花文化

中国人的餐饮文化源远流长，中国人的餐饮活动常常把无情之物变为有情。淳朴的四川农村居民请客“请到家里吃豆花饭”，就给豆花浇灌了亲情、友情、乡情、人情。城市里的居民请客会友，也学到了农民办法，把亲人约到著名的豆花餐厅吃“豆花饭”。

如今，四川的豆花已开遍了北京城，少说也有数十家。为了弘扬豆花餐饮文化，由建店8年的北京万寿路新豆花餐厅组织了新豆花研讨活动。在研讨会期间，北京新豆花餐厅特地从成都请来了4位四川名厨，把散发着浓郁的川乡川情的豆花，花样翻新，烹制出美味佳肴，呈献给首都的市民，同时也让“民间风味”进入高档宴会，满足各方面食客的需求，让“民间豆花”进入大雅之堂。他们把豆花菜肴从几元钱一道做至上千元一道，名厨们从现代营养学的观念出发，将植物蛋白与动物蛋白科学搭配，做到营养平衡。

由于生活水平的提高，人们已不满足于鸡鸭鱼肉；更鉴于近年海洋污染，不少人已远离了海鲜，逐步崇尚自然、回归自然，寻求绿色食品，同时注意到营养平衡，想起了从前的植物蛋白。其中，豆制品则是城市消费者首选的食物——这是豆花及豆类食品近年来备受青睐的根源所在。

研讨会期间同时举办的新豆花美食节，受到首都市民欢迎，北京城又一次掀起“豆花热”。北京新豆花餐厅将豆花从豆腐族中单列出来，使之脱颖而出形成新的美食系列。他们组织名厨从技艺、格调、成品式样、营养平衡等多方面对豆花创新，数十道植物蛋白与动物蛋白合理搭配的佳肴出台，“豆花宴”也有了雏形。这给千年流传下来的豆花注入了新的含义。原本乡间粗俗淡雅的豆花进入都市，这不能不说是民间文化与都市文化的默契融合。

人们品味豆腐、豆花、豆腐脑这三种食品的感受可知它们质地的区别：豆腐绵扎，略有弹性，用筷子能夹起来；豆花比豆腐嫩，柔软并略感绵扎，用筷子轻轻地夹，可以夹起来；豆腐脑更嫩，用匙可舀起，若硬要用筷子夹，则不但夹不起来，还会使豆腐脑全散架。

豆花与豆腐、豆腐脑这种质地上的差异，显示了中国人在烹饪工艺上的精细和对美食的追求精神。同样是用大豆磨浆、过滤、煮沸，关键是在一个“点”字。点豆腐、点豆花、点豆腐脑，都是向煮沸的豆浆中加入一定的凝固剂，使豆浆在短时间内改变性质，变成凝结状态。点豆腐时，要把其中大量的水挤压出去；点豆花时，则只是轻轻地、适当地挤压；点豆腐脑则一点不挤压。

豆花与豆腐、豆腐脑一样，本身没有什么味道，点得不好的豆花，甚至还会带点豆子固有的豆腥味或涩味。但若仔细品尝，你会发觉豆花有妙不可言的“甘”，这种“甘”，是淡淡的，只能是心领神会的甘美。豆花味道之妙，就在“甘”上。以四川民间和餐馆的河水豆花之调和来看，调料用的是干辣椒面、花椒面、芝麻酱、小葱、川盐、蒜水、味精、豆母子、小磨麻油、酱油和烂酥了的瘦猪肉粒，用它们调和成的味碟蘸食豆花，那香、那鲜、那醇厚，用句北京土话来说“倍儿棒!”

与会的四川厨师还谈道：四种蘸食豆花的味碟各式各样，重辣的、重麻的给人味蕾以刺激；重鲜的、重香的，给人味蕾以雅丽。总之，香鲜浓淡，各有韵味，各有千秋。

刊于1999年9月10日《北京经济报》

豆花香京城

近几年，京城迎来了“川军”中的奇葩——豆花。于是，京城多处可见豆花饭庄。然而，京城百姓对豆花似乎不甚了解。为了解开这个谜，位于万寿路的新豆花餐厅请来四川名厨当场献艺，一展正宗川味豆花餐饮文化的风采，人们可从创新的20多道豆花菜肴中，品味到原汁原味的川乡川情。

有别于“北豆腐”“南豆腐”的“豆花”，是四川独有的。它既可以作为菜肴佐餐下饭，又可以作为风味小吃单独食用。豆花是介于豆腐和豆腐脑之间的食物。豆花的洁白颜色，与豆腐和豆腐脑相似，但它质地之嫩，豆腐无法与之相比拟，它的柔软，却又为豆腐脑所不及。

旧社会在四川农村，若能吃上一顿“豆花饭”，就如同过节“打牙祭”。在乡间，在村镇，办红白喜事，或办小孩满月，或为老人祝寿，都要“推豆花”。在集市上，石磨在堂，柴灶在旁，支上一口锅，就卖起了“豆花饭”。因为在乡村，黄豆易得，制作方便，几千年的传统工艺流传至今，形成了一道地地道道的美食，在川菜中，占有不可缺少的地位。然而，这道佳肴，千百年来只不过是在民间流行，进入大都市，还是改革开放后的事。

随着生活水平的提高，人们已不满足于鸡鸭鱼肉，崇尚自然，回归自然，寻求绿色食品，同时注意到营养平衡，于是想起了从前的植物蛋白。豆制品再次成为城市消费者宠爱的食物——这是豆花菜肴近年来备受青睐的根源所在。

中国人的饮食活动常常把无情之物变为有情。淳朴的四川农村请客时，就请到家里吃豆花饭，给豆花浇灌了亲情、友情、乡情、人情。城市里的居民请客会友，也借鉴了农民的办法，把亲友约到著名的豆花饭店吃“豆花饭”。

“吃豆花饭”并不光是吃豆花，实际上是吃以豆花为主题的便宴。四川的豆花宴除了主角为豆花外，仍按流行的筵宴格局，要摆上五至七款冷盘，六至八款热菜（豆花必定作为热菜的第一款），最后还得用泡菜、咸菜佐饭，全都是地地道道的川味菜。讲究一点的，豆花筵席间还会上一两款川式小吃。

按四川农村吃豆花饭的习俗，吃豆花是不受限制的，客人想吃，主人就会不断地给海碗里添豆花，让客人吃个够。豆花水分多，但奇妙的是它和胃而不使胃盈，多吃一点也无妨。城市餐饮经营豆花宴时也学到了农村的章法，只要客人需要，也不断地给席上添豆花。与筵者能够如此自由随意地享受豆花这种美食，生理、心理都在这种和谐的气氛中得到最大的满足。中国预防医学科学院营养与食品研究所编著、人民卫生出版社1991年出版的《食物成分表》选载的豆腐花成分100g，能量（KCAI）为401千卡，水分1.6g，蛋白质10g，脂肪2.6g，碳水化合物84.3g，灰分1.5g，胡萝卜素250μg，硫胺素0.02mg，核黄素0.03mg，尼克酸0.4mg，维生素E 5mg，钾339mg，钙175mg，镁60mg，铁3.3mg，锰0.52mg，锌0.75mg，铜0.28mg，磷95mg，硒1.70μg，三大营养素和宏量元素、微量元素大都齐备。应验了老百姓所说的，吃豆腐、豆花保平安的老话。

北京新豆花餐厅的四川名厨，把散发着浓郁的川味川情的豆花，花样翻新，让“民间风味”进入高档宴会，满足各方面的食客的需求。豆花菜肴可从几元钱一道做至上千元一道，名厨们从现代营养学的观念出发，将植物蛋白与动物蛋白科学搭配，做到营养平衡。比如“豆花牛柳”“芙蓉鲍翅”等，入口滑爽，鲜嫩清香，营养平衡，美不胜收！

刊于2000年9月14日《生活时报》

品豆花全宴，到新豆花庄

以黄豆为主要原料制作的品种如豆浆、豆腐、豆腐脑、豆腐干、豆腐乳、豆腐皮、豆筋、豆棒、豆豉、豆酱等等，简直就是一个大家族！而豆制品中，有一种则是四川独有的，这就是豆花。它既可以作为菜肴佐餐下饭，又可作为风味小吃单独食用。豆花是介于豆腐和豆腐脑之间的食物。豆花的洁白颜色与豆腐和豆腐脑相似，但它的质地之嫩，豆腐无法与之相比，它的柔软而绵扎，却又为豆腐脑所不及。

民间家庭中有菜豆花，其品流行于川东涪陵、丰都一带。菜豆花白绿相间，口感细嫩、菜叶清香，调料随意，最好是用盐而不用酱油。在四川城镇小饮食店内，几乎都有河水豆花，制作与菜豆花相似，只是点卤时有别，川东菜豆花多用汩水，川西多用石膏水。河水豆花之所以能成为雅俗共赏的食品妙品，除了自身的色、味、形、质外，调料是立了奇功的。它所用调料有干辣椒面、花椒面、菜油、芝麻酱、小葱、川盐、蒜水、味精、豆母子、小磨麻油、酱油和瘦猪肉粒等，十分丰富。

如今，位于北京万寿路地铁西北的新豆花餐厅特聘了川地名厨，根据我国民间食豆花之风，自创出系列新豆花菜，如天府豆花、仔鸡豆花汤、太极豆花羹、豆花豆腐、豆花虾仁、芙蓉鲍翅等等。豆花系列菜价格实惠，豆花口味鲜浓。如果您要品得多款豆花美味，共餐的人多一些为宜。此外，新豆花庄还推出了多款新派川菜，如川椒霸王蟹、天鹅戏水、九色攒合等等。而传统菜肴泡菜鸭掌、樟茶鸭等菜口味正宗。新豆花庄经营面积在1000平方米以上，可同时容纳400人就餐。酒楼的环境设计时尚、雅致，设施齐全，十分适合家庭聚餐。

刊于1999年7月30日《精品购物指南》

一豆绽开中国饮食之花

——记北京的一次豆花文化研讨会

由建店8年、实力雄厚的北京新豆花餐厅组织的豆花餐饮文化研讨活动，于8月18至28日在京举行，有关专家及行业领导30余位出席了会议。

专程从成都来京赴会的四川高等烹饪专科学校熊四智教授在会上作了发言。他说，豆花之名，最早见于唐代人陈黯写的《自咏豆花》诗中。他描写乳白而软嫩并呈花状的豆花："玳瑁应唯比，斑犀定不加。天嫌未端正，满面与汝花。"宋代工于诗画的名家宋伯仁的诗句中也有"酒家留客豆花香"。这说明唐宋之时，豆花已从豆腐中独立出来，自成门户了。他还说："豆花从豆腐中独立出来，主要在于它的质地与豆腐有区别，且豆花与豆腐脑也有质地上的差异"。

人们品享这三种食品的感受可知它们质地的区别：豆腐绵扎，略有弹性，用筷子能夹起来；豆花比豆腐嫩，柔软并略感绵扎，用筷子轻轻地夹，可以夹起来；豆腐脑更嫩，用匙可舀起，若硬要用筷子夹，则不但夹不起来，还会使豆腐脑全散架。

与会的专家说，豆花与豆腐、豆腐脑这种质地上的差异，显示了中国人在烹饪工艺上的精细和对美食的追求精神。豆花味道之妙，就在"甘"字上。古有"甘受和，白受采"之说。"甘为众味之本，不偏主一味，故得受五味之和。"（唐·孔颖达语）豆花以其"甘"，五味怎么与其调和，它都是能接受的。

以四川民间和餐馆的河水豆花之调和来看，调料用的是干辣椒面、花椒面、菜油芝麻酱、小葱、川盐、蒜水、味精、豆母子、小磨麻油、酱油和烂酥了的瘦猪肉粒，用它们调和成的味碟蘸食豆花，那香、那鲜、那醇厚，用句北京土话来说就是"倍儿棒"。

与会的四川厨师还谈到，四川蘸食豆花的味碟有各式各样，重辣的、重麻的给人味蕾以刺激；重鲜的、重香的，给人味蕾以佳美；重甜的、重淡的，给人味蕾以雅丽。总之，香鲜浓淡，各有韵味，各有千秋。与会者一致赞同："一种普通的豆花，其包容性如此之大，堪称绝妙矣。"

中国人的餐饮文化源远流长，中国人的餐饮活动常常把无情之物变为有情。淳朴的四川农村居民请客"请到家里吃豆花饭"，就给豆花浇灌了亲情、友情、乡情、人情。城市里的居民请客会友，也学到了农民的办法，把亲人、友人约到著名的豆花餐厅吃“豆花饭”。

伴着改革的春风，四川的豆花已开遍了北京城，少说也有数十家。为了弘扬豆花餐饮文化，在研讨会期间，北京新豆花餐厅特地从成都请来了4位四川名厨，把散发着浓郁的川乡川情的豆花，花样翻新，烹制出美味佳肴，呈献给首都的市民，同时也让“民间风味”进入高档宴会，满足各方面食客的需求，让“民间豆花”登上大雅之堂。他们把豆花菜肴，从几元钱一道作至上千元一道。名厨们从现代营养学的观念出发，将植物蛋白与动物蛋白科学搭配，做到营养平衡，比如“豆花牛柳”“豆花鱼片”等。

由于生活水平的提高，人们已不满足于鸡鸭鱼肉，更鉴于近年海洋污染，不少人已远离了海鲜，逐步崇尚自然，回归自然，寻求绿色食品，同时注意到营养平衡，想起了从前的植物蛋白。其中，豆制品则是城市消费者首选的食物。这是豆花餐饮文化及豆类食品近年来备受青睐的根源所在。因此，这次研讨会引起各方面的关注。

刊于1999年9月10日《美食导报》

到草堂食府尝川菜精品

近日，在朝阳区幸福一村甲5号联宝公寓一层，新开张一家川菜馆——草堂食府。

草堂食府在经营正宗川菜的基础上，为迎合现代人的口味和需求，创新推出八大精品特色菜。其中，草堂逍遥鸡是以古代四川大才子司马相如与卓文君的故事演绎而来，由精选出的正品三黄鸡配18种调料精制，集中西式口味于一身，口感酸辣，回甜爽口，清香鲜嫩。

草堂过桥鱼是喜爱正宗川式口味食客的一道“最爱”。以广受欢迎的鲜嫩草鱼为原料，结合麻辣的口味和过桥米线的传统烹调方式，火辣鲜香。草堂椒盐豆腐以日式豆腐为原料，外酥里嫩，口感清淡，回味无穷。草堂海陆空由人参、甲鱼、乌鸡、乳鸽炖制而成，滋补养颜，味道鲜美。草堂回锅肉结合北京烤鸭式吃法，独具特色。草堂泡椒童子鸡，用专门从四川采购的泡椒与童子鸡块炒制而成，鲜辣适口。草堂砂锅，结合了南北不同口味的需要，以北方人特别喜爱的砂锅形式配合四川口味酱料，满足不同口味需要。八道精品菜自成体系，风味独到。

此外，草堂食府还同时推出了八大极品和川制海鲜，以特殊的方式制作燕窝、鱼翅和各种海鲜，获得京城食客的普遍认同。

到草堂食府，不仅能品尝到正宗和创新的精品川菜，还能体验到独一无二的幽雅环境：都市村庄、诗情画意、田园竹歌、乡情乡韵。踏入草堂食府步步有景，景景动人。包间均以杜甫诗作命名：丽人行、醉时歌、鸣翠柳、千秋雪等。竹帘竹墙、清雅幽香，食客们仿佛与诗人杜甫携手流连于草堂翠竹中，品茗、吟诗、饮酒、作画，尽享田园诗情，酣尝人间美味。从即日起到12月31日，在草堂食府用餐的顾客，还能享受到买100送20的优惠。

刊于1999年12月11日《北京市场报》

藏式美食飘馨香

在藏族流传着这样一首歌，歌词中唱到：有一个美丽的地方，人们把它向往，那里四季常青，那里鸟语花香，那里没有痛苦，那里没有忧伤，它的名字叫香帕拉，传说是神仙居住的地方……这是藏族同胞对自己心目中向往地方的描述，是他们梦中的世外桃源。现在，北京香帕拉酒楼把藏族同胞梦中的世外桃源带到了北京，也将藏族餐饮文化的藏式美食奉献给京城百姓。

香帕拉的藏式美食和淳朴清新的藏族民风给人们带来与众不同的感受。其菜品由纯正藏餐和精品川菜组成，且藏餐厨师均由拉萨特聘。香帕拉的每道藏式食品的原料，都自西藏直接空运而至，不仅保持了食品的新鲜度，同时也保留了菜品的原有风味。香帕拉的菜品经营以绿色环保为主题，采用绿色无污染原材料制作，其中藏香猪、牦牛肉是纯天然、无污染食品，人参果、酥油茶、鲜酿青稞酒、糌粑等都保持了纯正藏族风味。

“酥烤地龙”是香帕拉的招牌菜，是用西藏特产藏香猪烤制而成的。由于藏香猪只生长在海拔2500米以上的西藏林芝地区，食草籽长大。因此，最大只长到25公斤左右。藏香猪皮薄肉瘦，制作时要先将整猪在秘制调料中腌制12小时，待肉入味后上炉烤熟。此菜色红皮脆、肉香骨酥，再配以饼、葱、酱、瓜条、砂糖佐食，美味无比；即使不蘸调料食用，其肉香也回味无穷。“唱歌的青稞酒”是对酒楼独特饮品“鲜酿青稞酒”的美称。称之为“唱歌的青稞酒”是因为藏族同胞有唱歌饮酒的习俗，又因为青稞酒在酿制过程中当酒液发酵好时，隔着发酵罐能听到“嘶嘶”声，好像青稞酒在唱歌。厨师选用特产于青藏高原的优质青稞，从拉萨空运到京，经藏族厨师按传统工艺酿制而成，酒味微酸带甜，饮之沙口，别有风味。“酥油人参果”是保健养生菜品。人参果产于青藏高原，生长在海拔3000米以上，属于蔷薇科植物，地下茎为人参果，当地俗称蕨麻。人参果味甘性凉，可入药，能止腹泻，含有纤维素和维生素及铁、镁、钾、钙等元素，具有较高的保健和营养价值。人参果一年中只产两季，因采挖困难，每个人工一天只能采挖1～2斤，且物种稀少，足见其珍贵。酥油人参果是用西藏特产上等酥油与泡制好的人参果经炒制而成，口味酥、绵、甜、香，是值得品尝的一道特色藏式佳肴。“退”是藏族一道著名的点心，以上等的奶渣和酥油和其他辅料搭配搅拌，揉和而成，口感微甜带酸，又不失浓浓的奶香。“虫草鸭舌”是酒楼的川菜高档菜肴。虫草即冬虫夏草，是我国中药宝库中的一朵奇葩。冬虫夏草性味甘平，独产于青藏高原。经药理实验表明：其可明显降低甘油三酯、胆固醇等，并且是抗血栓生成、抗心率失常、抗疲劳、降压、镇静、美容等多种功效的名贵药材。虫草鸭舌选用精品冬虫夏草，穿于每根精选的脱骨鸭舌之中，经特级厨师按传统程序精心制作，方可成为最后的盘中美味珍馐，是美味和食疗保健完美结合、老幼皆宜的高档宴席名菜。

喝一碗酥油茶，品一口青稞酒，香帕拉酒楼让人们一点一滴地了解西藏、走进西藏。

与甄帧合作　刊于2001年10月14日《中国食品报·餐饮周刊》

家常菜火京城

俗话说，常吃的是面条，最爱吃的是饺子，离不开的是家常菜。这便是家常菜餐饮文化火遍京城的群众基础。对应这一市场需求，经营家常菜的饭馆便应运而生。

您瞧，老北京炸酱面全城有布点；饺子馆随处可见；郭林家常菜东、西、南、北城都有；还有大食堂——就连郊区苹果园也发展了一家名为“仙鹤楼美食城”的家常菜馆，火爆得惊人，无论中午或晚间都得排队，同时能容纳1000人就餐的店都不够就座，简直成了百姓自家的餐厅。

这家菜馆的饺子30多个品种，肉馅大、皮薄，全部手工包制。我特意到后厨查看，肉馅全部用正经的肥、瘦肉绞制，每斤50个，才售10元左右，味道好极了。再看看这家菜馆的菜谱，厨师长胡洁率领来自9个省、市，60多名不同籍贯的青年厨师，汇集了八大菜系，融会贯通，各显其能地创制出了具有“仙鹤楼”特色的菜谱，300多个各地家常菜肴，任顾客挑选。远处的闻名而来，近处的商家、百姓早把这家饭馆当成自家的食堂。该店为了优惠百姓，天天都推出半价菜，比如干炸金枪鱼，用冰鲜金枪鱼一斤多（8条），每例售12元；又如“熘肉段”，每盘净里脊肉6两，售价16元。还有人们常吃的米粉肉，用1斤2两五花肉制成，每盘16元，该店还别出心裁地用笼屉盛装，四周摆了每只2.5钱的12个小馒头，荤素搭配食用，很受食客的欢迎。厨师说，每天店里要用100多斤肉制作米粉肉，还供不应求。还有人人爱吃的“狮子头”，成品每个半斤重，每个2.5元，每人限售1个，晚来的人就吃不上了。尹新民总经理说，该店只有三成毛利。薄利多销是该店的经营方针。

其实，薄利多销这个放之四海而皆准的商海之道，也正是京城许多大饭店降低门槛的原因。而近年悄然兴起的各个老字号的家常菜，正是摸准了百姓用餐之脉，才能得以兴盛，构成了京城餐饮文化的新风采。比如，以我国首例专利菜肴“扒猪脸”而闻名的“北京金三元酒家”，也是在东北菜基础上发展起来的家常菜；而阿文先生创办的北京阿文上海菜及阿文汤包，把经营理念定为本帮加海派等于便宜，把上海菜作成地道的上海家常菜，且味道精美，价格便宜，其瞄准的仍然是百姓消费。还有，以经营川味为主的蜀王风味酒楼，把川菜原本就倾于百姓化的风格，制作成适合于京城百姓的口味，让川菜服务于京城百姓。上述这些餐馆为什么火，都是基于“好味，不贵”。

刊于2000年9月21日《生活时报》

编著者的话：

阿文本名文定中，改革开放初期创业阿文快餐，后转产上海本帮菜。阿文受祖籍上海家风食俗熏陶，其在京经营的3家阿文餐馆都十分火爆，一派20世纪二三十年代的上海餐饮文化之韵味，席卷京城，令食客们赞叹不已。

阿文汤包馆

享誉京城的阿文汤包馆，颇具江南小吃餐饮文化特色，位于建国门外贵友大厦后侧。阿文汤包的特点是：皮薄、卤足、馅嫩、味鲜；有鲜肉、鲜虾、鲜贝、蟹黄四个品种。蟹黄采自太湖大闸蟹空运抵京，原料名贵，品质上乘，口味天然，无与伦比，有食客赞之曰："生不用封万户侯，但愿一品蟹黄包"。汤包只宜热食，为免烫口，先将汤包置于勺内，从侧面咬一小口，缓吸包内之卤，然后食之。

阿文汤包之外，有阿文烘饼、阿文蛋卷、油墩子、菜肉馄饨、香菇素包、卤菜等，兼营面条及中式套餐。早点以成本价推出江南名点"蒸六盅"（肉饼、凤爪、猪肚、鸡块、海鲜、鸡翅），每盅仅售三四元。老母鸡吊汤，上笼清蒸，营养丰富，口味极佳，诚为老少皆宜、四季进补之佳品。同时还供应八宝粥、大油条、小馄饨、茶叶蛋、豆花、甜豆浆、咸豆浆等。

附《阿文汤包赋》全文如下，供读者笑阅。

汤包者，顾名思义，有汤之包子也。包子一味，源远流长，自汉代即有之。其馅或以肉糜实之，或以时蔬充之，其形如一款，其容兼百味。有宋以来，市肆繁荣，东京梦华录记蒸食有王楼梅花包子称于汴洛，梦粱录，说馒首，有孝仁坊澄沙包子名噪杭城，黄鲁直有，宜州乙酉家乘，录入素菜包子之文，陆务观有剑南诗稿，戏作野味包子之诗。

千余年来，物换星移，而包子流传不衰，承衍有序，堪称我中华饮食一绝。更有汤包者，以凝汁充于馅中蒸后溶于皮内，入口鲜香，腴而不腻，诚为蒸包中之上品。惟扬、宁、沪流传最广，又以镇江汤包为冠。时下各地汤包，名实相符者有四：其一曰上海城隍庙汤包，其一曰镇江汤包，其一曰汉口四季美汤包，其一曰西安马家十字贾三汤包。何也，货真价实品质不衰也。然四家汤包各有所长，各具特色，多适味于一方，而我煌煌京华，竟无特色汤包，诚为憾事。

今有阿文先生，矢志不渝，致力汤包创新，西访长安，南下金陵，跨荆楚，走岭南，遍访名师，程门立雪，采撷众长，博聚南北，承传统工艺之精华，融现代科学之技术，实属难能可贵。阿文先生敏而好学，广涉饮馔典籍，考索先贤著述，裁苏眉山之云，勺袁随园之水，细研江潘家厨秘传之法，得其精髓，于是阿文汤包足以与当代四家汤包媲美。有客问曰，阿文汤包不过新创，何以博美誉，符盛名耶？答曰：精诚所至也。

刊于1999年11月15日《烹调知识》

阿文菜馆的本帮风味

朝阳区光华路汉威大厦对面，新近开了一家小巧玲珑的阿文上海家常菜馆，正宗的本帮口味，精美雅致的菜点吸引了不少食客。

上海本帮菜选料新鲜，但不刻意求山珍海味，而以鸡鸭鱼肉、蔬菜、豆制品、冬菇、木耳、笋等为原料，精心烧制，令人百吃不厌，这家餐馆烹制的“西芹炒百合”，清淡新鲜；“椒盐排骨”“本帮鲜糊”“香芋扣肉煲”“八宝辣酱”等菜肴则油重酱赤。在这里不仅可以吃到草虾炸至金黄、大蒜末炸透、倒入虾混炒的“避风塘草虾”，臭豆腐下油锅炸制金黄、外脆里嫩、闻着臭吃着香的“油炸臭豆腐干”，还可吃到用嫩玉米、松仁、青红椒煸炒至熟的“金玉满堂”和用鱼米（黑鱼）、青红椒、松仁加调料滑炒的“乾隆生菜包”。尤其是选用太湖银鱼、金华火腿、香菇等煨制的“太湖银鱼羹”色美汤靓，风味独特。在这家餐馆还可吃到“糟毛豆”“上海熏鱼”“墨鱼大烤”等本帮名菜。

刊于2000年1月21日《北京晚报》

上海菜能不能曲高和者众

据不完全的资料统计，迄今京城的上海菜馆已达90余家，而解放初期，京城仅有一家上海菜馆。有关权威人士称，上海菜馆还有增长的趋势。为什么京城的上海菜如此火爆？

上海菜是代表上海地区的一种风味独特的餐饮文化菜系。它实际包含了“海派”与“本帮”。“海派”顾名思义——上海派，但其核心是杂和化，即吸收中外有价值、有品位的元素，结合上海的人文环境加以改造，以求适应和升华，因此海派是中外并蓄、物为我用的杂家。京剧到了上海，海派会添上富丽堂皇的舞台装饰和千奇百怪的机关布景；旗袍到了上海，海派将其开衩到膝盖以上一尺。当然吃的东西到了上海，海派会在四川锅巴菜上浇奶油或面包里夹八宝辣酱……难怪海派无奇不有，可谓出神入化。而“本帮”则专指上海当地的菜，且厨师也为上海当地的。例如划水、鸡毛菜、粢饭糕、油墩子、红烧蹄髈、腌笃鲜……名称带有浓厚的上海方言，且口味、品种多适味于一方。到了民国初年，工商业迅猛发展，时局变幻莫测，许多富甲一方的清廷达官贵人及商贾墨客云居上海，本帮菜朝着贵族化的方向演变，如专用活河鲜及江南稀有的原料烹出的品位极高、一般人不敢问津的本帮大菜——河蟹席、河鲜席、水晶虾仁（原料为大河虾仁，百斤活虾仅挑出6两大虾仁）、冰糖火腿方（偌大的火腿，仅用中间一小方块）、清蒸鲥鱼，其用料之精贵，做工之考究，无出其右。如此昂贵的本帮菜，一般百姓望而生畏。

业内人士认为：“本帮与海派应该互补互化，并能根据时代的变化和人们收入的水平来衍生出被南北食客普遍喜爱的菜肴，才是海派、本帮菜的出路”。建国之后，人们逐渐淡忘了“海派”与“本帮”，对其统称上海菜，特别是改革开放之后，上海菜越叫越响。

由于改革步伐的加快，使北京人口从解放初期至今增长了十几倍，上千万不同地域的人口涌进京城，他们对餐馆需求多样，并不满足北方味，就是八大菜系也几乎不能满意，追求新鲜时尚、精致……这正是上海菜发展的空间。还有人说，现在人们的餐饮消费由温饱型向休闲型转变。此话有一定道理。上海菜似乎就成了休闲型的“代表作”。因为无论是“海派”或“本帮”，它们的用料考究，做工精细，出品漂亮，分量偏少而精，可以达到一餐多品种、多口味，休闲自在。这类型菜肴的食客的代表，是来自不同地域、工作在各大商社的白领阶层，当然还有南方人或中、上等消费水平的居民。

过去上海菜给北京人的印象为贵族菜，工薪阶层一般不敢问津。如何在不失品位和特色的前提下把上海菜价格降下来，阿文上海菜的老总阿文认为，纯粹用本帮菜理解上海菜有失公允，本帮菜只是上海菜的一部分，且菜路较窄，重油赤酱，口味单一。上海菜应以海派菜为主。“海派”餐饮文化顾名思义上海派，其核心是杂和化，即吸收中外有价值、有品位的东西，结合上海的人文环境加以改造，以求适应和升华。因此海派餐饮文化是中外并蓄、物为我用的杂家。本帮与海派应该互补互化，并能根据时代的变化和人们收入水平来衍生出被南北食客普遍喜爱的菜肴，才是上海餐饮文化的菜肴发展方向。

一味地沉醉于本帮大菜，不仅价格居高不下，且口味的地域性也在制约其本身。只有兼收并蓄才能长盛不衰，才能迎来上海餐饮文化的辉煌发展。更何况，当今人们的食尚，并不是追求哪个派别，也不是吃数量，而是要吃质量，要吃出精美，吃出情调，吃出个五彩缤纷的大千世界。

刊于2001年8月17日《生活时报》

编著者的话：

从餐饮文化讲，客家菜与北方菜的渊源甚深，但过往在京城却难寻专营客家菜的店铺。

20世纪90年代，广东河源客家人黄云皆在北京创办的老黄牛餐馆连锁店，连开4店，在京城掀起一股广东客家餐饮文化风，可谓风光一时。

后因多处店铺拆迁改造，如今难觅踪影。但其企业餐饮文化之道尚有可鉴之处。

北京的客家菜

由广东河源客家人黄云皆在北京创办的老黄牛餐饮连锁店，以经营地道的客家菜肴为主，开一个火一个，一口气在京城办了4家连锁店，同时把连锁店开到了内蒙古东胜。这个中的缘由得从头说起……

据专家考证，客家餐饮文化的根在中原，源自河洛，即今河南洛阳。两千多年前秦始皇灭了六国后，派遣50万大军向粤挺进，随后又有成批中原人南迁。这些中原人到了广东梅县、河源、惠州以及闽西部分山区后，被当地人称为“客家”。这些客家人来到了南方，在陌生的环境中筚路蓝缕，开辟贫瘠的丘陵山地，耕织稼穑。社会和自然界的种种艰难困苦，砥砺了客家人“刻苦耐劳，坚韧不拔”的精神，浇铸了他们特殊的秉性，形成了独特的餐饮文化，其制作的客家菜也成了粤菜中的一个菜系。

广东客家菜具有选料上乘、色香味俱全的特点，既体现了粤菜制作的讲究，又有北方朋友崇尚的那种经济、实惠，是粤菜中的家常菜，最适合北方人的口味。领衔广东客家菜的是“酿豆腐”“盐焗鸡”“扣肉王”“肉丸子”这四道菜，均由广东客家名厨主理。这些名厨烹出的客家菜驰名美国旧金山、洛杉矶，被海外华人公认为地道的客家风味（鲜、嫩滑、爽），堪称中国一绝！

北京老黄牛餐饮连锁店所经营的客家菜，完全按客家人传统的方式进行加工。如“酿豆腐”如同北方的“包饺子”，但其味道又超越了饺子。“酿豆腐”有一定的历史渊源，中原人南迁后，由于南方缺乏面粉，过年包饺子，只好将豆腐切成角（饺）将馅酿进去。经过几千年饮食文化的沿革，就由北方人的包饺子变成南方客家人的酿豆腐。开国元勋叶剑英元帅是广东梅县人，地道的客家人。每逢过年，他家的餐桌都要摆一盘热气腾腾的“酿豆腐”。他说，过年不食“酿豆腐”，就不算过年。现在老黄牛餐饮各连锁店的“酿豆腐”，所用的黄豆、香菇、胡椒等原料都由广东运到北京，请有丰富经验的老师傅用石磨人工制作。现作现卖，并且可以参观。

又如“盐焗鸡”所选的都是广东的三黄鸡或家鸡（不用肉鸡），焗出来的鸡，皮焦、里嫩、肉香、骨脆，堪称绝活。

还有一味“五指茅桃汤”更具特色。此汤选用客家地区的一种树根。传说：一人久患绝症，离家上山不回。无食饥饿难忍，便挖出形同五指之树根充饥。连食数月面色红润，大病好转。后被客家人选用入汤。此汤味甘、清、净、鲜，别有风味，有滋补作用。

北京老黄牛连锁店的装饰也别具一格。它选用客家民居通用的杉木、草瓦等装饰材料。这些材料均从广东运来，聘请广东客家老师傅采用古老的木结构工艺进行施工，使厅堂颇具客家餐饮文化风格。还以客家人耕作农具为店堂装饰，让顾客在热闹的都市也能体会到广东客家人的风土人情。

刊于《东方美食》1999年第1期

编著者的话：

我到北京老黄牛餐饮集团连锁店调研并采访该店总经理黄云皆，缘自对从未耳闻过的全牛席的惊奇和一无所知。

听了黄总的一番介绍，又亲眼目睹了一道道色、香、味、形俱佳的全牛席菜肴。我叹服黄总头脑风暴般的创新思维和创新情怀，煞费苦心、千方百计地研制全牛席。

餐饮文化的创新需要这种永不囿于现状的思维和脚踏实地努力。

京城“老黄牛”，首推“全牛席”

最近，以经营广东客家餐饮文化菜肴为特色的北京老黄牛餐饮集团连锁店，匠心独具地推出“全牛席”。

该店总经理黄云皆通过调研，了解到全国餐饮有“全羊席”“全鱼席”“豆腐宴”等筵席，唯独没有“全牛席”。据此特点，该店不满足于单一炒牛肉丝、炖牛腩等常见菜肴，力图创新。“全牛席”选用150公斤左右的京郊小黄牛，取其从牛头到牛尾、牛蹄、牛鞭等部位为原料，采用扒、烧、煮、爆、焖等烹饪方法，加工成15道佳肴。

汉族一般不吃整只牛头，可牛头的各个部位营养盛为丰富，特别是牛头的牛皮所占比例很大，其胶原蛋白及胶质蛋白对人体保健美容十分有用。为此，“老黄牛”的厨师经过8道工序将牛头烹制成“红扒牛头”，去骨一分为二装盘呈献给食客，其牛头形象可辨，犹如浮雕，品尝其口味滑爽筋道，可谓色、香、味、形俱佳，颇令人称赞。

更为叫绝的要算“麻辣牛皮”，以往牛皮是制革的原材料，再就是红军长征时曾用牛皮制成的皮带煮后充饥，似乎无人再享用过牛皮了。而今，“老黄牛”的厨师将牛皮经过锅煮、水泡、冰冻等10道工序，精心烹制成美味佳肴，牛皮切片，晶莹透亮，咀嚼起来，津津有味，口感极佳。

刊于1998年10月23日《四川食品报》

编著者的话：

进入21世纪的前10年，我国餐饮文化风起云涌，全国各地的美食进京摆“擂台”，可以说是首都餐饮业的一道又一道亮丽风景线。

昆明人张丁携地道的云南当地食材，在京开了4家“昆明春天”连锁店，由于食材新鲜，口味独特，食客络绎不绝。

进入21世纪第2个10年时，可惜这家“昆明春天”无奈地退出了北京餐饮市场。张丁告诉我，北京的房租太高，难以承受。

来自山野的美食
——昆明春天云南菜

昆明春天餐饮公司的云南菜原料精选产于原始生态极佳的雪山峡谷、碧溪泉水热带雨林。品质绝佳的帕里虫草和野生蕈雪线虎掌、异龙湖虾巴虫、三江松茸、苍山黄荆片等，林林总总，透着清香和嫩爽。仅菜名就令人联想翩翩，如春膳一宝天锅鸡、高原绝版贡山黄麂羊、绿色山珍野生蕈、活色生香鲜花昆虫席等。

云南野山菌蛋白质、氨基酸含量丰富，脂肪含量极低。在云南这个植物王国中，生长着全国最优秀的菌类，如羊肚菌、鸡坳菌、虎掌菌、松茸等，它们深受发达国家人们的喜爱，著名的法国、意大利、日本等高档菜的主要原料就来源于此。云南名厨烹制出列为国宴的，有龙腾虎掌菌、鲍汁竹荪、鸡丝羊肚菌串、羊柳牛肝菌、火焰鸡坳菌、柳林干巴菌等20余道佳肴。比如小山菌，是一种极难运输的优质菌，空运到京，配上越南歌红瓜一起烩炒，其味之鲜美，绝非妙笔可以形容；又如虎掌菌，是1999年昆明世博会开幕式的国宴菜，既可以配龙虾，又可以配鲜花夜来香；鸡坳炖汤比鸡汤鲜美，做菜比味精提味；羊肚菌做菜熬汤，量少而更显珍贵。

刊于2005年11月19日《中国食品报》

编著者的话：

祖国山河壮丽，人杰地灵，物华天宝。如果能游遍大江南北，亲临实地，在山山水水的美景中品味丰富多彩而饱含独特、神秘的多元民族餐饮文化美食，这是我的遐思。

本篇文章讲述了植根于云南得天独厚的丰富动植物资源的滇菜餐饮文化的点点滴滴：云南餐饮文化菜肴的地区特色和民族文化特色；世代相传的美味佳肴；绿色食材特色；闻名遐迩的气锅鸡，滋味鲜美的过桥米线，靠山吃山的云南野生菌美味……

滇菜从味蕾中寻找神秘

独特、神秘、多元的民族文化，壮丽的自然景观，大自然赋予了云南永恒的魅力，这之中也包括了那里的人们世代相传的云南餐饮文化和美味佳肴。

滇菜由三个地区餐饮文化的菜点特色构成。滇东北地区：因接近内地，交通较为便利，与中原交往较多与四川接壤，其烹调、口味与川菜相似。滇西和滇西南地区：因与西藏毗邻以及与缅甸、老挝接壤，少数民族较多，其烹调特色受藏族、回族、寺院菜影响，各少数民族菜点是主体。滇南地区：气候温和，雨量充沛，自然资源丰富，是云南菜点的本体。概括而言，滇菜选料广，风味多，以烹制山珍、水鲜见长。其口味特点是鲜嫩、清香回甜，酸辣适中，偏酸辣微麻，讲究本味和原汁原味，酥脆、糯、重油醇厚，熟而不烂，嫩而不生，点缀得当，造型逼真。

云南餐饮文化的滇菜虽然不属八大菜系之列，但由于地处川、湘左右包围之下，不可避免地沾染了“辣”的习气，云南地理位置独特、民族众多，不同的民族和地区之间也存在着不同的饮食文化的差异，同时云南自古以来一直作为贬谪流放之地，所以也造成了口味上的繁杂。云南菜取材用料的广泛和独特，在这一方面是国内任何一个地方无法比拟的。

云南气候四季宜人，特别是春城。那里的春天花潮如涌，各种花都是滇菜的原料，苦刺花去其苦涩而留清香，金雀花以鸡蓉相拌味清而美，玉兰花烧樱桃肉甜香喷鼻，再加各种初春碧翠的菜肴，可以说，春天是品尝滇菜的好日子。夏而不暑，雨水一来，满山菌子破土而出，二百来种食用菌郁郁而生，瓤青头菌、炒干巴菌、拌北风菌、烧虎掌菌，最妙当然是南国佳味鸡枞菌。四五十种鸡枞菜可自成大席，而所有菌都要吃，就不是三天两天能尝遍的，可以说，夏天也是品尝滇菜的好日子。入秋，昆明远郊近县已是果实累累，红烧板栗鸡、松仁鱼米、白玉宝珠梨、琥珀核桃仁，更兼牛肥羊壮、瓜蔬齐熟，如同丰收交响曲，秋天还是品尝滇菜的好日子。冬来不寒，从冰封雪锁的地方来到这里，正见昆明蔬菜堆积如山，红白萝卜比赛颜色，冬笋豆蒜是当时，妙的是其他季节的蔬菜照样应市。太极白菜、清炒豆苗、清蒸花菜、打挂菜头，碟上碗中，竟无寒色，冬天更是品尝滇菜的好日子。看来，一年之中不论四时，天分寒暑，滇菜总鲜活水灵，热辣腾腾。

也许是天厚云南，丰富的动植物资源为云南餐饮文化的滇菜提供了广泛的原料。在云南，做菜的材料不拘常理，品种繁多的动物和花草、顺手拈来的任何东西都可以入菜。曾看过一段轶事，说一行人在云南的小馆子中吃饭，由于食物不够，老板就当场爬上家门口的大树上摘了一捧花下来给大家炒来吃，竟然喷香可口，让这些外乡游客大长见识。

气锅鸡

气锅鸡是云南餐饮文化独有的高级风味菜，较有特色的有三七气锅鸡、虫草气锅鸡。它的烹制方法特殊，鸡肉细嫩、汤汁鲜美、原汁原味、富于营养，在国内外均享盛誉。早在清代乾隆年间，气锅鸡就在滇南地区民间流传，距今已有200来年。滇南地区建水县所产陶器历史悠久，式样古朴、特殊。当地人杨沥利用建水陶，独出心裁地研制出特殊的中心有嘴的蒸锅，名曰："气锅"。烹饪时在气锅下放一盛满水的汤锅，然后把鸡块放入气锅内，纯由蒸汽将鸡蒸熟。此菜汤汁为蒸汽凝成，保持了原汁原味，肉嫩香，汤清鲜，深得食者赞誉。此后，气锅鸡名传中外，脍炙人口。后来，人们又在气锅鸡中配加云南特产的名贵药材三七、虫草、天麻等，使鸡汤更加味美鲜甜，既增加了营养和保健作用，又别具风味，发挥了气锅鸡营养丰富、滋补强身的优点。

过桥米线

过桥米线以用料考究、制作精细、吃法特殊、营养丰富而深受群众喜爱。主要以汤、肉片、米线和作料做成。汤用肥鸡、猪筒子骨等熬制，以清澈透亮为佳；肉片用鸡脯、猪里脊、肝、腰花、鲜鱼、火腿、鱿鱼等切成薄片，摆入碟内；米线则以细白、有韧性者为好，作料用豌豆尖、黄芽韭菜、嫩菠菜、白菜心等用沸水略烫，切为四厘米的长段；再加上葱花、豆芽、豆腐皮、玉兰片等。吃时用高深的瓷大碗一只，放入味精、胡椒面、熟鸡油、然后将滚开的鸡、肉汤舀入碗内，汤烫油厚，碗中不冒一丝热气，汤端上桌后，切忌急着品尝，以防被汤烫伤嘴唇和舌尖。

先将各种肉片汆入汤中，轻轻搅动就可烫熟；再将米线放入汤内；然后放入各种蔬菜和香菜，再根据个人爱好，加入辣椒油、芝麻油、精盐等作料便可食用。碗中红、白、黄、绿各种作料、食物交相辉映，滋味鲜美。

香茅草烤鱼

香茅草烤鱼是傣族的特色菜，在中国西双版纳和越南都很常见。它有两个特点：一是取青竹片夹住鱼经明火烤炙，故有竹之清香：二是取西双版纳热带雨林盛产的香茅草和香菜，所以带着一股香茅的奇特香味。而最具特色的是鱼肚之内还放有傣家的特殊酱料“番茄喃咪”，喃咪是用小番茄和具有“辣不怕”之称的小米辣，用火炭烧烤之后加入野芫荽、香子（一种西双版纳特有坚果香料）、蒜头、青椒等调料剁碎拌匀之后制成的。香茅草烤鱼的制作法是把白鲫鱼的鳞片去掉，用刀划开鱼背，去掉肠肚杂物洗净，将葱、姜、蒜、青辣椒、芫荽切细，与盐拌拢腌制鱼两三个小时：然后把喃咪放进鱼肚子里，把鱼肚子合拢，用二三根香茅草叶捆好，用竹片夹紧，放在火炭上烘烤。待八成熟时，抹上猪油，继续烘烤5分钟左右，即可上桌。香茅烤鱼味香而酥脆，微辣回甜，极能增进食欲。

皱皮椒炒鲜牛肝菌

到云南来“吃山”是很多到这里的人总结出的一句名言。因为云南的野生菌类极其丰富，如果到了云南，千万不能错过的就是吃菌。干巴菌、牛肝菌、青头菌、奶油菌都是味美佳品。另外，各种山毛野菜数不胜数，树花、海菜都是很好的绿色食品。山珍是云南特产，一般到云南旅游的人都会餐餐离不开炒野山菌。而其中最为有名的又数牛肝菌。牛肝菌肉质肥厚，食味香甜可口，营养也十分丰富，还有很好的药用效果。皱皮椒也是云南的特色蔬菜，个小皮皱，颜色青翠。皱皮椒和牛肝菌，如同文武搭配，牛肝菌肉质较厚，口感滑中有脆，而皱皮椒皮薄爽脆，劲辣，二者搭配无论从色彩和口感上都相得益彰。

特色菜还有……

云南风味荞丝、金钱云腿、椰香泡椒煎牛柳、红烧鸡纵菌、芫爆松茸菌、怒江金沙大虾、高黎贡山烩双宝、大理夹沙乳扇、滇味凉米线、云南春卷等。

刊于2005年11月5日《购物导报》

编著者的话：

“天上九头鸟，地上湖北佬”，不是贬低湖北人。凡是见过九头鸟的人，都十分赞叹这鸟美丽而灵巧、羽毛色泽多变，酷似有九头的鸟儿，夸赞之余回味颇有几分诗意。

“九头鸟”最先飞来北京的是，原武汉公安某派出所所长辞职下海从商的铁汉周铁马，是他20世纪80年代在北京率先创建了鄂菜餐饮文化品牌“九头鸟”酒家。

“九头鸟”开张就爆棚，接着开店10余家，店门前车水马龙，一座难求，在京城搞得轰轰烈烈，让首都人民品尝和享受了鄂菜餐饮文化。

后来，因家族纠葛及企业内部矛盾，又衍生出“九头鹰”“九头凤”“楚天红”“小石灶”等诸多鄂菜品牌。到如今，“九头鸟”“九头鹰”“楚天红”“小石灶”等鄂乡风味仍然香飘京城。

荆楚名肴典故多

荆楚大地，自古就是鱼米之乡。早在先秦，荆楚餐饮文化的菜肴就风行长江流域，在楚文化的影响下，凭借“千湖之省”和“九省通衢”的地理优势，形成以水产为本、鱼馔为主，口鲜味醇的特色，为鄂菜餐饮文化的发展提供了基础。今天，鄂菜餐饮文化的菜肴仍以独特的魅力引领“食”尚潮流，其丰富的美食典故也为人们所津津乐道。最近，九头鹰在北京苏州桥开了第十家分店，笔者采访了总经理周铁马，他介绍了鄂菜餐饮文化的起源发展和历史典故。

鄂菜派系

传统鄂菜餐饮文化以江汉平原为中心，由武汉、荆州和黄州三种地方风味菜组成，包括荆南、襄阳、鄂州和汉沔四大流派。武汉餐饮文化的菜肴花色品种较多，注重刀工火候，讲究配色造型，尤其是煨汤技术有独到之处。荆州餐饮文化的菜肴以烹制淡水鱼鲜见长，各种蒸菜更具特色，芡薄味清，讲究保持原味。黄州菜擅长烧、炒，汁浓味重，富有乡村特色。荆南餐饮文化的菜肴活跃在荆江河曲，包括宜昌、江陵、洪湖等地，擅长烧炖野味和小水产。襄阳餐饮文化的菜肴风味盛行于汉水流域，包括光化、樊城、随州等地，以肉禽菜品为主，精通烘、扒、熘、炒。鄂州风味波及鄂东南丘陵，包括黄冈、浠水、咸宁等地，以加工粮豆蔬果见长，主副食的搭配是其特色。汉沔餐饮文化的菜肴风味植根于古云梦大泽，包括汉口、沔阳、孝感等地，以烧烹大水产和煨汤著称。鄂菜餐饮文化的菜肴制作的特点是：工艺精致，汁浓芡亮，口鲜味醇，以质取胜。方法以蒸、煨、炸、烧、炒为主，讲究鲜、嫩、柔、滑、爽，注重本色，经济实惠。名菜点有：清蒸武昌鱼、鸡蓉架鱼肚、钟祥蟠龙、瓦罐煨鸡、沔阳三蒸、散烩八宝、龙凤配及三鲜豆皮、东坡饼、面窝等数百种。

名菜趣话

周铁马讲述了名菜“龙凤配”的一段传说。相传刘备东吴招亲后，将孙夫人带回荆州。诸葛亮设宴为他接风，命厨师用荆州特产的大黄鳝和凤头鸡精心烹制，此菜深得刘备赞许，遂命名“龙凤配”。在长江中游的鄂东腹地，有一座荷香鱼美、人杰地灵的城市鄂州。早在三国时，鄂州就是孙吴政权的都城，历史原因使它积淀了颇具地方特色的餐饮文化。宋代大文豪苏东坡，当年就在鄂州的游览胜地西山上留下足迹。据说，苏东坡第一次游西山时，小憩灵泉寺中，僧人以寺内菩萨泉水烹茶，用特制的香油麦面、炸饼招待，不想这种酥香松脆的炸饼很合他口味。从此，西山不仅成了苏东坡吟诗作赋之处，更成了他品茗和参禅悟道的处所。1864年，湖广总督官文游西山时，灵泉寺的僧人仍以此饼招待，官文食后询问此饼名称，僧人灵机一动，说叫东坡饼。官文得知饼的来历后，当即题句“门泊战船忆公瑾，吾来茶话续东坡”。东坡饼遂成为著名的鄂州面点。

周铁马说，荆楚餐饮文化的菜肴中还有一道家喻户晓的美味菜肴叫道观鸡。此菜本是因地名而取，可说起它的别名还有个有趣的小故事：在荆州地区美丽的松滋市，很多南来北往的车辆都要经过一个名叫沙道观的小镇。镇上的小饭馆里有位杜婆婆，烧得一手好菜。特别是她作的烧鸡，酱香味浓，令人回味，凡是吃过的人都赞不绝口。许多跑长途的司机和客商经过这个小镇时，都要到杜婆婆的店里来品尝这道美味。就这样，杜婆婆的名气渐渐传开了，很多外地食客也慕名前来，小店的生意也越来越红火。后来，道观鸡又被人们称为杜婆鸡。

推陈出新

周铁马创建的九头鹰酒家继承传统，但不保守，在保持传统鄂菜餐饮文化特有的形、色、汁、味的基础上，深入挖掘和提炼更适合现代人口味的乡土蒸菜、炒菜、炖菜，突出菜肴的肥美鲜嫩和清香。湖北人爱喝汤是有名的。他们特选湖北乡下的土鸡煨汤，在秉承传统餐饮文化的前提下加以改良，使肉味更加醇浓，汤汁更为鲜美。武汉小吃素有“神州一奇”之称，如软润爽口的三鲜豆皮、味道独特的热干面、蓬松可口的面窝和香辣美味的牛肉汤粉等。这些传统美食不仅需要继承，还应不断加以改良，在细微之处体现出楚风楚韵的餐饮文化底蕴，才能让人有常吃常新之感，给人以超值的美食享受。

刊于《中国食品报》2005年第326期

编著者的话：

“物竞天择，适者生存”，这是自然界万物优势劣汰的规律，千千万万餐馆的存亡也是如此。大家普遍认可的是，存在就有合理性。

这家不起眼的“热盆景酒家”餐馆，不仅在繁华地区生存下来，还竟然经营得红红火火。去看看，调查一番，就会发现一点儿也不奇怪，那就是它的菜肴味美，受待见；它的菜肴价位好，受欢迎。

更进一步讲，这家不起眼的餐馆让我们想到，餐馆不在大小，其市场定位准确了就行，其餐饮企业文化贴近市场就受欢迎。

虎坊桥有家“热盆景”

我家住在北京虎坊桥，是京都城南的繁华地区之一。饭馆不少，竞争可谓激烈。常常有开张的，月月也有关门的。几年观察，发现一家名为“热盆景酒家”的餐馆，虽然不起眼，但却热闹非凡，每天中午和晚间，客流不断，红红火火。这另类的餐饮文化，使我产生了好奇，要问个究竟。

店主川妹子高好婕，8年前只身闯荡京城时，芳龄才20。她从成都郊区县招聘的青年厨师，虽然级别不高，但都能炒出地道的川味菜肴。味道好、价格低、分量大，这三大法宝使她经营的这家小店日益红火。4年前，在怀柔县城还开了连锁店。

就是这么简单的“薄利多销”道理，吸引了周围的星级饭店客人、电视制作中心编导、报社编辑记者、歌舞剧院芭蕾舞演员、附近居民……不约而同前往这家小饭馆就餐。群众把这家饭馆的四川家常菜真正当自家的家常菜，自己不做饭，把饭桌搬到了这家餐馆。国庆期间，您也去尝尝吧！

刊于2000年9月28日《生活时报》

编著者的话：

20世纪90年代，北京的美食可谓群雄争霸。坐落在北京大学旁的如意坊鲍鱼王餐厅，是港资投入，其掌门人是阎跃梅。

阎跃梅在经营港味特色美食的同时，以女性特有的视角和悟性，创新企业餐饮文化与品牌。从关注健康美食螺旋藻，创新推出了加入螺旋藻原料的“如意珊瑚糕”“螺旋藻上汤珊瑚贝”“螺旋藻鲍汁海龙丝”“螺旋藻新奇士橙炖燕窝”“螺旋藻太极双色蛋”“螺旋藻扒娃娃菜”“螺旋藻碧绿鲍片”等系列创新佳肴。

当年，如意坊鲍鱼王螺旋藻美食餐饮文化深受京城食客青睐。

如意坊鲍鱼王螺旋藻美食

如意坊鲍鱼王位于北京大学西南角的北大资源宾馆内，背靠北大、清华等名校，紧依硅谷电脑城、海淀图书城，交通极其便利。拥有宴会厅、豪华贵宾厅等大小10余间厅房，散台30余张，可同时接待400余人就餐。

如意坊鲍鱼王是国家特级酒家，以“身体有健康，万事方如意”为经营理念，注重“药补不如食补”，在传统粤菜的基础上，极力倡导新派健康粤菜。独创出许多特色保健菜品：例如“海皇南瓜盅”采用小金瓜为主料，挖空后填入海鲜汤粒，营养丰富、美味可口，尤其造型精致，让人食欲大增。还有“番茄玉米乌梅参”是用海参、玉米粒、番茄、黑木耳烹制而成，是许多三高人群追捧的健康菜品。

如意坊鲍鱼王酒楼采用中国科学院南海海洋研究所生产的海水螺旋藻原料，在店庆五周年之际，独家推出螺旋藻系列菜肴。由于海水螺旋藻的培养与提取均不易，因而产量很少，用于预防疾病和增强体质而食用，一般选用海水螺旋藻片剂，如同吃药，人们很不习惯。如意坊鲍鱼王酒楼为了方便人们食用，将海水螺旋藻入馔。首批推出的海水螺旋藻系列菜肴近20道，有“螺旋藻鲍汁海龙丝”“螺旋藻竹荪烩鲍翅”“螺旋藻新奇士橙炖燕窝”“螺旋藻碧绿鲍片”“螺旋藻三鲜卷拼花枝片”“螺旋藻扒娃娃菜”“螺旋藻太极双色蛋”等。厨师在将螺旋藻入肴时，分别选用姜汁、葱汁、蒜汁及蔬菜汁调味，使其降低藻腥味，增加鲜香味，诱人食欲。如“螺旋藻上汤珊瑚贝”及“螺旋藻茶树菇灯螺锅仔”，用螺旋藻调制后，不仅保持了我国南海无污染贝类的脆鲜、灯螺的鲜嫩，同时使汤汁碧绿可口；还有一道叫“螺旋藻西米露”的佳肴，碗中如碧海、绿波荡漾，一旦入口，滑爽宜人，回味馨香。

螺旋藻于20世纪60年代初被法国科里门特（Clement）博士发现，其营养最全面、最充分，含60%～71%蛋白质、18种氨基酸、丰富的维生素和矿物质。如意坊鲍鱼王酒楼选用的海水螺旋藻来自中科院南海海洋研究所三亚鹿回头生产基地，在海滨珊瑚礁底质的清澈纯净海水中培养，绝无任何污染。

更值得一提的是如意坊鲍鱼王酒楼针对目前农药超标，瓜、菜普遍使用营养素、催化素和畜、禽、水产养殖饲料中添加激素、抗生素的状况，如意坊鲍鱼王酒楼在出品部配置了多台果蔬消毒机浸泡瓜菜也可以洗涤鱼、肉类原料，消毒餐具，分解农药、化肥残留物和杀菌保鲜，保证了菜肴的安全性，防止病从口入。考虑到餐饮业的特殊性，摆台是提前摆好的，经过消毒的餐具等用品长时间暴露在空气中容易形成二次污染，如意坊鲍鱼王酒楼特在包厢中设置多功能解毒机，制定严格的空气净化消毒程序，祛除空气中的有害物质，给食客一个洁净的用餐空间。

与阎跃梅合作　刊于《中国食品》2000年第9期

编著者的话：

火锅餐饮文化历史悠久，经久不衰，近些年来越发红火。热气腾腾的火锅，烘托着众多朋友或家庭聚会的热闹与和谐；映照着对对情侣的温馨情怀……

人们喜欢火锅餐饮文化，也说不出太多的原因。这篇文章道出了火锅餐饮文化的古往今来，读过它，再去品味各地各式火锅，自会别有一番新意，感叹中华餐饮文化的博大精深。

痛快吃火锅，龙年是否依然爱你

近几年来，火锅餐饮文化一直是京城长盛不衰的美食。许多朋友相聚、家庭聚会都愿选择一桌热气腾腾的火锅，一来可以各随己好，点一些自己爱吃的菜品、肉类，解决众口难调的难题；二来可以体现就餐的欢乐文化，突出热闹自然的氛围。应该说，火锅餐饮文化在京城能如此火爆并不是单一的原因，许多餐厅经理、食客也说不出太多的原因。因此本文想从侧面对火锅一一介绍，同时悟出一些火锅餐饮文化之道，展望它的发展趋势。

火锅，在中国已有1000多年的悠久餐饮文化历史。远古燧人氏“钻木取火”，置食物于烧热的石块上烫熟。继而发明釜甑、陶鼎等炊具容器，实际已经孕育了现代火锅的雏形。对此，《礼记》注中记载“中古未有釜甑，释米捋肉，加于烧石之上而食之耳”即可作为佐证。时至明、清，火锅的吃法已盛行于世，烫食原料的选择亦更加丰富精美。嘉庆元年，宫中摆设“千叟宴”，所用火锅1550个，可谓登峰造极的火锅盛宴。

火锅餐饮文化对于我们来说，也是太熟悉不过了。但什么是火锅呢？却说法不一。有人指是食品，也可以叫炊具，还可以说是一种餐饮烹调方法。

《烹饪事典》解释火锅又可称暖锅，是随锅带火上桌，由食客自烫自食的一种炊、餐结合的器皿，这是指炊具而言。同时它又代指食品，如毛肚火锅、鸳鸯火锅、海鲜火锅、羊肉火锅、野味火锅、酸菜火锅、河鲜火锅、梅花火锅、生片火锅、兔火锅、鸡火锅、鱼头火锅等。而涮火锅、烫火锅则是指它的烹制方法。

四川火锅按传热方式可分为两种，一种是用铜、铝等金属专门制造的，有锅身、锅座、锅盖、锅耳、炉桥，用木炭作燃料，火烧在中心的火筒内，借火筒导热烧沸汤汁；烫食食物，这种火锅多用于席桌，如什锦火锅、三鲜火锅。另一种是用锅和炉配合而成的火锅，用小锅放在火炉上烧沸汤汁，再烫煮食物，使用的燃料有多种，有木炭、酒精、煤气、电等，这种形式多见于火锅专营店，四川民间家庭涮食火锅也多采用这种形式。

传统的老灶火锅甚至还在火锅内放置木格或铁格，供数人同锅涮食，它用料、用味独具特色，火锅底汤料考究，注重麻辣，即使在数九寒冬，食之也会浑身发热；这种火锅的另一特色是不仅在秋冬季吃，盛夏季节也同样受欢迎，特别是在号称火炉的山城重庆，盛夏酷暑季节，火锅生意仍然长盛不衰，许多人吃得张嘴咂舌，挥汗如雨，仍然是吃了这次想下次。

火锅之所以受人们喜爱，是因为有以下几个特点：

1. 选料广泛。上至山珍海味，下至白菜、豆腐；天上飞的、地上长的、水里游的，都可作为烹制火锅的原料和调料。

2. 调料齐全。没有作料也就失去了火锅特有的风味，辣椒、香糟、腐乳、韭菜酱，卤虾油、芝麻酱、花椒、酱油、醋、糖、味精等，东、南、西、北各种调味料无所不包，无所不用。根据各地区风土人情及饮食习惯和爱好选配，因此又别具风味。

3. 风格别致。火锅有菜有汤，有荤有素，有麻有辣，有浓有淡，调料众多，既能下酒，又可佐餐，可根据自己的口味、爱好、配料尽随人意。

4. 气氛热烈，多人聚餐，同锅涮食，人人动手，随心所欲，相互协助，边涮边食，席面热闹，兴趣盎然。

5. 烹制简单，只要有锅、有火、有原料、调料，就地取材，即可享用。一不费钱，二不费事，三朋五友围锅而坐，丰俭由人，谈天说地，情趣盎然，阖家团聚，尽享天伦之乐，节日食用更是喜庆倍增。

6. 便于交流。火锅这种进餐方式，同锅涮食，不分尊卑，亲切随意，自然朴实，容易拉近人与人之间的距离，使人与人的情感更容易沟通和融洽。真是“围炉聚饮欢呼处，百味消融小釜中。”

刊于2000年2月25日《北京晨报》

编著者的话：

改革开放后，餐馆蓬勃发展的那些年，我走访调研了京城颇多的餐饮企业，目睹了令人眼花缭乱的餐馆打折花样。这是餐饮企业发展过程中的“文化建设”呢？还是企业为“扩张”品牌摇旗呐喊呢？无疑，是短期行为，在忽悠顾客。

为此，我写了这篇文章并发表在《餐饮世界》上，与大家交流讨论。文中也列举了京城不打折却顾客盈门、常年红红火火的餐饮企业，这些餐饮企业都注重自己的企业餐饮文化与品牌建设和创新发展。

打折的诱惑力

林林总总的打折千方百计地诱惑顾客，其实它只是商家惯用的促销手段。

京城某餐馆为促销竟催生出一件令人费解的怪事情，店前明示开张头一天前100位白吃。由此引来上千人，秩序混乱，不欢而散。这使人不由得想到一些餐馆的促销怪招，比如常见的打折：八九折已不稀奇，七折甚至六折也不鲜见，还有1元1斤的基围虾，10元1条的蒸鳜鱼，更有啼笑皆非的一些事：一伙食客在某餐馆酒足饭饱之后，扬长而去——“吃100送100，不就是白吃嘛，干吗找俺们要钱?”原来送100是返券还是送钱，没有说清楚；一拨食客结完账，将桌上的酒及饮料统统带走，其因是就餐赠酒水，而未注明要在店内饮用。

按常理，打对折，店家难有赚头，打六折、七折利就很薄了，那吃100送100，铁定赔了。更有甚者，吃100送108，岂不倒贴了！让顾客难以置信。其实，大家都晓得买的不如卖的精，店家能倒贴着为人民服务？再者说，折打到这个地步，菜点以及服务质量能保证吗?

凡此种种打折促销，餐馆老板解释说，为了聚人气。如此打折，竟也培育了一大批精明的消费者，京城几乎天天有饭馆开业，哪儿打折去哪儿吃。打折时，餐馆门前车水马龙，候餐者排成龙；等你不打折时，门前已可罗雀。为了聚人气，开业之后折扣不断，数月下来亏折血本。为谋利，进质次价低的原料；为增效，聘技差薪少的员工。如此一来，菜肴质量难保障，招来投诉不断。撑不下去的，债主盈门，只好关张。这都是不合理价位促销，不正当竞争而自食其恶果。尤其严重的是，被极具诱惑力的打折千方百计地诱久之，可能产生餐饮业的“诚信危机”。

当然，上述某些打折餐馆并非京城餐馆之主流，京城不少长胜不衰的餐馆，常年不打折，甚至数十年不打折，有的只是在节假日打九折或八八折，偶尔打八折酬宾。比如，坚持12年不打折、12年天天红火的家常菜大众餐馆“北容酒楼”总经理石万荣说，卖的是货真价实，不玩虚的；5年开3个店，天天爆满的“海碗居炸酱面大王”，一大碗炸酱面，“面码”8样，才卖8元钱，恕不打折，促销理念是薄利多销；高档的顺峰酒楼，环境幽雅、服务上乘、菜品极佳、口味高雅，定位就是高档消费，从不打折；老字号全聚德百年传承，诚信营销，童叟无欺，仁德至上，全聚时刻必选此去处，自然能聚钱财，何须打折促销。列举的这几家成功企业，它们的目标顾客明确，经营理念各有所长，促销手段各有特色，但都共同做到了合理的价格定位，在确保菜肴质量的前提下，千方百计降低企业自身的经营成本，创造盈利，步入良性循环的轨道正常发展，没有任何功利主义的短期营销行为，因而才使企业有了持续的发展。

有利可图，才能使餐馆利客利己，常年不衰、兴旺发达。其实，餐馆的促销方式很多，不乏成功的典型案例，究竟哪种促销方式更为有效，要针对自己餐馆的市场定位和促销的近期、长远的计划权衡选择，赢得顾客更重要的是赢得更多的回头顾客。诚信营销、价格合理、保证质量、加强管理，才能步入良性循环。

打折是商家惯用的促销手段，餐馆打折不打折得由老板说了算，消费者普遍有图便宜的心理，当然欢迎打折。笔者倒不是一概不论地反对打折促销，如果通过合理打折使老板有利可图，也让消费者得到实惠，促进供销两旺，那确是件双赢的好事。

刊于《餐饮世界》2004年10月号

编著者的话：

中餐快餐曾是我国餐饮业界有识之士的一个难解的心结。

李静伟钟情于餐饮业的中餐快餐文化，致力于把“老孙家泡馍”引进到河南，创新推出“金太阳”快餐，誓与洋快餐争雄，在20世纪90年代曾红火一时。

期待“金太阳”升起

1997年10月18日，《郑州晚报》在头版显著位置报道，《糖酒会上升起“金太阳”》，副标题是：河南金太阳食品公司快餐产品一天之内订货1.8亿元，创出了全国糖酒会快餐食品日成交额的最高纪录。《河南日报》报道，不做广告，照样订货。牛羊肉泡馍一炮打响。中国消费者报专门发表评论员文章，称金太阳中国泡馍是中国民族快餐食品的一面旗帜。中国牛羊肉泡馍的问世，使我们看到了中华民族饮食文化的再次崛起，听到了振兴民族快餐食品业的先声，坚信民族快餐食品定会振兴。“金太阳现象”一时成为社会各界关注的话题。在全国糖酒会上，金太阳签订1998年经济合同5.8亿元。

专家们预测：中国将是世界上最大的快餐食品市场。这不仅是“金太阳”发展的机遇，也是整个民族快餐业千载难逢的发展机会。中华民族快餐的味美、营养，加入西式快餐的省时、便捷，正好迎合了21世纪快餐革命的节拍。

“如果没有自己的民族产业，没有自己的拳头产品，这个国家就没有前途。”“要创造中国自己的名牌，否则就要受人欺负。”邓小平同志视察南方时的讲话，道出了中国人的百年愿望。90年代的今天，国人惊奇的发现与改革开放之初何其相似：我们吃的是“麦当劳”“肯德基”；喝的是“可口可乐”“百事可乐”；中国四大方便面也都是外资或中外合资企业。中国人并不希望自己的市场被别人掌握，然而摆在我们面前的现实是：民族企业暂时还缺少竞争的资格。

中国市场实在太大了，12亿人每人一天消费10元就是15亿美元。有的外商宣称，不惜30亿美元，也要在中国占有绝对的市场份额。这些国际大公司都是出于全球战略考虑，而一旦他们控制了市场，投资开始盈利时，我们的民族产业和国内市场必将受到巨大的冲击。

鲁迅曾自喻为牛：我吃的是草，挤的是奶。可惜中国人喝的是水，被挤走的却是大把大把的钞票。历史在翻滚着，我们被挤走的，仅仅是钞票吗？不，还有我们的民族精神和民族灵魂，还有我们民族产业的兴旺发达之路，还有我们的12亿炎黄子孙自我发展与创造精神，以及跻身于世界民族之林的面貌……

中华民族的历史是最文明、最发达的文明史。华夏子孙的吃、穿、用等日常生活是在这片古老神奇的土地上进行并形成的。然而，中国面条传到日本，日本日清公司发明了风靡全球的方便面；面条传到意大利，成了风靡全球的意大利面条。而今有些中国人不知该吃什么，选来选去，似乎只有吃外国的，才算是找到了感觉。难道连历史最悠久、最优秀、最具民族特色的快餐食品也要落后于西方，将世界最大的快餐市场拱手让给外国人吗？据报道，美国创造食品公司欲投资1.4亿美元在北京开发中式快餐，这1.4亿美元相当于北京餐饮业几年的纯利润。如投资成功，日产设计能力可为40万人提供用餐，其来势之凶猛，的确是“大敌当前”。另据报道，现在法国的石头面包，即中国的馍风靡全球，并扬言开发供应中国市场。有朝一日，当地道的兰州牛肉面、热气腾腾的陕西泡馍、黄灿灿的天津煎饼果子、麻辣辣的四川担担面、飘香的上海小笼包、荷叶清香的广东糯米鸡……这些代表千年饮食文化的民族食品成为洋人进攻我国民族快餐业的武器时，我们将怎么办呢？

洋人是不等我们的，而我们又等待什么呢，又为什么要等待呢？我们并不期望抵制“洋货”。然而，洗刷日常消费中盲目的“崇洋”意识和“攀比”心理，培育市场经济下国人日常生产和消费中的爱国情结与国货情思，提高国产品牌的质量，却是刻不容缓的！

刊于1998年10月5日《烹调知识》卷首语

编著者的话：

改革开放之初，国际知名品牌快餐企业一举进入我国餐饮市场，挤压国内稚嫩的中餐快餐业，引起“红高粱”等快餐企业奋起叫板。

本篇和“‘六合佳’的掌门人曹彬——只想圆个中式快餐梦”2篇文章，记述了当时身为某大酒店的行政总厨的曹彬站出来，要与国际知名品牌快餐誓比高低，遂引进宝岛资本，成立了北京永乐嘉公司，势头很好，后因种种因素夭折了。

前有车后有辙。曹彬创办中式快餐的历程及其文化仍不失借鉴价值。曹彬后来自主经营中餐正餐。

北京永乐嘉公司创中式快餐新模式

10年前，国际知名快餐相继进军我国市场，在北京、上海、天津，“荣华鸡”“红高粱”等中式快餐起而应战。中西快餐之战一时风风火火，造就了一批民族快餐英雄。由于资金不足，管理缺乏系统化，产品研究力量不够等原因，不少中式快餐并没有进入良性发展。但中国各界人士都在密切关注中式快餐的发展，社会呼唤源远流长的中华饮食文化理应产生的无愧于时代的快餐名牌。一个整合了国有企业、海外华人与快餐专家的北京永乐嘉食品有限公司于1999年新春之际创立，拟在上半年向社会推出全新的中式快餐企业模式，继续为中式快餐的发展与突破而前仆后继，一往无前。

精英聚集永乐嘉

成功的企业都有一个不争的事实：以人为本。聚合人才，是永乐嘉公司继承传统饮食文化与借鉴西式快餐运作经验，创出中式快餐模式的最佳途径。

年轻的总经理曹彬，有着丰富的中、西餐饮管理经验。曾出任五星级大酒店的行政总厨师长，并在国内国外的烹饪大赛中多次获得金牌。多年来，曹彬奔波于世界各地，与国际餐饮与快餐界权威人士一起工作与学习，殚精竭虑探索国际快餐的先进模式；同时深入到国外食品企业中卧薪尝胆，潜心学习并吸取国际食品研究的领先科技，努力与中国传统烹饪技术相结合，为中式快餐食品的研究与开放打下了很好的基础。目前，他与烹饪界的各菜系大师、营养界的专家们，一同切磋技艺，博采中国烹饪的独特技法，然后经过改造，将制作步骤量化、标准化，使之达到可以工业化生产的目的，为发展中式快餐奠定产品技术基础。

海外华人凌伟永先生出身于一个餐饮家族企业，有着丰富的资本运营经验，为永乐嘉公司走资本运营的发展之路奉献着力量。

为吸取中华文化的优良养分，营造独特的企业文化，一位多年从事古代文化研究的老教授为永乐嘉日夜操笔，撰写文稿。在国际知名品牌快餐店里工作多年富有经验的众多人士，出于追求中式快餐事业之理想，也投身于永乐嘉公司。还有很多有志之士加入到了永乐嘉的行列中来。国内快餐业几位知名的实干家被永乐嘉公司聘为顾问。精英聚集永乐嘉，将为创出中式快餐的新模式奉献心血和智慧。

研发美味养生的智能食品

人类的体质主要依赖于饮食结构。永乐嘉公司从祖国“药食同源”“滋补养生”等传统理论中吸取精华，从烹饪原理和食物化学的角度来对其传统烹饪方法进行分析，借鉴目前正流行于欧洲的“工程食品”营养结构，研制和开发出一系列既美味又养生的智能食品，如翡翠云吞面，面条碧绿、云吞滑润，浇以鲜香的滋补骨汤，使植物蛋白与动物蛋白有机地结合，区别于西式快餐以动物蛋白为主的饮食结构。又如把咖啡加入豆浆中，调制成的咖啡豆浆，在味道好的前提下，摄入了优良的大豆蛋白。“中西合璧”的食品创意尽显其中。同时，为了响应国家农业部实施的大豆行动计划，永乐嘉还将开发一系列豆制食品。在美味的前提下，达到健康养生的目的。

推行符合人体营养所需的科学膳食结构，是有效改善国人体质，减少多种疾病的重大工程。永乐嘉公司研发了200多种智能型食品，许多技术已属于专有技术，为此付出了较大的财力和物力。这些科研成果除了在永乐嘉开设的“六合佳”快餐店、“六合久”速食店中露面外，一部分将通过北京市商委与粮食局实施的“主食厨房工程”向广大人民群众供应。旧时皇家贵人膳，飞进寻常百姓家。

营造典雅、现代的快餐文化

永乐嘉公司总经理曹彬说：“西式快餐在中国的成功，自有它的道理。我们需要研究与借鉴但绝不简单模仿。不同的民族文化产生不同的饮食习惯。一味地模仿，中式快餐永远不会走向成功。应该不忘传统还要善于借鉴。我们开设的‘六合佳’快餐店的标识，就是由汉字‘合’演化而成，‘合’与‘和’带有浓郁的中国哲学的调和色彩。我们在资金组合、人才组合、企业整合中也体现了这一哲学精神。我们推出的是一个随着消费者个性需求而变换经营格调的全新模式。”

这个经营模式是基于大量深入、细致的市场调查而探索出来的。当我们工作了一个上午后，饥肠辘辘，迫切需要尽快填饱肚子，接着投入下午的工作。永乐嘉开办的六合佳餐厅将为我们提供美味的午餐，快捷的服务和清洁的环境。价格不高，还让我们吃得又饱又好，达到营养平衡的目的。这不正是忙碌的人们理想的午餐去处吗？

有时，请朋友到一个弥漫着时而《梁祝》、时而《春江花月夜》的温馨环境，品尝着诱人的中西美点，饮一杯清香的咖啡豆浆。心绪宁静了，情感交流了，说不定还能谈成一笔生意呢？六合佳就为你营造了如此休闲的下午茶空间。

晚餐需要放松些。亲朋好友，阖家老小，欢聚一起吃一餐有滋有味的中华美食，畅叙幽情。但想多待些时辰又不愿花费许多银两，那就到六合佳餐厅去吧！

对比产生美。古朴的瓦当图案与现代瓷砖的组合，是六合佳餐厅的建筑风格之一。由汉字演化而成的标识，用白色为主调，红、黄两色点缀的传统服饰，无不渲染出浓烈的民族特色和时代气息。

现代快餐文化植根于民族土壤中，这是永乐嘉公司的追求。

三大战略造就品牌

1999年，世纪之交，百年一遇。在即将到来的21世纪，博大精深的中华饮食中，同样必将产生中式快餐品牌。永乐嘉公司将实施三大战略，努力去完成这一使命。

（一）大市场战略。永乐嘉公司首先在北京地区实施第一期发展计划：5年内开设50家名为“六合佳”的快餐店和“六合久”的速食店。两种店态将覆盖北京的主要商圈。今年5、6月开业的第一家“六合佳”快餐店初步选定。第二期计划将店铺开到上海、广州、香港、澳门以及世界各地。

（二）大企业战略。永乐嘉公司将整合数十家企业，形成中式快餐产业的态势。与北京市粮食系统、厨房设备制造企业、广告公司等相关单位建立了紧密的协作关系。试验厨房和配送中心正在发挥应有的功能。“六合佳”快餐店和“六合久”速食店也将以特许加盟连锁形式发展。

（三）大文化战略。永乐嘉公司将以“中餐为主，中西合璧”为原则，继承祖国传统饮食文化，融合西方饮食文化的精华。元朝时期从中国传入西方的馅饼，经过他们改造之后，作为西式快餐的代表产品之一，又在中国受到消费者的青睐。这正是抛弃了狭隘的民族主义，反而更能发挥本民族文化的大文化观念。国际快餐品牌的先进经验，西餐中的经典及其独特的制作技艺，都是永乐嘉公司借鉴与研究的内容。

刊于1999年5月4日《现代企业报》

编著者的话：

本篇文较为详细地记述了国内“红高粱”与“永乐嘉”两家中餐快餐企业在创新发展中餐快餐饮食文化的过程乃至点点滴滴的细节，值得从事中餐快餐业的同行们吸取经验与教训，中餐快餐业发展难的原因在哪里？路在何方？

中式快餐再向虎山行

提起中式快餐，人们似乎只有拾起往日的记忆才能想起，因为若干年前风风火火的“荣华鸡”“红高粱”着实让国人兴奋了一阵，但一切的高潮随着同麦当劳、肯德基等洋快餐叫擂的失败又归于安寂了，在随后铺天盖地的舆论中，经验总结了不少，教训也列了无数，归根结底，有一个结论是共同的：中餐搞不成西式快餐。这个结论在中式快餐店每况愈下的情境中似乎得到了最有力的印证，中式快餐似乎正一点点从人们的脑海中褪去。然而1999年春节刚过，却又有中式快餐跃跃欲试了，眼看着遍地开花、熙熙攘攘的洋快餐店越办越红火，为什么还有人如此执着，偏向“虎山”行呢？

新近从国家内贸局传来的消息说，去年全国餐饮业营业额实现2783亿元，同比增长15.7%，发展速度位于国民经济各行业前列。国家内贸局预测，今年餐饮市场将继续保持稳定发展势头，增幅可保持在15%左右，全行业年营业额将突破3000亿元。据分析，去年餐饮业的特点是高档消费继续减少、私人与家庭消费持续上升，就餐更加追求经济实惠，餐饮企业经营方式更趋多样化。餐饮业的红火吸引社会投入增加。大势持续看好，为中式快餐重现江湖提供了契机。

六合店全面出击，合资出重拳

今年5月，以“六合佳”为店名的中式快餐店将在北京开业。六合佳是由境外的永乐投资与管理有限公司和北京市粮食局所属全佳食品中心共同投资成立的永乐嘉食品有限公司来投资、管理。据永乐嘉食品有限公司总经理曹彬讲，他们邀集了国有企业、海外华人和快餐专家共同投资，第一期已筹集250万美元，他们将借鉴洋经验，确立资本多元化、管理系统化、产品科技化的企业理念，用三大战略开辟市场：

第一是大市场战略。首期计划五年内开设50家名为“六合佳”的快餐店和。“六合久”速食店，覆盖北京的主要商圈。第一家“六合佳”快餐店店址初选工作正在抓紧进行，预计今年五、六月间开业，八、九月间第一家“六合久”速食店开业。第二期计划把店铺开到上海、广州、香港以及世界各地。

第二是大企业战略。公司将整合数十家企业，形成一个中式快餐产业的态势。北京市粮食系统是他们的首选对象。目前，已经同北京市的厨房设备制造企业、南京的广告公司等相关单位建立了紧密的协作。“六合佳”快餐店和“六合久”速食店作为这个产业的“终端”，也将以特许加盟连锁形式发展。

第三是大文化战略。即能够融合外来文化，更好地发扬本民族的文化。“中学为体，西学为用”原则，也是一种“大文化”观念。他们将扎根于中华民族的沃土中，同时融合西方饮食文化的精华，借鉴与研究国际知名快餐业的管理经验，由此整合出的模式，将容纳到中式快餐文化的范畴之中。

中式快餐发展缓慢或不成气候的原因之一是资金不足。我们仅有美味的品种，简单的模仿人家的经营模式，是远远不够的。“六合店”的“掌门人”、即将让中式快餐重出江湖的曹彬面对记者的采访娓娓道出他的生意经，只有引入资本运营的概念，把资金进行多元组合，建立完整系统的管理模式，再把快餐食品的研究和开发提高到高科技、高技术含量的层面上来，才能创立一个站得住的中式快餐品牌。

“后人哀之而不鉴之，亦使后人复哀后人也。”曹彬用《过秦论》中的话来总结他对中国快餐业十年发展的反思。这位曾任职中国大酒店行政总厨师长，又在美国创建公司、当过食品研究与发展总监的“老餐饮”，被评价为“既懂烹饪，又懂快餐，还懂英语，是全才。”他认为，只有资金多元化、管理系统化、产品科技化，才能使中式快餐迈向良好的发展之路。

在这个思想指导下，我们看到曹彬的中式快餐不是在别人城池下搭锅埋灶起竞争，而是从完善自我，针对市场入手轰轰轰烈烈地拉起大旗。

据了解，永乐嘉聚集了一批有志于发展快餐事业的人才。他们中有掌握了丰富资本运营经验的海外华人；有著名的烹饪大师、面点大师；有富有实践经验的营养专家；有来自国际知名快餐企业的管理人员。为了建立有中国传统特色的企业文化他们还请来了多年从事古代文化研究的老教授，也聘来了曾参与国际品牌竞争的先驱者作为顾问。人才的汇聚，奠定了永乐嘉公司实现管理系统化的基础，目前，快餐店所需的营运系统、采购系统、培训系统、营销系统、产品研制开发系统等管理系统已建成。在资金设备保证的前提下，实验厨房已经研制出200多个定型快餐品种。

曹彬说，西式快餐在中国的成功，自有它的道理。我们需要研究与借鉴，但绝不简单模仿。不同的民族文化产生不同的饮食习惯。一味地模仿，中式快餐永远不会走向成功。应该不忘传统还要善于借鉴。我们开设的‘六合佳’快餐店的标识，就是由汉字‘合’演化而成，‘合’与‘和’带有浓郁的中国哲学的调和色彩。我们的资金组合、人才组合、企业整合中也体现了这个哲学精神。我们推出的是一个随着消费者个性需求而变换经营格调的全新模式。

试想一下，到一个弥漫着时而《梁祝》、时而《春江花月夜》的温馨环境，品尝着诱人的中西茶点，饮一杯清香的咖啡豆浆，心绪宁静了，情感交流了，该是一种怎样的惬意呢？六合追求的就是如此休闲的茶饮空间。

餐厅内古朴的瓦当图案与现代瓷砖的组合，是六合佳餐厅的建筑风格之一。由汉字演化而成的标识，以白色为主调，红、黄两色点缀的传统服饰，无不渲染出浓烈的民族特色和时代气息。

5月，曹彬将以永乐嘉食品公司的开业，宣告中式餐厅再战江湖。其实，这只是个序幕，因为曾经以挑战洋快餐为号召，大红大紫旋即又销声匿迹的“红高粱”，带着比以往更成熟的商业思考也将卷土重来……

“红高粱”再现江湖，书写大手笔

北京东单路口，一间几百平米的铺面，内部装修已近尾声，这将是“红高粱”在北京新开的第一间店，与此同时，东直门和前门面积更大的店也在洽谈之中。2年前“红高粱”的“掌门人”乔赢以在全国各地40多间连锁店的汹涌气势，以挑战洋快餐为号召，在北京掀起中式快餐的第一个高峰，然而仅一年时间“红高粱”陷入了亏损的泥潭，他们的连锁店先后在北京、上海、深圳、郑州等地消失了，此次重现“江湖”该会有怎样一番作为呢？

“我们一直在寻找东山再起的机会，这次我们准备用3年的时间在全国新开100家连锁店。”乔赢近日在接受采访时向记者透露了他们的“战略”计划。与曹彬立足北京走向世界相比，乔赢似乎更钟情于本土作战，但有一点相似的是，他们都意识到了资本的重要性，都采取了股份制形式。据悉，“红高粱”此次资金的来源于青海某信托投资公司和其他一些入股公司。作为中式快餐的“先驱”和亲历者，乔赢对中式快餐发展的反思和结论是具体而思辨的。从过去的民营体制到今天的股份制，乔赢意识到灵活机制也有弊端；从挑战洋快餐叫响品牌到今天依然与麦当劳背靠背开店是图洋快餐“聚客力”的反省，乔赢承认在追求码头效应方面确实走过了头。量力而行，恐怕是“红高粱”最应汲取的教训，即使是在今天有庞大的资金做后盾。

两家快餐店即将重新开张，虽然不如前几年炒作得那样火爆，但也早已引起了众人的注目。正值春季，万物萌芽，此时中式快餐箭在弦上，一触即发。火爆也好，平淡也好，当我们的中式快餐店里也人流如织时，我们就不必在乎姓洋姓中了，因为毕竟洋快餐不至于令中国老百姓舍弃川鲁粤，而中式快餐也不会使M大叔、K大叔门可罗雀，自己走自己的路，何必自寻争端落得堂吉诃德式的笑料。正如某报对此的评论：生意就是生意；和气生财，同喜！同喜！

刊于《投资与合作》1999年第11期

餐饮企业人物

编著者的话：

新中国的同龄人杨宗满，乃全聚德第四代传人杨福来之女儿，全聚德第五代传人。

我与杨宗满相识很久了，和大家一样，我十分敬重她。她极有人格魅力，对人和善、诚信、热心，对工作负责、专心、勤恳，有很强的工作韧劲和能力，有很亲和的团队合作精神，有持续的突出业绩。

和她接触越久、了解越深，我越加感到自己有责任向餐饮业推介杨宗满的既传统又创新的餐饮服务文化精神和感人的创新情怀，它敦促我完成了这篇文章。

20世纪70年代中，杨宗满插队返京后，组织上安排她到其老祖宗传下来的老店工作，传承全聚德传统餐饮文化和技艺。全聚德自1956年公私合营并改造后成为国有企业，与杨家本无干系。但她勤奋好学，干得风生水起，荣获北京市优秀共产党员称号，还被评为北京市劳动模范。她传承并创新发展了全聚德传统服务文化的精髓，诚心、热心、贴心服务，联系的客户遍及全世界，为祖国赢得好声誉。

其实，杨宗满还有很多事情感动着我，值得去写，这篇文章只写出了点滴。譬如，她敏而好学，年近50岁时还担任着全聚德前门店副总经理，工作很忙，可还是拼命挤出工作之外的时间，大老远地奔到清华大学读MBA硕士班。硕士班毕业了，又奔到中国人民大学读博士班，不断努力地充实提高自己理论知识水平。更可贵的是，她一直在工作实践中身体力行。

杨门女状元

杨宗满兄弟姐妹5人，她排行老三。家中男儿已另择他业，可按杨家老规矩“传男不传女”，父亲不让她学习烹饪技艺。然而，杨宗满从小就对烤鸭和各式菜肴的制作充满好奇。她经常向来家找父亲议事的厨师询问烹饪菜肴的门道。正当她说服父亲同意让她学习厨艺时，“上山下乡”的浪潮把她推向北方。

10多年的东北插队生活，使杨宗满养成了踏实、坚韧、乐观、进取的美德。当她返京时已过而立之年，且是两个孩子的母亲了。“人过三十不学艺”，可是杨宗满偏不信这个邪，她要重圆学习厨艺梦。组织上照顾杨宗满，分配她到杨家祖业的发祥地前门全聚德烤鸭店厨房工作。干惯了粗农活的双手拿起小小刻刀，雕琢精美的萝卜花是何等的不易，杨宗满却毫不畏缩。为了夺回失去的时光，她早出晚归，顾不上照看孩子，抓紧一切时间虚心向老师傅学习，在练习中手被刀子划破，她一声不吭，贴上药膏照常练。为了提高拼摆技艺，她经常到公园观察花、鸟、鱼、虫的形态，参观民间艺术展览，反复琢磨其神、形用于实践。为了博采众长，她到四川饭店、人民大会堂等处向名师求教。最难忘是她“考状元”的1987年。对一个不是科班出身却是半路出家的女性学艺者，真难！要超出常人数十倍的努力。且不说闷热天写论文，修改的稿纸有一斤多重。单说那数斤重的炒勺，要反复数十次、数千次的翻动，就够她受得了！腕力不足，反复练，手腕练肿了，坚持练，直到运用自如。在练习考试科目四菜一汤的拔丝苹果技艺中，用劲不当烫伤手指，至今右手食指还留有疤痕。当时医嘱休息半月，但她仍然坚持天天练。考试那天她手指缠着纱布上场，临场高水平的发挥博得众评委一致赞许，考取了国家特级烹调技师职称。

这几年，杨宗满担任了前门全聚德烤鸭店公关销售部经理兼总经理助理。但她一直没有离开第一线，每天楼上楼下往返数十趟，里里外外忙个不停。她敏锐地发现餐饮业竞争日剧激烈，提出改变“皇帝女儿不愁嫁”坐店营销门前生意的旧观念，采取主动服务、全员推销、信誉第一的公关策略。她身先士卒走访各大饭店、公司、商社，建立联系。一次，她冒着大雨如约前往一家公司签订餐合同，使对方深为感动。诚招天下客，杨宗满带动的公关活动见成效，现已有20多家旅行社和涉外饭店与烤鸭店建立了常年就餐业务关系，使烤鸭店客源淡季不淡，旺季更旺。

仅去年新增客源网点10余个，这一项，每月就为企业增加收入10余万元。

全聚德生意红火，声誉与日俱增。慕名前来请杨宗满亲临指导、拜师学艺的人也越来越多。每每遇此，她都欣然应允。杨宗满不辞辛苦去昆明、宝鸡、西安等分店传授技艺，培养了许多技术骨干。一次，刚到包头因水土不服全身不适，但第二天有重要宴会，菜品需要她亲自把关。她强忍痛苦坚持到场主持制作，使宴会菜质量受到宾客高度赞扬。还有一次，她刚献完血在家休息，听说台湾派人来听她讲课，她二话没说马上前往。国内、国外饭店老板似乎看重杨宗满是全聚德第五代传人这个名号，纷纷想以高薪把她挖走，但她总是婉言谢绝。她的思想已跳出了杨家一门一户的境界，她说："我热爱全聚德老字号，热爱我的祖国，我离不开它们。"

与李敏合作　刊于1995年11月10日《人民日报（海外版）》

成功无悔当初

人世间，常常有歪打正着之事。

从事了大半生科技工作的沈青原本与干餐饮无缘，没承想阴差阳错地干上这一行，却干出了名堂。一个开创餐饮业知识产权保护先河的"扒猪脸"专利，名震京城，享誉海内外。一个门外汉，把个金三元酒家搞得热气腾腾，在业内独领风骚，这由外行变内行的奥妙，所蕴涵的辩证哲理，颇让人回味。

蓝天锁乌龙

沈青最初和节能环保结缘，是1967年。他在一家变压器厂工作，厂里搞"忆苦思甜"教育，到一个落后的小矿井参观。这是沈青平生头一遭下矿井，环境的苦，工作的辛劳，让他目瞪口呆。回来后，他像得了"魔怔"，逢人总说："采煤那么苦，能源那么宝贵，我们不能浪费啊。"1978年，党的十一届三中全会的召开像一股暖流涌进了沈青的心头。已进入中年的他，珍惜时光，加快了人生旅途的步伐。组织上让他出任牡丹江市工会教育部长，短短几年间办起了牡丹江市第一所电大，全市1800人读完了五年制函授本科大学，受到教育部长何东昌的表扬。正当他在成人教育事业上展现才智之时，沈青心中的夙愿，投身锅炉改造、节能环保的事业，促使他下了决心，辞去了政府职务，于1985年创办了牡丹江市技术改造服务公司。

如今，当沈青听到别人称自己为专家时，常自嘲地一笑：“没错，节能环保，我是从‘家’里‘专’起的”。一个知识分子，想搞一点“绿色事业”，也只能从家中开始。从1966年到1973年，沈青利用自家的“一亩三分地”，试制了几十种节能炉灶。1974年，他又搞成了“家用明火反烧炉”。这种炉子，燃烧时黑烟不外冒，而是返回炉内再烧一次，达到了充分燃烧的目的。在沈青的帮助下，不少亲朋和左邻右舍用上了他改制的节能炉。大家感谢沈青，沈青礼貌性地陪着咧咧嘴……他刚从一份资料了解到我国节能环保的现状，高兴不起来。

我国有工业锅炉55万台，窑炉16万座，由于设备技术落后，锅炉平均热效率不足50%，窑炉就更低了，而国际热效率先进水平则在80%以上。热效率不高，不仅浪费了能源，而且污染了环境。据测算，全国锅炉年烟尘排放量已经超过了1000万吨，这是一个多么令人恐惧的数字！不是没有人治理过，而是人们多把精力放在“尾部治理”——除尘上，投资大，用水量多。而沈青通过“家用明火反烧炉”等研究，已经探索出了一条新路：从头治理，让燃料充分燃烧。这样既节约了能源，又从根本上解决了环境污染。揣上这样一个“金刚钻”，沈青的目光已不局限在小小的家用炉灶上，他想的是全国那数十万的工业锅炉。

新公司的成立，沈青如鱼得水，开始偿其夙愿。当地，有个堪称环境污染“首户”的锅炉：55米高的大烟囱，一排烟就“黑云滚滚半边天”，黑度超过国家标准2倍，浓度超标20多倍，附近居民深受其害。这家锅炉所隶属的工厂也每年为此付出60多万元的罚款。为了治理这条烟龙，厂领导曾花巨款请专家前来号脉，但收效甚微。正在这时，沈青主动找上门来。厂方的态度很冷淡，专家都没拿下的项目，你十几个人七八条枪的小公司能“玩得转”？沈青见进攻受阻，就迂回找到环保部门。厂方不好驳环保部门的面子，又不想让沈青他们参与，也想了个招，大幅度地提高各项改造指标，时间只给15天，而且，改造成功了，也只奖10%，失败了却要包赔全部损失。面对如此苛刻的条件，有人劝沈青打退堂鼓，而沈青却一拍桌子：倾家荡产，也要降服这条烟龙。

半个月过去，前两次改造都失败了。厂家个别领导坐不住了，开始冷言冷语地往外轰人。沈青恳请再给7天时间。停炉刚24小时，炉内的余温还有80℃，他就带着助手钻了进去。7天后，这台锅炉的节能环保数据全部达标，有的还超过了合同要求。成功了！沈青的成功不仅在于锁住了当地环境污染的龙头，而且在于从中总结出了以蒸汽助燃器为主体的一整套锅炉综合节能改造技术。其中蒸汽喷射消烟助燃器于1987年获得了国家专利，并荣获了国家星火计划三等奖。

“蒸汽喷射锅炉消烟助燃”技术能使炉温提高100～200℃；降低炉渣含碳量，节煤7.5%以上；锅炉出力提高10%，效率提高5%以上，林格曼黑度降至一级以下。其可适用于0.5～35吨的各类工业锅炉。在30多种炉型200台锅炉上使用，取得了明显的效果，且有的用户使用已经超过了10年。

这项技术如能在我国的50多万台工业锅炉上推广，每年可节煤3000万～6000万吨，价值60亿～120亿元，可防止这些锅炉每年把超过1000万吨的烟尘排放进大气中。经过改造的锅炉，不但能减少这些污染，还可将蒸汽及烟尘中的废热重新利用。这项技术引起宋健、卢嘉锡、曲格平等国家领导和国家环保局的高度重视。

正因“蒸汽喷射锅炉消烟助燃”技术有着广泛的推广应用价值，1990年，中国环保工业协会授权沈青组建全国锅炉窑炉消烟除尘委员会。从此，沈青离开故土，来到北京。一年365天，他有300天的时间出差在外，内地、边疆的许许多多锅炉前都留下了他的汗水和足迹。仅秦皇岛一家化肥厂的锅炉改造，他就先后跑了15次。其中一次正赶上沈青的脚肿发炎，不能走路，他扶着墙坚持到现场。在场的外方总经理看到身为高级工程师的沈青和普通工人一起在炉体中钻入钻出时，感动得不知说什么好。

1995年，年过花甲的沈青从国家环保局大气污染防治技术咨询委员会、中国能源研究会环境委员会副秘书长和全国节能新技术推广站主任的位置上退下来后，又干了一件违反常规的事——在他撰写的一部题为《节能与环保》的专著中，将几十年摸索出的锅炉改造的技术秘密和盘托出。有人不理解：费了半辈子心血，取得了国家专利，为什么又把它公布于众呢？其实，在此之前，沈青就干过类似的“傻事”，许多单位和个人采用他的技术进行锅炉改造都是白使。朋友们作过测算，假如沈青笔笔循规蹈矩地收取技术转让费、咨询费和改造费，早成为百万富翁了。可是……为什么要这么干？沈青回答：知识分子绝对应该保护自己的权益，但对现阶段那些利在当代、功垂千秋的技术，绝不能因为待价而沽，而延误它们走向社会。

对沈青在节能环保等方面的贡献，政府和人民多次予以鼓励，他多次立功受奖。1995年，又被特邀参加了全国科学技术大会。

沈青那间布置得很像办公室的住房里，挂着一副对联，上联是“荡尽烟尘清风明月本无价”，下联是“还回蓝天近水远山皆有情”，这是沈青60岁生日那天朋友们送来的贺寿礼物。沈青很珍视它，他说，这副对联的内容，既是朋友们对我前半辈子工作的鼓励，也是我后半生的奋斗目标。

然而，岁数不饶人，再亲自上第一线，沈青已有些力不从心了。他把集半生心血的经验汇入《节能与环保》的专著中，启动了新的推广办法。他说，对“蒸汽喷射锅炉消烟助燃”这项技术的推广，从专利技术的角度上来讲，已经基本公开，而有些特殊设备，也全部形成了标准化生产。需要改造的单位，只要装上设备，稍加培训就可使用，最大的锅炉，改造费用也不过几万元而已。

让猪头露脸

沈青在京城、在国内各地，辗转改造锅炉数十年。近几年三角债的困惑，企业的拖欠，的的确确把他所经营的公司拖进了泥潭，有时连再出差的差旅费都难以凑够。正在难以为继之时，有家企业餐饮三产不景气，好友拉他们“救驾”。出于东北汉子的豪爽，踏着弄潮逐浪的诱惑，搞科技的沈青踏上了金三元酒家这只小“船”。沈青忍痛改了行。

上得船来，他才觉生不逢时。90年代初，经过几大菜系大战之后的餐饮业，显得十分萧条，更何况京城食客的口味难调。风雨中，他硬着头皮撑船，照猫画虎，左推右挡，忽而粤菜，忽而家常菜，转而推出自己的家乡菜。经过一番惨淡经营，总算没翻船，1994年扭亏为盈。在餐饮竞争的风浪中，他真有些不适的感觉。

外行要变内行，谈何容易。靠自学成才的沈青到知识宝库中去寻觅。整天逛书店，跑图书馆，购了数千元的古今书籍，阅了上百万字资料，放弃一切休假日，钻到书堆里去。他终于在科技中找到了答案：传统烹饪，多凭感性经验操作，一个师傅一个样，缺乏科学的度量标准和规范，他人无从掌握其精髓，也不能形成规模。一道名菜因人员变故，数十年的心血结晶遂告失传。然而，发达国家的餐饮业，虽然没有源远流长的传统，但借助科学标准化所形成的稳定质量，风行全世界，如麦当劳、肯德基等。他顿悟到：餐饮的航船，只有靠科技才能驾驭。

常言道“百肉不如猪肉”，民间还认为“肥猪拱门”是吉祥的象征。但当今人们偏偏冷落猪头，即便是分割加工成猪头肉、酱耳朵、酱口条，也只当家常菜，上不了宴席。他从营养科学开始，让人们重新认识猪头。委托权威单位化验分析整个猪头的营养结构，其耳、舌、眼、脑等部位均含有丰富的营养，特别是猪脑中的脑磷脂是健脑营养剂，有利于增强人的思维能力，预防老年痴呆症；猪头上的猪皮占大量比例，其胶原蛋白质和胶质蛋白，可以改善人体皮肤弹性，除皱纹，美容保健；猪头整体营养成分如蛋白质及钙、磷、铁、锌等多种对人们有益的矿物元素搭配十分合理，如果整体加工食用，可以达到营养平衡的科学效果。如此好的宝贝，怎能不改变它在旧时婚丧嫁娶或供奉神灵的摆设状态，更何况我国是食猪肉的大国，每年生猪屠宰在2千万头以上，让猪头处在副产品及低价位的尴尬地位，丝毫不能增加附加值，这简直是对资源的浪费！他再也按捺不住深加工开发猪头的心潮，下扬州、走上海、入河南，访问多处制作猪头有特色的地方；寻名师拜学者，讨教、借鉴与比较，决然在加工方法的科学化上下功夫。

沈青有数十载搞发明的经验。他从营养科学入手，首先制定了如何降低猪头脂肪成分及保留其有益成分的总体方案，同时摒弃传统不符合卫生科学的加工方法，从选主料的定质、定量开始，经数十次试验、比较，优选制定出12道标准化的加工工序。其关键的烹制工序，历时4个小时，均由温度曲线控制。创造出一整套加工生猪头的严格工艺流程及质量检测规范。因而达到了科学的营养平衡，使猪头的脂肪含量降低了12.9%，蛋白质增加6.5%，驱散了人们普遍担心猪头脂肪含量过高的疑云，达到了现代美食标准：营养平衡、热量平衡、味道平衡、颜色平衡的要求。用这种科学方法加工的猪头，无论在哪个厨房制作都不变味、不走样。沈青为这道用科学方法加工的菜肴取了一个有别于任何叫法而又形象逼真、动听的名称：扒猪脸。沈青成功了！猪头肉以崭新的姿态出现在京城食客面前，令众人倾倒：一位司机吃一个；两位姑娘吃一个；一桌客人吃二三个；上海人飞机往返捎家；河北人专程来京品尝；台湾、香港人吃了还要带……

正当“金三元”航船在浩瀚的餐饮文化海洋中正常航行时，仿制、假冒之风乍起，不少餐馆打起了“扒猪脸”的旗号。如何保住这道浸满心血的菜肴质量与名声？沈青受多次申报专利的启发，于1996年4月的一天，踏进了中国专利局的大门，庄重地为“扒猪脸”的制作方法申请发明专利。他要用法律来保护科技成果。然而，也有非议：说他们在搞技术封锁，不利于餐饮业的发展。对此，沈青的看法是：中国号称餐饮王国，载于史册的名菜难以计数，但没有科学方法流传下来的教训，难道还不应该汲取吗？通过专利将科学的方法有偿公之于众，实行技术转让，保障“扒猪脸”不变味、不走样地推而广之，使其堂堂正正地走向国内外消费市场，促进我国餐饮文化发扬光大，有何不好？

“扒猪脸”申请专利让人们新奇，它被鉴定为市级科技成果，也让人感到诧异。有关专家说话了：由于“扒猪脸”的加工工艺科技含量高，使得一向不被人们重视的猪头肉，登上了大雅之堂，改变了人们世俗不重视菜肴科技的偏见，理所当然地给它以科技地位。

“扒猪脸”给沈青心灵上的震撼，不仅仅是获得科技成果的地位，从中，外行人悟出了当今餐饮发展的奥秘：传统方法与现代科技的结合；继承与发扬相辅相成，才是饮食航船的舵向。

猪头露了脸，沈青经营的“金三元酒家”门庭若市，效益连年成倍翻番，他的心潮逐浪高，深知餐饮业的竞争如逆水行舟，不进则退。眼下，他已把全店创新的数种东北菜，一一定质、定标准，实施了规范化的科学改造与管理，并又有20余项菜肴申请专利，要使金三元成为中国餐饮专利之乡。他们要驾驶金三元酒家这条小“船”乘风破浪，胜利到达彼岸的饮食自由王国。沈青，在他62岁生日的家宴上，面对儿女们倾吐对人生的感慨：“我自己一生时刻在不断地学，学习直接和间接的知识。我一生中干的事，没有别人安排干的，都是自己挤上去，拼上去的，也可以说是‘上赶着’去干的，否则，就会被人瞧不起，或被淘汰。一个人要想成功，就要用自己的血汗去奋斗。”

沈青今日的成功，无悔当初的决策。餐饮这一行，与科学技术一脉相承。商海浩瀚，没有港湾，沈青正在远眺。

刊于《中国名牌》1998年第1期

编著者的话：

我一直兼任旺顺阁的媒体顾问至今，不断跟踪和探究旺顺阁的发展，研究其餐饮企业文化和品牌创新。

从下岗女工成长为星光灿烂的餐饮企业家，乃至兼任中国烹饪协会、中国饭店协会双料副会长，张雅青的创业和创新“鱼头泡饼”品牌的经历可以堪称传奇。阅读和品味张雅青及其创新的餐饮企业文化，餐饮业的创业者一定会从中获得创业的激情和动力，汲取经验和营养。

餐饮业流行这样一句话：“一般餐馆红火不过三五年”，它如同魔咒般地被每天关张的诸多餐馆不断地印证。然而，我们也见证了张雅青创建的旺顺阁鱼头泡饼餐馆已经红红火火度过20个春夏秋冬，这不过是张雅青意欲打造百年老店战略起步，也是张雅青精心打造的旺顺阁鱼头泡饼餐馆企业文化和品牌创新的见证。

“器大者声必闳，志高者意必远。”可以说是张雅青的创新情怀和餐饮事业写照。有个小小的建议，举凡真心钟爱中华餐饮文化，且志高存远的创业者，在读过这篇文章之后，不妨再到旺顺阁鱼头泡饼餐馆走走看看，可以获得为传承和创新中华餐饮文化的坚定信念和脚踏实地远行的力量。

《从下岗女工到餐企老板》一文参加了2018年9月至12月由北京商务委员会、北京人民广播电台主办，《北京晚报》、北京老字号协会、北京烹饪协会、北京市餐饮行业协会协办，为庆祝改革开放40周年举办的“餐桌上的40年征文”活动评比，荣获优秀奖。

从下岗女工到餐企老板

旺顺阁总裁张雅青，18年开18家店。2016年旺顺阁营业额过6亿，仅招牌菜鱼头泡饼这一道菜，平均每分钟卖出2份多，年销售额就达2个多亿。2017年创新合伙人品牌扩张模式，员工入股参加企业管理、经营、服务，全员干劲倍增，新开15家店。可18年前，她还是一位下岗女工。

20世纪90年代初，有一批国有企业经济体制改革，大批工人下岗了，这其中就有张雅青和她丈夫戴伟。夫妻俩而立之年，本想在铁饭碗干一番事业，稳稳当当度一生，没成想铁饭碗被砸了。上有老下有小，总得养家糊口吧！无奈进商海，张雅青从婆婆手中借得5000元起家，小两口跑起了一阵子“单帮”，跑一阵子运输，办洗浴……愣是没赚着钱，于是又开起小饭馆，北方家常菜迎客，平平淡淡，毫无起色，咋办？一个偶然的机会，受保定甲鱼焖饼的启发，何不作一道鱼头泡饼呢！主意定了，店名就叫“旺顺阁鱼头泡饼”，挂出招牌，宾客盈门，车水马龙，可谓一炮打响。“旺顺阁鱼头泡饼”的元年，定格1999年。

挖得第一桶金，张雅青喜出望外，国内到处旅游庆祝，放松了对“夫妻店”的管理。菜品及服务质量下降，门可罗雀，眼看撑不下去了，这才找回被人挖走的厨师长，重整旗鼓。张雅青不敢怠慢，加强学习，提高管理水平，清华大学继续教育学院有她苦读的身影；同时引进现代企业管理制度，上千次地对鱼头泡饼匠心般地反复研究、试吃、改进，稳步发展。在进入不惑之年时，连开数店，到2011年达到企业发展高峰，年营业额破亿元。

接下来，张雅青投资千万，筹建经营面积过万平方米的大型石景山海鲜广场，于2012年开业，时遇政策变化，当年就亏损，没有了三公消费的高端餐饮，如同断了动力的船而搁浅。幸亏，张雅青两口子在创业之初瞄准的是大众餐饮，保留了“鱼头泡饼”这道看家菜。2013年，把石景山海鲜广场改为旺顺阁鱼头泡饼石景山店，当年就扭亏为盈，力挽狂澜，拨正航向。

经过近几年的调整，旺顺阁形成以北方菜肴为基础，融入粤、鲁、川、淮扬等菜系之长，以鱼头泡饼为主打的北京菜，兼营高档粤菜海鲜、火锅，以及养生会馆等个性特色餐饮，打造出餐饮业态多元化的新型餐饮集团，适应餐饮市场的需求与变化。

2017年，当旺顺阁迎来18岁成人礼的那一刻，旺顺阁的直营店已发展到18家。张雅青也由当年一位下岗女工，蜕变为餐饮企业家，且“重担在肩”：荣任中国烹饪协会、中国饭店协会双料副会长。旺顺阁荣入北京市著名餐饮企业行列，成为北京市的一张著名餐饮名片。

18岁，旺顺阁长大成人。2017年撸起袖子干，在北京连开15家店，完成在京城的细化发展布局。2018年旺顺阁连锁店开向全国各省市，已在天津、河北、陕西、山东、内蒙古等地布局开店，张雅青要圆百年老店梦。

红旗高高飘扬，离不开矗立的旗杆。有位高人比喻张雅青携手丈夫戴伟创业，恰似红旗与旗杆。是啊！18年，相濡以沫，夫妻双双经历了风风雨雨迎彩虹，旺顺阁餐饮的旗帜，迎东风招展！

关泉海：志在找回北京风味

世界越来越青睐北京，北京正日益融入世界，人们时时都会感受到，整个北京朝现代化的国际大都市变化，同时也津津乐道着海鲜、大宴、洋快餐，但那蕴含着老北京餐饮文化风味的地地道道的小吃，却难以寻觅。一种强烈的责任感，激励着关泉海矢志找回地道的北京风味。

关泉海，地道的北京人，祖上曾是老东安市场的买卖人；父辈在解放初期也做过小生意。正是这些“遗传基因”吧，使他对北京风情、北京餐饮文化风味难以释怀。

“70届”的他没下乡，从车间工人干起，当过厂共青团委书记、供销科科长、办公室主任；上过党校、念过法律大专；下海办过养鸡场、搞过个体运输、干过药品批发、当过药店经理，走过了风风雨雨的人生路，但仍没能磨掉他心中的理想——要让北京餐饮文化风味重展风采。

寻味辨真

目前北京的8万多家餐饮企业中，有五六百家经营炸酱面、北京小吃、京味家常菜等老北京传统餐饮文化特色菜点，但因种种原因，尚不尽如人意。要想品尝到地地道道的北京餐饮文化风味小吃，难呀。此情此景，使关泉海时刻难以平静，他决心找回北京风味。于是，他一边遍访京城的隆福寺小吃、馄饨侯、小肠陈、茶汤李等一批京味老字号，恭请名师赐教；一边向一些新兴的老北京风味餐馆学习，吃遍这些餐馆，咂摸人家菜点的滋味。同时去探望曾在老东安市场做过小吃的师傅，不耻下问，当然也忘不了向街坊、邻居及自家亲戚长辈请教。关泉海自幼受家庭北京风味熏陶，成年后对北京风味更加理解，经过多年不断地学习、收集、整理、开发，已成功地推出了如豆酱、糊塌子、炒麻豆腐、炸焖子三角、芥末墩、果子干等近百种老北京餐饮文化风味小吃、风味家常菜。一时间，海碗居门庭若市，食客盈门，好多顾客都成了回头客。关泉海成功了。

关泉海为了验证他推出的老北京餐饮文化风味菜肴是否地道，特地请来北京民俗画家盛锡山、京味作家刘一达等专家品尝、点评。他们都十分赞赏关泉海的努力。刘一达说："豆汁是那个味，糊塌子地道"；盛锡山说："炸焖子三角外焦里嫩，皮薄不走形，是我当年吃的那个……"。

关泉海认准的是，老北京人或久居北京的外地人，或当代青年人，无一例外地对老北京炸酱面、风味小吃有着各自的情怀；到北京来的外地客人，或来京旅游的外国朋友，大多也在追寻着浓郁的老北京地方特色的京味食品，面对这样的市场，绝不能糊弄他们，不能让他们扫兴，要给他们奉献地地道道的北京餐饮文化风味。

为找回地地道道的北京餐饮文化风味，关泉海不断征求食客意见，请教行家，反复试验，不断改进，比如炸酱面，为保证口味地道，关泉海严把质量关，选购正规名牌老北京厂家生产的黄酱；肉丁要肥瘦兼有；炸酱的火候反复试验，严格控制，用小锅精心炸制，每天制作的160多公斤炸酱，锅锅都恰到好处。又如，面条要用上好面粉手工揉和、切制，煮面条时为使面条不糟不烂，一锅水就煮三拨，而炸酱面的菜码更是讲究，豆芽菜、芹菜、青豆嘴儿、黄瓜、心里美萝卜、青蒜、大蒜等都是精选细做。这样不仅能确保炸酱面的京味品质，更重要的是能树立起京味餐饮文化风味品牌形象。除了炸酱面，老北京的打卤面、醋卤面、麻酱面等也蕴含独特的京味餐饮文化风味。一位专门负责和面、擀面的小伙子指着50斤袋装的特制面粉说，他每天差不多都要和七八袋面。海碗居的红扒猪蹄、独茄子、烧羊肉、红烧排骨、㸆炖黄鱼等京味家常菜，糊塌子、炒麻豆腐、灌肠、爆肚、果子干等京味小吃，更能让人品味出特有的北京味。

笔者在关泉海的办公室仔细阅览了几打厚厚的留言条，不仅有京城明星、名流，更多的是普通的老百姓。一位旅居美国年逾古稀的华侨这样写道："到这儿用餐，让我回到了在老北京度过的童年……"，这是对海碗居老北京餐饮文化风味的最好见证。

怀旧与时尚

现如今人们寻找北京餐饮文化风味，当然也挑剔环境，关泉海独具匠心，将老北京风情与时尚惟妙惟肖地融合成一体。当您走近海碗居老北京炸酱面大王餐馆，映入眼帘的是老北京四合院的灰瓦灰墙、木棱窗框，一迈进海碗居的大门，看到的是方桌条凳、鸟笼瓷瓶、民俗年画，以及身着对襟儿衣衫、脚蹬圆口黑布鞋、肩搭手巾板儿的麻利勤快的"店小二"，当您听到那字正腔圆的京味"来了，您哪!"的问候，就会立马儿置身于浓浓的老北京特有的餐饮文化氛围中。

与韵味十足的老北京餐饮文化氛围不同的是，前台酒吧内的电脑软件结账系统与干净整洁、宽敞明亮的就餐大厅，则向人们传递着现代科技与生活流行色交织在一起的饮食时尚。"我们就是想从硬件上唤起人们对老北京的回忆，同时还要将老北京风情与现代时尚有机结合。"关泉海经理关注的是，现在客人就餐时越来越注重餐厅的环境风格。在装修时他们精心设计，除了将西四牌楼、厂甸、高梁桥等那些反映老北京特色的景物命名雅间之外，餐厅四周墙壁还悬挂着著名民俗画家盛锡山老先生绘制的多幅再现老北京风俗的珍贵画卷，像烟袋斜街、鲜鱼口、大栅栏等名街的30年代的风貌，以及当年沿街叫卖果子干、盆糕、芸豆饼的情景，使客人在品尝京味菜点的同时，也能体味地道的京味餐饮文化。为了讲求卫生洁净，符合现代餐饮意识，在餐桌椅的选择上他们也颇费脑筋。关泉海经理指着那些特制的硬木桌椅说，八仙桌、条凳是老北京的特色家具，但选择过去只有讲究的老北京人才能用得起的大理石面八仙桌，则不只是单纯的仿古，更多的还是为容易保洁而考虑的。注重怀旧，但并不完全追旧，要有京味餐饮文化底蕴而又不造作粗俗，才能真正满足现代食客的饮食需求。

无愧“老北京”

现代人与老北京人的消费理念有了很大变化，嘴上不缺这一口，更多注重的是情调和品位，或者说是服务文化。关泉海把地道京味、就餐环境、服务情调等涉及的餐饮物质文化、服务文化均纳入综合质量保证体系。在深入了解和反复调研后，关泉海发现京城虽然有许多经营北京味的餐馆，但门面装修平淡，缺乏京味气息；还有一些经营京味菜的餐馆里，大多数服务员的工作装都是刻意追求过去老北京的灰色土布衣衫，甚至有的“店小二”在夏季就穿着老北京平民常穿的褡裢背心，赤膊露腋，不仅不雅观，且让人难有食欲，与现代文明相悖。在设计海碗居“小二”们的工作装时，关泉海没有盲目效仿，而是亲自设计、制作成栗红色中式上衣、黑色收口裤工作装，使之既稳重又热烈；在夏日，则是整洁干净的白绸衫，既凉爽又得体。同时，他还要求所有的“小二”都留利落的寸头，这样既与老北京式的工作装相协调，又能为客人带来卫生洁净的感受。

您一迈进海碗居的大门，首先会享受到门童热情地招呼，随之一声“来客×位”“小二倒茶”的京韵京味声回荡在整个餐厅，您的耳边又会响起差不多来自各个角落的清一色的小二回应“来了，您呐!”，回应声未落，便有一位戴红黑相间的瓜皮帽的小伙计伴着悠扬的京韵大鼓乐曲声，将您和您的朋友引领到合适的就餐位置。上每道菜时小二柔和的京式叫报菜名和席间热情周到的服务也会让您留下深刻的印象。客人吃好喝好之后，又会在门童和小二“送客”“走好，您呐”的充满京味的送客声中尊贵而愉快地离开。

海碗居的京味餐饮文化服务特色还在于所有的服务人员都是小伙子，这也是老北京餐馆的规矩：招待客人的是小二。海碗居的小二各有明确的分工：紫红褂、戴小瓜皮帽的是领位员；紫红褂、肩搭白毛巾的负责给客人倒茶、点菜、结账；着青衣的专伺上菜，穿白衫的只管及时清理客人用完餐的桌面，并随时保持地面卫生。服务人员中惟有收款处是三位姑娘，她们身着鲜红的中式罩衫，格外醒目，成了独特的风景。

作为一名土生土长的北京人，并有深深老北京情结的关泉海有着一股执着的追求，经营老北京餐饮文化品牌，就要对得起“老北京”这三个字。老北京人与人之间的真诚、友善，老北京待人处世的仁义、热情是最令他追忆、最令他渴望继承发扬的。他说，过去老北京俗话讲的“进门是客，坐下是爷”，与如今餐饮服务中的“顾客至上”一样，都是讲求以人为本，为顾客奉献满意周到的服务。

在海碗居用餐，怀旧和追求古韵的情绪油然而生。迎来送往、穿梭忙碌的服务员都是清一色的小伙子，而客人对他们的称呼也一律用老北京时代的叫法“小二”。有的客人图新鲜，甚至故意在餐桌上拉开嗓门儿多招呼两声“小二”，常引得众“小二”一起上前，虽然有时会让小伙子们白跑了一趟，但大家都能善意地将这当成追忆老北京餐饮文化风情的愉快小插曲。这不仅使人强烈地感受到浓厚的京味，也拉近了彼此的距离。而那些“您好”“欢迎光临”等规范化的服务用语在这里也复原了老北京真诚友善、热情的待客礼仪，透着对来客的尊重和亲热。不久前，两位从英国探亲回国的华裔老夫妻在家人的陪同下，特意来到海碗居老北京炸酱面大王追寻童年的美好时光。当得知其中一位老人正巧当天过96岁生日时，领班便用真挚的祝颂语代表餐馆向老人表达衷心的祝福，众位“小二”也齐声应和，场面热闹喜庆，感动得两位老人和家人连翘大拇指。

关泉海经理说，在这里吃炸酱面，不仅要让人品尝到京味餐饮文化的原汁原味，更要使人感受到老北京人的厚道与教养。如果有时遇到街坊四邻大婶、大妈慕名到店里来买炸酱时，他们大多会像四合院里的老邻居那样“您拿走吃吧”；倘若就餐的客人面条吃至最后还觉得欠点儿，您只要叫声“小二”马上就会来人再给您添上半碗；而喝碗面汤、来瓣大蒜则更像在自己家一样随意。

机遇给有准备的人

每当饭口，海碗居总是宾来客往，使得200平方米的餐厅里座无虚席，经常要翻台五六次，有时还要发号排队等候。笔者曾在餐厅的门厅里，见到有三口之家拿着30号还依旧耐心等候，询问为何不换个地方就餐？三位客人异口同声地表示，就是爱吃这儿的炸酱面，因家住附近经常来，都快把这儿当成食堂了。关泉海说，当初选址考虑到周边社区内有近30万居民，就将极具老北京风情又适应不同消费层次需求的炸酱面作为主打经营品种，同时还有各种京味家常菜。见此情景，邻居甘家口大厦诚邀“海碗居”入住其五层美食城。让京城百姓来甘家口大厦购物时，享受京味美食。眼下，关泉海正在北京朝阳区松榆里忙着一个1200平方米的海碗居新店的装修，以便让更多的中外宾客去品味京味文化。

海碗居老北京炸酱面大王给人留下深刻印象的，除了那浓厚热烈的老北京餐饮文化氛围和各式京菜京点以外，就是从关泉海的言谈话语中流露出的老北京所特有的坦诚、热情和勤奋，自嘲“胸无大志”的他坚信“只要努力干就一定有收获”。

关经理还说，他每天都在“紧张”中度过。他常挂在嘴边的是，如果厨师炒

100个菜炒坏1个菜，只是1%的失误，而面对顾客却是100%的客源市场丧失。在注重提高厨艺水平的同时，关经理逐步将海碗居的每道菜品进行规范化、标准化操作，以保证质量和京味，赢得顾客。然而，这一切，关泉海似乎早有准备。他说，想干成一件事，就要一心扑上去。36岁那年，他参加自学高考时就是把全部身心投入其中，别人一次只通过一门课程的考试，而勤奋刻苦的关泉海却一次通过3门课程考试，并且成绩优秀。如今，他又把那股子执着的“钻劲儿”用来经营餐饮业。为追求永无止境的新目标，关泉海经常到处取经学习，看到麦当劳的服务员总是不停地擦拭打扫，随时捡拾地上的弃物；看到高档酒楼中的卫生间里有专人负责清洁、给客人递擦手巾，他就都引进到自己的餐厅里。关泉海说，现在他把一切心思都用在如何经营好海碗居上。眼下，他正在京味菜品的烹制技艺上再下功夫，要使京味餐饮文化菜品更地道；同时不断挖掘更多的京味菜点，尤其要将一些失传的京味找回来，重新供现代人品尝与享受。

“机遇总青睐那些有准备的人”。相信关泉海的北京风味菜点餐饮文化之路会越走越好。

与高惠京合作　刊于《企业研究》2002年11月上半月刊

“辣妹子”严琦

今日，共青团中央、劳动和社会保障部授予陶然居集团总裁严琦等11人首届“中国青年创业奖”，同时授予另19人首届“中国青年创业奖”提名，以表彰他们不等不靠、走出了一条自主创业之路，不仅实现了自身就业，还为社会创造了就业岗位，安置了一批下岗失业人员，他们是当代青年创业的典范。

人们习惯称严琦为辣妹子。严琦崇尚歌德的一句名言：你若要喜爱你自己的价值，你就得给世界创造价值。

以一道“辣子田螺”起家

1994年，严琦选择出生地重庆市郊白市驿为她金色航程的第一站。聘用1个厨师，靠5张桌子，拉起“陶然居”大旗。饭馆小，客源少，何以立足？一次偶然的机会，严琦获得西南农学院一教授潜心研究的人工养殖田螺。严琦如获至宝，没日没夜地研究田螺。养殖田螺不同于普通田螺，个头硕大，肉质饱满、鲜嫩又无泥腥味，属于生态食品。“辣子田螺”加入麻辣主料和适量的辛香调料及辅助调料烹制而成。“辣子田螺”竟一炮打响。

严琦以一道“辣子田螺”起家，看到的是田螺发展的远景，是一道菜，更是田螺经济。田螺带动了科学研究、生态养殖、物流配送、餐饮销售。9年后，正是当初独辟蹊径创新的“辣子田螺”，才创造了从1+5（1个厨师加5张桌子）发展为4亿营业额的奇迹。然而，更值得品味的奇迹是严琦创造的“辣子田螺”餐饮文化。

开拓市场空间

严琦不满足于小富即安，为开拓更大的市场空间，于1997年春夏之际，在整个川菜市场一片疲软中，她带着陶然居风味系列菜，满怀信心地闯入成都餐饮市场。

不到一年时间，严琦便在成都连开3家分店，一家比一家大，一家比一家火。随即，严琦又向自贡、绵阳、宜宾市场进发，几乎每月开一家分店，“陶然居旋风”席卷整个四川。

在四川取得巨大成功后，严琦又将目光转向九省通衢的武汉。一夜之间，在江城武汉的硚口区、江岸区、洪山区和武昌区的繁华路段上忽然冒出4家“重庆陶然居”来，武汉媒体称严琦是“点亮一条街的女人”。

为实现多年来“扛起重庆餐饮业大旗”的夙愿，回报家乡，2000年欣然回师重庆，在当时最冷僻的南方花园科园三街投入2000万元买下3000平方米的营业房，开启了南方花园店，并将总部扎营到此。陶然居南方花园店一开业便再创历史新高，而这条原本冷清的街也被带动起来，成为重庆有名的“美食一条街”。

2001年金秋，严琦又斥巨资购买了重庆黄金商圈解放碑邹容广场英利大厦的6至7层共计2150平方米的营业房，以独特的装修在解放碑这个“重庆的大客厅”闪亮登场。这标志着陶然居开始向“规模化、精品化”方向发展。

扯起连锁经营大旗

2002年是陶然居连锁发展之年。这一年直营、联营、特许加盟三线齐下，陶然居连锁之花盛开，不到一年，在神州大地的餐饮市场上人们又惊喜的看到：被武汉媒体誉为“航母”的汉口青年路店；集休闲、餐饮、观景于一体的重庆南滨路店；有“蓉城南门社区厨房”之称的成都玉林店等三家大型陶然居直营精品店，以及广州、贵阳两家联营店，同时进入河南、贵州、新疆、黑龙江等地，相继开启8家加盟店，当时接到国内各地要求加盟的申请多达130个城市、近180家。陶然居步入一个成熟的品牌连锁经营新时期。

2003年，陶然居连锁发展进程仍是一路捷报频传，让辣妹子严琦“乐不思蜀”，往返在连锁店之间。原计划发展10家加盟店，截至当年5月中旬，已签订意向协议达12家，包括陶然居北京店、海口店、厦门店、深圳店、西宁店、兰州店、遵义店、新疆库尔勒店、湖南长沙店、太原店、广州二店、重庆黔江店等，营业面积达4万多平方米。至此，辣妹子严琦心中做大做强的目标方才起步。

渴望五年才进京的辣妹子严琦，选择了作为CBD中心商业区的朝外大街，投资3000多万元在此地开设了6085平方米的全国目前最大川菜单体店，可同时接待3000多人用餐。

严琦为率西部中餐航母陶然居进军北京，也为陶然居走遍全国、走向世界迈出坚实步伐，扎扎实实准备了五载。相继在广西北海、贵州红枫湖、百花湖和四川青城山，建有田螺、腊肉、板鸭、无公害蔬菜养殖生产基地，面积达8万多亩。有力地保障了陶然居的货源供给，保障了陶然居的规范和规模化经营。

坚持菜品创新

为使企业持续发展，严琦提出菜品创新是陶然居发展餐饮物质文化的永恒主题。根据发展的需要成立了专门的菜品研究开发中心，每年投入近百万元用于新菜品的开发。严琦要求各店每月推出10多个新菜品，且每个店必须保证有30%左右的菜品与陶然居其他店不同（每店必有自己的特色菜），以满足广大食客的不同需求。

正是严琦凭着对菜品和质量的不断创新和追求，才使“童子鱼”“糯米骨”“飘香鱼”“双椒鸡”等新菜品层出不穷，更新不断。迄今为止，陶然居拥有以“辣子田螺”“玉米油茶”等为代表的40余道中国名菜、名点，形成了上百款“陶然居风味系列菜品”，从而为各地食家构建出一道崭新而亮丽的餐饮文化美食风景线，赢得大江南北食家广泛口碑。

发展不忘回报社会

陶然居创业至今，为重庆市解决近7000人的社会就业问题，其中安置下岗工人2000多人，复转军人、社会待业、失业人员数以百计，为维持社会稳定做出了贡献。随着2003年下半年10多家分店相继开业，陶然居再为重庆市解决3000多人的社会就业问题。

为社会做贡献，陶然居获得了政府的信任和消费者的厚爱。陶然居被授予20多项国家、省市级荣誉，并被推选为重庆市总商会餐饮商会会长单位、重庆市民营企业家联合会副会长单位，同时为中国烹饪协会、中华食文化研究会、重庆市工商联、重庆市烹饪协会等多个协会的会员单位，已成为重庆餐饮业的排头兵。

刊于2004年12月15日《中国旅游报》

塑名牌川菜

——新豆花餐厅董事长刘扬女士自述

在北京，经营川菜的餐厅不计其数，但从1992年至今，一家名为“新豆花餐厅”的川菜馆却一直在食客中享有良好的口碑，连同其麾下的几家豆花餐厅，在京城树起了一面风格独特的川菜餐饮文化大旗，是谁托起了“新豆花”呢？

我生在武汉，1975年参加工作，下过乡插过队。先是随父母支援三线去了攀枝花，后来又到了秦皇岛开了第一家餐馆。为什么要搞餐饮呢？1975年的时候，副食实行定量供应，每人每月半斤肉、三两油。那时，在攀枝花我们住的那一带，只有我家有一台9英寸的电视机，每次看电视我都请附近一家国有餐厅的师傅坐在前排正中的位置上，为的是第二天买5毛钱肉时他能多给我一点油。后来，我就梦想着，要是有自己的餐厅多好啊，最起码一辈子吃喝不愁。

调到秦皇岛后我仍然有这个想法，但我父亲坚决反对，认为开饭馆赚老百姓的钱不光彩。没办法，我只好从原单位辞职出来了，在一个小板房里开了第一家豆花饭庄，租金是每年1万元。当时我自己攒下了6000元，哥哥、姐姐帮助了3000元，又找朋友借了3000元，1.2万元把店开了起来。装修时贴墙用的白报纸都是量好尺寸一张张买回来的，饮料是一箱一箱买，酒是等客人点过之后再买……就这样5个月赚了5万元，慢慢滚起来的。

为什么要做川菜馆呢？因为我在四川生活了很长一段时间，对川菜非常了解。

四川在历史上有几次大规模的移民，特别是清朝，外籍入川的人更多。这样，川菜以民间为依托，吸收各家之长，逐步形成了“南菜川味，北菜川烹”的餐饮文化格局，既有南方菜的巧妙精细，又有北方菜的火爆刺激，而且花钱少、吃得好，因此得以走俏全国。

在川菜中，我又对豆花情有独钟。

西方人对肉乳蛋类食物摄食过量，造成肥胖症、高血压、冠心病、糖尿病、直肠癌等病症多发的情况。日本医学界号召人们少吃肉类、蛋类，多吃豆腐和豆制品。于是，日本出现了豆腐热，美国近年也掀起了豆腐热。豆腐现已成为世界性食品，而中国早在2000年前就已发明了豆腐，不能不说是对世界餐饮文化的一大贡献。以黄豆为主要原料制作的品种，如豆浆、豆腐、豆腐脑、豆腐干、豆腐乳、豆腐皮、千张、腐竹、豆筋、豆棒、豆豉……简直就是一个大家族，以豆制品为菜肴的竟有数百种。

而豆制品中，有一种则是四川独有的，这就是豆花。它既可以作为菜肴佐餐下饭，又可以作为风味小吃单独食用。豆花是介乎于豆腐和豆腐脑之间的食物，它的颜色洁白、质地之嫩，豆腐无法与之相比，柔软而绵扎又是豆腐脑所不及，四川豆花种类繁多，以川东最多。“请到家里吃豆花饭”，已经成了当地民间吃家庭便宴的同义语。可以说，豆花是一种具有浓厚乡村餐饮文化气息的食品，又是一种健康食品。

我们当时的宗旨就是只要客人满意就行，哪怕你只吃一碗面条，我们也要好好服务，直到现在也还是这样。记得有一个雨天，来了四五位客人，说：“我们要赶火车，能不能给我们做点吃的？炒米饭就行。”当时是下午3点多，餐厅已经下班了，我就赶紧去厨房给他们做了鸡蛋炒饭，又做了一个汤。客人要付钱，我想几碗炒米饭也不值什么，就说：“这样吧，你们先去赶火车，咱们后会有期。”后来才知道他们是港务局的，之后三天两头往这边跑，一下子就把生意带起来了。1988年的时候川菜还没有普及开，我那时就以每月500元的高薪从四川请来两位师傅，周到的服务、地道的川菜、合理的价格，又是知识分子下海……连当地市领导都很重视。到了1989年，当地海军后勤部主动找我们合作，他们出钱、我们出力，开了一家700多平方米的餐厅。

1991年我又到了北京，在万寿路开了“新豆花”餐厅，其实那时就有做品牌的想法，只是因为营业状况一直不错，后来又陆续开了两家豆花餐厅，我便开始满足于现状。直到前不久，西安一位同行大姐对我说：“不要怪大姐说话难听，你要是再这样下去，你的企业就完了。5年以前你的饭菜是这样，5年后你的饭菜仍然是这样。”她的一番话对我触动很大，虽然我起步很高，但我始终停滞不前。她对我的启发远不止这些——她比我还要大几岁，同样是个女同志，孤身奋战，对生活、对事业充满了信心……是，我不再消沉，我请了业内的著名人士到这儿考察，他们都劝我要进行大手笔的改革。把周福祥师傅请来，可以说是我一生中的转折，因为我只懂经营，而他却是菜品研究方面的专家。周师傅是国家特一级厨师，对餐饮文化有深厚的造诣，聘请他为主厨，旨在把“新豆花”的菜品推向一个更高的餐饮文化层次。周师傅来了之后，短短的十几天时间，就对菜品结构进行了大幅度的调整，开发了大量新颖的、餐饮文化含量高的菜品，98%的客人反映良好，短短的半个月，“新豆花”的日流水额就提高了近2成，新研制的豆花宴每天都要办好几桌……周师傅功不可没。

如何引导豆花餐饮文化新概念，创造市场、开拓市场是我们当前的主要任务。我们要把目前成都流行的餐饮文化新概念在“新豆花”表现出来，让它登上大雅之堂。甲鱼豆花、鳝鱼豆花、龙虾豆花、鱼翅豆花……从几毛钱一碗乃至上万元的高档菜肴我们都有，这些都是我们的新品种，它们不但味道鲜美，而且更易于人体吸收，带着浓厚的乡土气息和文化色彩。

餐厅的每一样产品都有它的技术价值、艺术价值和商品价值，但所有的价值最终还得通过它的商品价值表现出来。菜肴制作一定要进入高级阶段，餐饮的初级阶段是吃温饱，中级阶段是吃质量，而高级阶段就是吃文化了。任何一种有生命力的菜肴都有其深厚的餐饮文化基础，例如“东坡肘子”“麻婆豆腐”“宫保肉丁”……

君子爱财，取之有道。用菜品、用人品吸引客人才是恒久的生财之道。

稳定的员工队伍也是“新豆花”的一大特色。我的中高层管理人员最初都是服务员，他们在这儿的工作时间平均在七八年以上，我把他们送出去培训，他们的方方面面我都关心，不仅培养他们的工作能力，而且教育他们怎样做人，他们都叫我“刘姨”，谁找了对象都要先让我过目，征求我意见。他们都为自己能够随着“新豆花”餐饮文化一起成长感到无比荣耀。

下一步，我们的主要力要放在餐饮文化上，装修、菜品、服务……都是新的、有着浓郁的文化色彩。8月份，我们将举“新豆花餐厅开业8周年美食节暨菜品回顾展”，届将请来国内的川菜名厨来献艺，借此推出企业的新形象，迈出塑造名牌川菜餐饮文化的第一步。

刊于1999年7月30日《中国信息报》

让客家菜扎根京城

——访老黄牛餐饮集团连锁店总经理黄云皆

记者：客家人及客家菜对大多数北京人来说还很陌生，您能否介绍一下客家人的来历及客家菜的特点?

黄云皆：据专家考证，客家其根在中原，源自河洛（今河南洛阳）。两千多年以前，秦始皇灭了六国以后，派遣50万大军向南粤挺进，随后又有成批成批的中原人南迁。这些中原人迁移到广东梅县、河源、惠州以及闽西部分山区后，被当地人称为“客家”。

这些客家人来到南方后，在陌生的环境中开辟贫瘠的丘陵山地，自然界和社会的种种艰难困苦磨炼了客家人“刻苦耐劳、坚韧不拔”的精神，铸成了他们特殊的秉性，也形成了独特的饮食文化，其制作的客家菜也成了粤菜中的一个菜系。由于客家人原本就是北方人，所以客家菜在口味上很适合北方人；又由于使用的原材料是南方菜，加之受当地人的影响，所以在制作上较讲究。客家菜是粤菜中最经济、实惠的。

记者：客家菜的典型菜肴有哪些?

黄云皆：广东客家菜的领衔菜是酿豆腐、盐焗鸡、扣肉王、肉丸子。酿豆腐如同北方的饺子。中原人南迁后，由于南方缺乏面粉，过年包饺子时，只好将豆腐切成角将馅酿进去，几经演变成为今天的酿豆腐。

叶剑英元帅是广东梅县人、地道的客家人。每逢过年，他家的餐桌上都要摆盘热气腾腾的酿豆腐。

记者：客家菜的影响范围有多大?目前在北京有几处客家菜馆?

黄云皆：客家菜驰名于美国旧金山、洛杉矶以及东南亚各国。目前，在北京大约有四五家客家菜馆，其中“老黄牛”占了2家。但最地道的应该算“老黄牛”，因为我们这里从经营者到厨师甚至服务员都是客家人。

记者：目前“老黄牛客家菜”共有几家连锁店?

黄云皆：一共有5家，其中北京市区有2家。

记者：经营状况如何?

黄云皆：来吃的人都觉得特色比较鲜明，现在的主要问题是新客上不来，并不是缺乏回头客。今年餐饮业普遍不景气，整体效益下滑，“老黄牛”当然也不例外。总的看来，有三方面原因：首先，人们上酒楼的频率降低了；其次，人们的消费档次降低了；最后，公款消费受到扼制也是一个重要原因。

记者：公款消费作为一种特殊现象，维持时间肯定不会太长，作为餐饮业的经营者必须认清这一点。

黄云皆：的确，公款消费已成为过去。现在在深圳，人们请客的习惯已经改变了，不再花很多钱去大酒店消费。那里诸如开瓶费、服务费等费用太高，不如去有特色的饭店撮一顿，剩下的钱可以去打保龄球，娱乐一下。我选在去年开业的目的之一就是打个时间差，因为北京在一两年内也会变过来，所以我既要保持客家菜的纯正风味，又要做到经济实惠，以迎合自掏腰包请客的人的消费需求。

记者：目前，北京市民对客家菜还很陌生，我认为客家菜馆还是太少，无市不成行。你打算如何拓展客家菜的市场？

黄云皆：许多人对客家人了解甚少，甚至以为客家人是少数民族，其实我们户口本上填的都是“汉族”。我也一直在考虑市场问题。目前靠我的实力多开几家客家菜馆还很难；如果大家一哄而上，恐怕客家菜的特色难保。不过我相信，只要保持住特色，有了稳定的回头客，慢慢会好起来的。客家人的根在中原，客家菜当然也会在中原地区扎根。

与李晓明合作　刊于1998年10月9日《中国信息报》

不一样的商人黄云皆

下海前的黄云皆曾在中国工商银行深圳分行某支行任行长秘书，目前是京城老黄牛客家菜连锁店的老板。说他与其他商人不一样，不是毫厘之间的差异，也不是矫情造作出来的不群，却是从骨子里带出来的大相径庭。这体现在他从不佩戴金饰的领口和指腕；体现在他出国考察市场，人家说他是日本人他跟人急；体现在他奔驰车坏了就乐滋滋地去挤公共汽车；体现在他交朋友先看对方是不是孝子；更体现在他次次做出的让人永远也想不到又不得不佩服的抉择。

最能赚钱的落榜生

出身农家的黄云皆看似轻而易举的成功背后，也埋藏同样的艰辛与不幸。1981年，他高中毕业参加高考时，学习成绩在广东省河源县是屈指可数的，可偏偏在高考前一场大病缠身，害得他以7分之差落榜。黄云皆深知家中还有二弟一妹，自己这个长子不能再让父母供养复读一年了，可他也从未动摇过继续学习参加考试的决心。

于是村子里的人们就常见到一个瘦弱的少年从山上砍了木头，再一根根艰难地拖回家中。这是他想到的能最快筹集学费的办法，就是上山砍树再找人加工成板材去卖。虽然只能天天在山上吃隔夜的冷饭，头发经常让松油粘在一起，同时每天让自己仅有80几斤重的身体严重超负荷运转，但这却让他在半年的时间里赚取了宝贵的2000余元学费。这个生财之道别人也在做，可黄云皆为什么赚得那么快？除了比别人更能吃苦之外，他还比别人多了个心眼儿。开始时砍一根木头运一根，很累又很慢；后来就租了一辆手推车，2根运1次；再后来他与山上的驻军达成协议，给他们一些木材，每天晚上请军车将一天砍伐的树木从山上运到加工场，大大提高了效率。转年的正月十五，黄云皆背起行囊去求学了。这一年，他考上了广东省银行学校。

最“不正常”的公务员

1984年中专毕业时，黄云皆作为连续两年的优秀三好生被分配到了工商银行深圳分行某支行，从事人事管理工作。在银行工作的9年中，黄云皆与众不同的眼光充分显现出来。搞了2年人事工作后，他愈发感到银行机构里的人际关系十分复杂，他不想把青春都耽误在“与人斗”上。于是，他一边在业余时间里到暨南大学进修国际金融，一边开始考虑下基层去搞业务。这个“太傻”的想法在当时遭到了几乎所有人的嘲笑和反对，因为谁都能看出来，他是未来人事处长的最佳人选。平步青云的道路近在眼前，谁也无法理解为什么黄云皆那么坚决地要下去。1986年他开始在第一线上搞信贷时，人们还都想着往上爬，谁知半年之后形势大变，随着改革开放的深入，银行信贷成为最炙手可热的“肥差”，这时再想下去已成难事。人们不得不佩服黄云皆的远见了。

在搞信贷的3年里，黄云皆处处和别人不一样，别人为客户办贷款不是收礼就是用别的方式做交易，黄云皆却每每尽其所能地为人解决困难，从不收一分钱的礼，也不以家里小事相烦，而是与许多客户建立了相当信任的朋友关系。他还靠自己所长的国际金融和外贸英语参与到客户与外商的谈判之中，既帮助了朋友，又积累了很多外贸方面的实战知识。1989年，支行新任行长想从业务主管中提拔一名秘书，把人选锁定在黄云皆身上，同事们私下里都议论他干得正开心，肯定不会接受，新行长也准备了长篇的说辞找他谈话。万万没想到，只谈了1分钟黄云皆就答应了。别人奇怪，可黄云皆心里明白，行长秘书可以接触到金融系统里的各方面，正是提高自己的大好机会。

就在人人都美慕黄云皆前途不可限量之际，1993年，28岁的黄云皆向领导递交了整个深圳分行有史以来的第一份辞职申请。人们用惊奇和疑惑的眼光目送这位“不正常”的同事下海，不知该羡慕还是该惋惜了。

跑得最快的生意人

对黄云皆来讲，下海是迟早的事，他一直等待的是时机，而1993～1994年是国际和国内羊绒市场最有利可图的2年。他搞信贷时结交的朋友和学到的外贸知识成了最可贵的资本。河北、内蒙古的供货商甚至敢于将几千吨的羊绒先期运过来，等他出手后再付款，可见他们之间的信任已到了何种程度。其实，这一点黄云皆是早有“预谋”的。他常说，对一个商人来说，信誉比什么都重要，信誉好的人用1000万能做成1个亿的生意。1994年经黄云皆之手出口的羊绒就占了全国出口总量的5%。

除了以诚交友，黄云皆的本钱就是吃苦耐劳了。其实他本就是个勤快人，这一点即使有一天他的财富进了美国福布斯杂志的排行榜，相信也不会改变。在他的商业生涯中，经常能创造日行万里的纪录。最快的一次是在1994年，凌晨2点他从浙江湖州搭一辆开往上海码头的货车，赶往虹桥机场，搭乘最早一班飞机于上午10点到达北京，买好下午一点半的另一班机票后进城办了两项金融业务，下午5点飞机到达乌鲁木齐，他从机场打车到长途站，坐车到伊犁，然后改乘马车赶到新疆西部毛纺厂去讨账。这一系列事情对一般商人来说最少也得3天，可他只用了不到24小时（当然是不吃不睡的24小时）。

黄云皆在吃苦耐劳同时也帮他结交了更多朋友，因为在他身上没有奢华和炫耀。如果他不说，你很难从他的穿着和态度上看出他的财富，无论什么样的人，他都虚心以待，一副憨厚真诚的笑容能够化解财富的差别在人们之间形成的鸿沟，让人能从心里佩服并喜欢上这位儒商。

最敢冒险的决策者

虽然对于黄云皆的敢于冒险，人们已经领教多时，但他在1996年羊绒业出现下滑后，毅然决定移师北京搞餐饮的做法，还是让人为他捏了把汗——客家菜好吃是好吃，可北京人认吗？然而令人吃惊的是，他不但不摸着石头过河，还在1997年10月到1998年9月不到一年的时间里，一口气开了五家老黄牛客家菜馆。结果怎么样呢？除了三元桥北的第一家总店生意一般以外，位于东直门内和通州区的其他几家都是开一个火一个，9月13日开张的丽都分店竟然出现了顾客排队等待就餐的情景。黄云皆真有诸葛亮那手能掐会算的绝招吗？非也！其实他自己也知道这是在冒险，可他甘愿为自己的理想去冒险，对他这样一个人来说，生意场上的一切已不单单是为钱，更重要的是证明自己的判断和实力。只要他发现了商机就会毫不迟疑地去做，用他自己的话就是：只求欲望能成功，不替失败找借口。

谁也不知道黄云皆明天还要去冒什么样的险，因为他想到的事往往是别人想不到的。但我有一种感觉，他想有朝一日拥有私人直升机的想法绝不是信口开河。

与韩彦合作　刊于1998年9月25日《中国化工报》

编著者的话：

在京城，我结识了很多厨师，其中不乏享有盛誉的餐饮大厨和餐饮大师。我与他们从相识到相知，除了朋友间的情谊外，更多的是从餐饮文化之物质文化和厨师的创新情怀及其成才之道的视角，进行了解和深入探究。

许多餐饮大厨对我娓娓道来，学徒时的艰辛、传承时的虔诚、创新时的执着，皆栩栩如生，更使我深深地感受到，在餐饮企业文化和品牌创新的舞台上，他们是绝对不可或缺的重要角色，更是演绎餐饮物质文化的核心动力；这也使我更深刻地认识到，欲探究餐饮企业文化和品牌创新，必须要用心地探究他们，认真地写出真实的他们，以期有助于促进餐饮物质文化创新和厨师人才的培养与励志成才，为餐饮企业文化和品牌创新造就更多的既有强烈责任担当又有锐意创新悟性的餐饮大厨乃至大师。

有关中国餐饮大厨的文章，将引领我们结识和解读那些奋战在餐饮一线的杰出或颇有成就的老中青三代餐饮大厨：

“老骥伏枥，志在千里；烈士暮年，壮心不已”的国宝级烹饪大师陈玉亮，荣膺1996年首席亚洲大厨称号、当代中国烹饪大师杰出代表之一的屈浩，荣膺“全国劳动技术能手”称号、全聚德集团公司行政总厨顾九如，荣获1996年亚洲优秀大厨称号、全聚德王府井烤鸭店总厨师长徐福林，北京市创新能手、中国烹饪大师、全聚德西翠路烤鸭店行政总厨刘志遵，中国烹饪大师、北京特级烹饪大师、全聚德和平门店总厨师长王荣，找回35年前川菜餐饮文化精髓的重庆饭店行政主厨喻贵恒，粤菜大师、北京京伦饭店中餐厨师长陈来，既能下厨烹得一手佳肴又能写得好文章上报刊的北京九头鸟酒店管理有限公司技术总监、行政总厨、副总经理崔永军，高级烹调技师、高级营养师、北京锦江富园大酒店西餐行政厨师长韩瑞，精心挖掘营养健康食材并结合传统技法大胆创新的北京台湾饭店的高级面点师崔粟，东方美食绿色厨艺大使、北京晋商大院餐饮文化责任有限公司副总经理兼技术总监胡洁，国家中餐高级烹饪技师、高级营养配餐员、“贡院六号”皇家公寓餐饮部总监贾鹏，倡导健康餐饮文化的国家高级烹饪技师、高级营养配餐员、中国“绿色厨艺大使”、北京红太阳生态园行政总厨熊望斌，刻苦自学、擅长中西餐饮文化结合创新的北京台湾饭店行政总厨尹金山，高级烹调技师、中国绿色厨艺大使、湖北菜餐馆总厨师长、鄂菜名师石送军，首创30余种道家养生菜点及道家养生宴的正一道家养生院首席药膳师张平易，挖掘整理数十道湖北民间菜肴的国家高级技师、特一级烹调师、湖北烹饪大师、北京楚老锅酒楼行政总厨余付泉，名扬中外餐饮界的特级烹饪技师、银泉大厦饭店行政主厨赵传庆，烹饪世家出身、著作等身、通晓烹饪历史与烹调理论且擅长东北菜、鲁菜、宫廷菜、家常菜等多种菜系菜肴制作的国家高级烹调师赵怀信，能吃苦耐劳、聪颖好学、擅长烹调传统鲁菜葱烧海参等数十个名肴的京伦饭店京城名厨赵治民，勤学苦练、推陈出新上海菜的上海老饭店（北京）总厨师长陈相乐，善于变中求新、融合各菜系之长的“广州半岛餐饮管理公司”出品制作总监、兼任北京郡王府半岛明珠酒家总厨徐嘉乐，食界鼎鼎大名、上海四大点心名师之一、妙手生花的上海老饭店（北京）餐饮总监辛国祥，传承和创新鄂乡祖传烹饪技艺方法的楚国风情餐饮管理有限公司两家酒楼的行政总厨熊咏波，偷着学出来的田华渔港行政总厨黄炳继……显然，本书所推介的餐饮大厨数量真是微乎其微，与成千上万杰出的餐饮大厨和无数厨师的人海相比，可谓沧海一粟，但论及他们传承和创新中华餐饮物质文化的悟性和奉献精神以及他们各具特色的成才成功之道，却不失代表性，而且颇具榜样价值。

长江后浪推前浪，一代新人胜前人。愿更多的餐饮业新人以前辈为榜样，励志成才，传承并发扬光大我中华餐饮文化之物质文化，不断创造新业绩。

国宝级大师坐镇京华食苑亮绝活

由金路易速冻食品有限公司接手的京城京华食苑，近日重张开业。京华食苑聘请了从北京饭店退休的国宝级烹饪大师陈玉亮出山、亲自主理。

陈大师从事厨艺事业50余载，在北京饭店工作40余年，是官府菜的第三代传人，曾为中央领导、外国元首烹制美味佳肴。现如今，陈大师从高楼来到民间，为百姓烹制他数十年潜心学习和研究的官府菜。

陈大师品德高尚，数十年坚持把住进货质量关，对燕窝、鱼翅、鲍鱼、海参、鱼肚，论质定价。在制作工艺方面，陈大师坚持用传统工艺水发或油发海产干货，不用任何化学用品，保证了原料不受化学用品污染或残留毒素的影响。因燕、翅、鲍、参、肚本无味，烹饪的关键是浓汤，汤浓则味浓，口感鲜嫩滑爽，美不胜收。陈大师吊汤，坚持选用西山农家放养的无污染的老母鸡以及火腿、棒骨、干贝、鸭子等真材实料熬制8小时以上，非吊出浓香四溢、乳状黏稠、郁馨可口的浓汁才肯罢休，再拿这浓汤煨鱼翅、鲍鱼、海参、鱼肚，烹饪出的菜肴能不好吃吗。

陈玉亮大师宝刀不老，亲自操刀，烹制的官府菜绝活有黄焖鱼翅、罗汉大虾、蚝油鲍片、葵花鸭子、清汤燕菜、五彩素烩、罐焖鹿肉、草菇蒸鸡、干贝菜心、清蒸豉油鱼等。黄焖鱼翅金黄透亮，软烂而不走形，柔软糯滑，味道浓郁而醇美；罗汉大虾头部肉嫩味香，尾部焦嫩鲜美，头黄尾红，亮丽多彩；蚝油鲍片为南官府菜创新代表作，软嫩而脆爽，配上豌豆苗，清香宜人；葵花鸭子可谓工夫菜，成菜酷似葵花，鲜嫩可口。

刊于2005年9月17日《中国食品报·中华美食》

编著者的话：

屈浩自1996年获得首席亚洲大厨称号后，我便结识他，至今仍有来往。屈浩将当年精雕细刻的传统造型工艺品，高10厘米的面塑“老寿星”，赠与我留念，我至今视为珍宝，摆放家中。

屈浩师从当之无愧的国家级鲁菜大师王义均，刻苦学习厨艺，功底扎实、技术全面，是无可争议的中国当代中年中国烹饪大师的杰出代表。

近10年，屈浩全身心地投入办好屈浩烹饪学校的教学工作中，现已桃李满天下。从屈浩的经历中我们看到一位承上启下、学而不厌又诲人不倦，传承中华餐饮传统文化又乐于创新的首席亚洲大厨风范。

亚洲大厨屈浩

父亲从戎，母亲任教，呱呱坠地的屈浩被送到一户山东人家抚养——这可能就是他与鲁菜的缘分吧！9岁归家，父母上班，还是顽童的屈浩就上灶掌勺。他作的第一道菜是炒柿子椒，真说不上是啥滋味。可以说，屈浩从孩童就开始学厨艺了。打这以后，左邻右舍谁家炒菜做饭，他都要去瞧瞧，琢磨琢磨。然而，亲友高知出身的偏见，阻碍屈浩干“厨子”这行。初中毕业未能如愿，高中毕业后不顾父母反对，迈进了北京市服务学校的门槛。

进了专业学校门的屈浩，方知厨艺不是简单的重复劳动，有深奥的饮食文化内涵，他决心去求索。看到前辈厨师的每一刀、每一勺都凝聚着美感，劳动的美鼓舞着他从基础学起。放了学不回家，与几个同学住在更衣室，每天练习刀功至深夜，谁都轰不走。屈浩执着的精神感动了师长，奖励一坛子榨菜练习，餐料有限，他就用报纸叠起来练爆发力；练快，免不了切上手指；练片肉，失手片上了手掌。至今，手上留下的疤痕是屈浩成长的见证。夏日炎炎，在炒勺中放进沙子、石头子，屈浩练翻勺和练腕力，每天上千次的坚持练习，胳膊酸痛、手腕发肿也不停息。练习食雕，自己蹬三轮购来一车萝卜，不练完不罢休。暑假、寒假去饭馆白干，为的是提高技能。功夫不负有心人，屈浩在学校比赛中获得“刀工、热菜、食雕”第一名，并以4个学期蝉联三好学生的佳绩结束学业。

出了校门进到“丰泽园饭店”鲁菜大家庭，满以为可以上灶显身手了。然而，“丰泽园”的老师傅教新徒有绝招：让屈浩先去干下手活，在加工间从开生源头学起，杀鸡宰鱼，掏心肝肺……时间久了，屈浩在脏累的下手活中悟出个理：这是厨艺最基本的功夫。

一拨一拨的师兄弟都陆续上灶了，可屈浩一干就是3年，他仍然不急不抢。几位老师傅从中观察这个徒弟能吃苦耐劳，尊师爱友，品德不错，是个好苗子。从此，王义均、时广南等老师傅都手把手教屈浩的煎、炒、烧、扒、烘、煨等诀窍。

屈浩迷上了“丰泽园”鲁菜大师云集的有利学习环境，干脆住进“丰泽园”，没时没晌地向名厨们求教。人们看着屈浩虚心好学的劲头，乐于施教。屈浩博采众长，20岁出头就获得北京市工人技术能手称号、北京市冷荤艺术拼摆第二名。

在荣誉面前，屈浩没有止步，他深知祖国饮食文化宝藏的浩瀚，他利用休息日出入图书馆、展览会、各大公园、各大饭店，犹如蜜蜂般地去采集花蜜，为的是融会贯通；学习绘画，观察花鸟鱼虫的千姿百态，为的是注入食品雕刻的活力。他在而立之年到来之前，迎接了全国青工大赛。可就在此时，襁褓中的女儿得了肺炎，爱人高烧不退，自身又染上重感冒，好似“雪上加霜”。此刻，老一辈厨师的厚望激励着屈浩去拼搏。他带病上考场，以赛前充分的准备，临场的正常发挥，理论与操作俱佳的成绩，夺得了全国青工大赛第3名。与此同时，获得全国新长征突击手、全国青工技术能手称号及首都“五一劳动奖章”。

掌声托起的光环，有师兄弟姐妹的一分热，也有各级领导的一份爱，更有老一辈厨师的心血。屈浩深感这一代有文化的青年厨师的重任：承前启后，开创饮食文化的未来！他琢磨：不拘拟于传统，要变中求新！这期间，他利用去日本、新加坡等国家献艺的机会，学习异国他乡烹饪之长；抓紧向民间艺人学习面塑；再回头向食雕启蒙老师赵国忠学习西餐黄油雕。

在饮食文化宝库中不断求索的屈浩，期待的时刻——亚洲厨师大奖赛终于到来了。他在王义均等大师的指导下，从3个方案中优选其一参赛。冷、热、面点等12道菜，均以传统鲁菜色、香、味、形俱全为基调，吸收其他菜系之长处，融进民间艺术和民族文化的色彩。其制作刀法有鬼斧神工之感，那拼摆及造型出神入化；食品雕刻入木三分，形象栩栩如生，达到中西合璧近乎完美无瑕的美妙境界，令评委们称奇。在有12个国家和地区参加的重大国际比赛活动中，为中国首次赢得首席亚洲大厨的殊荣。

30出头的屈浩，不久前从新加坡载誉归来。他说还要拜师学艺，从头来！

刊于1996年11月15日《信息快报》

编著者的话：

顾九如是老一辈厨师精心培养的厨艺人才之一，不仅享有亚洲大厨等富含高技术等级的荣誉称号，他还是2007年全聚德成功上市后的集团公司的行政总厨，主持制定了全聚德26个贯标菜品的标准，开启了全聚德餐饮标准化的里程，有助于全聚德连锁经营的发展。

顾九如和他带领的全聚德厨师团队，为全聚德餐饮企业文化与品牌创新呕心沥血，功不可没。

还应当说的是，顾九如和之后记述的徐福林、刘志遵、王荣，以及本书未及记述的诸多新时代全聚德大厨，如早已离世远去的开创全聚德烤鸭技艺的孙师傅、蒲长春、张文藻等，正是他们这样一代又一代全聚德大厨精心开创、传承并不断创新全聚德传统餐饮物质文化，方能使全聚德餐饮文化日新月异，为全聚德老字号餐饮企业品牌的价值、知名度和影响力不断提升，奉献了自己的智慧和毕生的力量。

规规矩矩做人，踏踏实实做事

——记全国技术能手、北京前门全聚德烤鸭店总厨顾九如

2002年12月12日，北京京西宾馆，来自全国各行各业的百位代表在这里荣膺“全国劳动技术能手”的荣誉称号。同时，由劳动和社会保障部颁发了由江泽民主席亲自题写的纪念牌匾，并受到了吴邦国、温家宝等国家领导人的接见。这是技术工人获得的全国性的最高荣誉。北京只有两位获此殊荣，一位从事钟表行业，另一位就是北京全聚德股份有限公司前门烤鸭店的总厨——顾九如。

今年，前门全聚德的营业收入突破亿元大关，作为亿元店的总厨师长，顾九如也收获了事业赋予他的最高荣誉。

艰苦勤奋点滴做起，积极向上不断学习

70年代初期，16岁的顾九如参加了北京市第一服务局的厨师培训班。此时的餐饮界正处于厨师青黄不接的时期。社会的因素使得老技师的技艺无人传授，年轻的厨师又补充不上来，顾九如他们这期在百废待兴时的首批厨师培训班得到了主管部门的重视。在培训班上，顾九如学习了鲁菜的烹调理论，从粗加工、厨房卫生到菜点操作要领。当时一些身怀绝技的老技师，如陈胜、刘恩侯、张志国、王义均等都亲自来授课，让顾九如他们受益匪浅。两个月后，顾九如来到北京烤鸭店（即前门全聚德烤鸭店）实习，半年后，他又回到学校学习理论。1973年，顾九如赴山东实习了一年，在这里，他接受了当地传统鲁菜烹饪技法的训练，对鲁菜有了更深刻的理解和认识。回来后，他便分到了前门全聚德烤鸭店工作。

顾九如牢记师傅"眼勤、手勤、腿勤、嘴勤"的教导，每天早上6点半就和师兄弟们从位于木樨园的学校出发，7点到店后，生火、搞卫生、剁鸭架、上料、蹭勺，辛苦繁杂的工作磨炼了顾九如，使他养成了艰苦勤奋的作风。

1978年，为了外事接待活动的需要，全聚德筹建和平门烤鸭店，前门店有权威的老师傅们，除了一位冷菜师傅外，其余的都去了和平门烤鸭店，工作重担一下子落在了顾九如他们这些1971年参加工作的厨师身上了。这些人年轻、有朝气，但经验不足，在市场变化过渡的时期，走了一段弯路。到了20世纪80年代末，前门全聚德陷入了困难时期，这一情况在前门店归属到北京市旅游局时发展到了极致，因为经营思路落后、服务水平低、员工风貌消极，店里被旅游局勒令停业了。停业后，店里调整了部门领导，顾九如被安排到餐饮部做经理兼总厨，开始了他从只懂技术的厨师到管理层的过渡。顾九如上任后，办学习班、请老师傅讲课、制定服务标准，前门店再开业已是1990年的亚运会期间，众多体育界人士慕名前来，前门店没有让他们失望，当年的收入同比翻了一番，旅游局也看到了这个老店的希望。1992年，前门店再次停业建新馆。在建新馆的半年时间里，前门店打开了思路，他们选送厨师、服务员中的尖子去北京饭店、京伦饭店、四川饭店、仿膳、顺峰等做得比较好的企业学习，重点学习他们的管理理念、服务标准、烹饪技巧、菜品变化。新馆建成后，他们根据学习所得制定了新的菜单和服务标准，从此以后，前门店的经营每年都要上一个台阶。

店要经营好，总厨很重要，因为日常的管理工作都集中在总厨这里，除了要技术把关外，还有各方面的协调问题。顾九如说，刚担任总厨那会儿，压力很大，要

是不开动脑筋，店里的营业额就会下降。为了补充现代的管理理论，他到中国旅游管理干部学院大专班学习理论知识，与厨师长联谊会的同行切磋，阅读各种专业报刊，对全国市场不定期走访。到目前为止，除了西藏和新疆外，顾九如的足迹已遍及全国20多个省、市、自治区。他说，“足下万里行，胜读万卷书”，我国地域广大、民族众多，菜点种类五花八门，作为一个厨师，要利用一切手段去学习、补充自我。他不只满足于在国内的学习，还到国外去见识西餐。他曾在泰国和美国的星级饭店做厨师，这些“留学”的经历为他增加了一些现代烹调理论。最初，他看到国外同行烹制大虾菜时只将主要原料煮熟，然后浇上调味汁就出菜不理解，觉得那不是在炒菜，与自己以往所学的鲁菜知识大相径庭，可是顾客反映良好，这给顾九如上了一课，让他感到经营观念必须打破南北、东西的界限，又不能全盘接收，要在理念和方法上结合自己的特色。这一理念一直渗透在他日后的工作中。

德艺双馨无私传授，科学管理铁面把关

顾九如领导着前门店的全体厨师，在这支凭技术、实力取胜的队伍中，顾九如有着极高的威信，可以说，他是在用自身的实力带动着团队。他常说：“要建立起良好的管理制度，管理者首先要以身作则，无论为人处事还是工作学习，各方面都要以实际行动来使人信服，这样才能建立起坚实的管理基础。”

作为总厨师长，顾九如难能可贵的是从未离开过灶台，一有时间就到厨房亲自掌勺烹制菜点，因此他的烹饪技艺不但没有停滞不前，而且日趋娴熟。他刀功轻快如飞，无论艺术冷拼还是热菜烹调，他都力求将传统与创新和谐完美地结合。全鸭席及鲁菜的制作对顾九如来说是轻车熟路，他精心研制的“鸭珍系列宴”得到了上至各国政要、文化名人，下及广大顾客的一致称赞。美国前总统老布什、德国前总理科尔、英国前首相希思等重要客人来访时，他亲自掌勺制作菜肴，受到了热情的赞扬。他还曾数次代表全聚德到美国、英国、泰国、日本等国主理厨政和表演献艺，均获好评。作为总厨师长，顾九如不故步自封，因循守旧，相反，他将自己所学无私地传授给了店里的年轻厨师。他说，自己是中年厨师，要把这行中好的传统、技艺交给年轻人，自己应起到承上启下的作用，同行相轻、技术堡垒是这行中不好的东西，在管理中应该冲破这些，总厨要有胸怀，使大家形成整体氛围，向共同的理想、目标和境界努力。正是他的无私、热心，建立起了前门店实力雄厚、能征善战的厨师队伍，这支队伍数次在国际、国内的烹饪大赛中获团体金奖，顾九如也赢得了广大厨师的尊敬。

在厨房管理中，顾九如以“严”著称，苛求质量，甚至有“质量屠夫”的戏称。他用全聚德的服务理念，“一生只一次，一次记一生”严格要求厨师尽力、尽责、尽职，保证质量，做好“每一次”，在给顾客留下美好印象的同时用产品质量扩大企业的知名度。他以多种行之有效的管理手段，形成了特色鲜明的管理风格。

顾九如说，总厨在厨房管理中应顾全大局，不徇私情，心胸大度。他是这么说的，也是这么做的。前门店有厨师110多人，顾总厨师长对他们总是一视同仁，不论谁犯错误，都绝不留情面。一次，一位厨师长所在楼层的菜品质量出了问题，一下子被扣了3个月的奖金。顾九如就私下里给他做工作：“作为厨师长，你的班组菜品出了问题，在众多厨师面前，你得首当其冲负起责任，这样别的厨师才能服你，才能更有利于今后的管理。”经过顾九如的开导，这位厨师长终于信服了。为了进一步实行集团贯标菜和严把质量关，前门店实行了“挂号出菜”制度。刚实行时，个别楼层厨师长出菜不挂号。顾九如得知此事，严厉地给予批评，店里也给了经济处罚。从那以后，再也没有人敢不挂号就出菜了。还有一件事也让同事们记忆犹新。一次，在经营旺季时，吃烤鸭的烧饼不够用，面案师傅为了赶时间，没有按照标准制作烧饼，而是用微波炉烤烧饼准备给顾客上桌，正好被顾九如看到，他二话不说，从服务员手中接过烧饼，转身进了面案，一抬手，连盘子带饼一股脑就扣了过去。“咣当”一声后，面案的师傅们谁都没吭一声，因为他们心里都知道是为了什么。这个月的奖金从厨师长到厨师一路扣了过去。顾九如一切按规章办事，对自己也不例外，他也被扣过3个月的奖金。他说：“从自己身上找出不足之处，在工作中有新的进取、新的发现，这就是向管理要效益。”

以前，客人进店点菜经常会问有什么新菜或询问菜点的口味，服务员要么去问厨师，要么笼统回答，不能让客人满意，也不利于菜点的销售。顾九如结合落实“三转精神”，即服务员围着顾客转、厨师围着服务员转、后勤人员围着厨师转，要求厨房每次推出新菜时都要让服务员先品尝，厨师长亲自向服务员讲解菜品的原料、形状、口味、所含营养元素等，让他们自己体会菜点的特色和口味，服务员在推销时就有了直观认识，也就可以有的放矢、言之有物了。这样做既便于服务员向顾客讲解、推销，又为服务员创造了良好的服务环境，有利于服务员和厨师的整体协调与沟通。

融入市场契合时代，东南西北求精求新

强烈的开拓创新意识是现代餐饮业具备特色、品位、时尚、健康这四大特点的

前提和基础。在采访中，顾九如经常说，老店不能倚老卖老，要有老传统，还要有新花样，作为厨师、管理者要能融入市场，跟上时代步伐，注重各种饮食情况的变化，用过硬的基本功结合现在一些时尚的东西，做出个性，自然会得到顾客的追宠。

前门店是全聚德集团内首家研究菜品创新的企业。20世纪90年代初，前门店的菜肴结构中，烤鸭菜占了一半。随着时代的发展，这样的菜肴结构已不适应顾客需求。顾九如率领厨师主动走向市场，搞市场调研，观摩别家的创新，进行质量分析，结合自身条件及特色创出自己的新品牌，他们将创新菜既赋予全聚德的传统特色，又融入现代烹调技艺，研制出以粤菜、淮扬菜为代表的新全聚德名菜，如雪中争艳、蟹黄烩冬茸、全鸭火锅、时菜煎鸭脯、石锅凫龙、浓汤鸭丝鱼翅、金缕玉叶、心花怒放、蒜子烧裙边等，品种逾百。创新菜品占企业菜品销售收入的份额也在不断增加，到2001年，累计列入菜单的创新菜品销售收入已占整个菜品销售收入的60%，实现了菜品发展与市场发展的同步运行，为企业赢得了经济效益和社会效益。这些菜点也得到了业内的认可。在第四届全国烹饪技术大赛中，顾九如烹制的浓汁蟹黄鱼翅、菜包雀巢明虾仁等创新菜赢得了专家们的一致认可，被评为金奖菜品，他本人也荣获热菜烹饪金牌，团体项目比赛中，他与同事们制作的“普天同庆”宴赢得了团体宴席奖。

现在，前门店的菜单上，不仅有创新菜点，还有些六七十年代留下来的传统菜。顾九如向记者介绍了两道菜，一是传统菜，二是创新菜。

老店烧鸭是前门店继承传统的代表作。传统的全鸭席菜品多以鸭内脏为原料，许多不吃内脏的欧洲客人难以接受。这款菜品选用上等北京填鸭，经13种香料腌制后，采用传统烤鸭的技法，以枣木挂炉烤制而成，冷热两吃，亦可用热油炸制，在高档宴席中可脱骨上桌。欧洲客人不喜欢吃大葱、大蒜，老店烧鸭前期入味，食用时不用蘸作料，德国前总理科尔品尝后赞不绝口，认为味道好极了。这道菜丰富了全聚德鸭菜的种类，销售状况很可观。由此还可演化出芝麻鸭方、桃仁鸭方、杏仁鸭方，或搭配蔬菜上桌等。

另一道创新名菜，雪中争艳是为了适应现代人对食品的保健营养功能的需求而创制的，由传统鲁菜芙蓉鸡片转化而来。还有芙蓉鸡片这道菜推出了很多年，因点菜率低而被淘汰。后来，顾九如他们将芙蓉鸡片结合广东菜炒鲜奶的特色，加入牛奶、蛋白，形似雪状，又加入了集钙元素和美容防衰老因子于一身的鲨鱼骨、传统风味鸭舌，最后用枸杞、青豆点缀，装入玻璃器皿，在高档宴席中还可加入燕窝。

这道菜从色、香、味、形各方面看都堪称代表，经过市场检验，被全聚德定为贯标菜。它独有的特色和营养价值，得到了宴会和零点客人的双重青睐，曾在北京市烹饪大赛中荣获金奖。

在全聚德集团对特色菜品进行的定标和贯标工作中，顾九如作为贯标菜研究组的主要成员，参与了对全聚德特色菜品的推荐和定标工作，定标工作非常严格，集团公司组织顾九如等同志经过多次试验，确定了全聚德22种定标菜品详细的投料标准，并对营养成分进行了分析，使全聚德菜品不仅色香味俱全，还上升到了更加讲究营养的高度。

成功背后相托的是金字招牌企业文化

顾九如的头衔很多，荣誉也很多。他担任着世界中国烹饪联合会烹饪技术大赛国际评委、北京市技能鉴定中心考评员、北京烹饪协会理事等职。1994年，他在北京首届烹饪大赛上获得美食杯；1996年，亚洲大厨比赛中获“亚洲优秀大厨”称号；1999年，第四届全国烹饪技术大赛中，获热菜金奖并率队夺得团体金奖；1999年，获得世界食品协会优秀证书；同年被国内贸易局授予“内贸之星”称号；2000年，被评为中国烹饪名师；今年，被第九届首都旅游紫禁杯评选活动评为最佳个人；获首都劳动技能勋章；获全国劳动技术能手称号……

顾九如说，这些荣誉是用钱买不来的，没有全聚德的金字招牌、没有前门店这个企业，也就没有我个人的发展，没有这些荣誉。作为总厨的顾九如在前门店的收入并不高，他的一些为私人打工的师兄弟挣得比他要多很多，顾九如不是没有这样的机会，可他认为，眼前利益容易达到，但自身厨师生涯的延续、发展以及对全聚德事业的追求对他更重要。

前门店总经理沈放这样评价顾九如，他说，个人为企业带来的很难用金钱来衡量，顾九如以个人的德才带动、影响了整个企业的风格，虽然个人自身的才能不能演绎成企业整体的文化，但先进人才带动了企业，人才又在企业做强中不断提高自己的价值，那么企业和人才的生命力就会不断增强，企业文化也进入了良性循环。沈放感慨地说，企业出一个懂技术的大厨容易，但出一个懂技术又会管理的大厨很难，我们要把高技术转化为有形资产，前门店也是这样做的。严格的管理背后是事业留人、待遇留人、感情留人的人性化管理。

顾九如认为，现代管理者的艺术水平就在于他们善于拨动部下的兴奋点，也就是能够产生新的经济增长点，要让每个员工都明白：我靠企业生存，企业靠我发展，要具有这样的使命感和责任感。在前门全聚德，员工通过自身的努力，为企业迎来了经济效益和社会效益的同时，自身价值也在不断提高，所以企业才会具有很强的凝聚力和向心力。员工有了开拓进取的动力和激情，就能奋发向上，积极进取。事实证明，优良的管理体制是企业发展的重要因素，而培养与时俱进、开拓进取的一支作风过硬的、充满创造力的人才队伍也是企业发展的动力。正是这巨大的餐饮企业文化动力，培养出了像顾九如这样许许多多的人才，也推动着前门店迈上亿元高峰。

与陈悦、冯宝林合作　刊于2002年12月29日《中国食品报·餐饮周刊》

编著者的话：

徐福林练就成餐饮大厨，又成为全聚德众多餐饮大厨中的佼佼者，乃至亚洲优秀大厨，得益于他的“傻干”和“巧干”。

徐福林的“傻干”是出了名的。学徒时“傻干”，脏活累活抢着干，下了班还干，老一辈名厨喜欢他这股“傻干”劲儿，都乐意为他施教；学徒出师了，依然“傻干”，扎扎实实地掌握了烹饪基本功，为日后的发展打下了坚实的基础。从徐福林身上，我们看到了“傻干”的厨师一点不吃亏。

徐福林的“巧干”也是有名的。他业余时间上大专攻读餐饮烹饪理论知识，用尽心智在色、香、味、形诸方面全面创新发展全聚德传统菜肴，卓有成效。

徐福林成为餐饮大厨的经历诠释了优秀厨师必须具备的基本素质：“傻干”而不失创新情怀，“巧干”而不失坚韧不拔。

“左右开弓”的总厨师长——徐福林

1972年，徐福林赶上“上山下乡”的尾声，就近插队去了通县。两年的农活，磨炼出一股子傻劲。他万没想到，来乡下招工的吴桐官，把他领到王府井全聚德烤鸭店，订下了“终身”，这一干就是20多年。

徐福林初来乍到，先给师傅刷刷调料碗，打打下手，干些零杂活儿什么的，洗菜、练开生、生火、弄炉子……学了一年多这些“厨子”的第一课，慢慢地他才上了红案。在班上，他那对机灵的眼睛，时刻不停地围着师傅的手艺转；下了班，自个儿花钱去品尝各家饭馆的滋味，月月把原本很少的工资花光；休息日，还托人介绍去几家大饭店学艺。全聚德王学升、王从义等老一辈著名厨师瞅着这小伙子能吃苦，又肯干，也就乐于施教。他心有灵犀一点通，长进很快。

徐福林生来“左撇子”，师傅叫他改右手操刀。徒遵师旨，黑继白夜地练啊练，不知碰伤食指多少次，但仍未“修成正果”。师傅也拿他没办法，只好由他去。顺其自然，徐福林左手操刀，右手掌勺，挥洒自如形成了自己的厨艺风格，在京城厨界独树一帜。

时光流逝，年复一年的“傻干”，他练就厨艺硬功夫。“左撇子”不再是短处，一般厨师掌勺“单打独斗”，而他可以“双拳出击”。就拿鲁味传统功夫菜“三不粘”及“鸭油熘黄菜”来说吧，均耗时较长，都需要大、小勺配合，不停顿地晃动数十下，才能烹调出锅。一般的厨师就觉得累，而他由于是“左右开弓”，还游刃有余。徐福林说，这还得感谢恩师当年宽容他的“左撇子”。

从1991年开始，他利用业余时间，攻读了北京商学院成人教育烹饪大专，这为日后的发展铺平了道路。他全身心地投入继承全聚德传统餐饮文化风味，同时又投身不断创新的热潮中。他把全鸭席中的一些菜肴规范化，比如“火燎鸭心”，一个鸭心刀切7瓣，形如佛手，加之改用浅色酱油腌制，改进烹调工艺，使得出品色泽鲜嫩、酒香宜人。他还让传统鲁菜同全鸭席沾上边，比如，“乌鱼蛋汤”加进鸭舌，调制为“烩乌鱼蛋鸭舌”，重用下脚料，提高其附加值；创新出“鸭汤鱼翅”，丰富全鸭席菜肴，提高全鸭席档次。考虑到当今人们崇尚粤菜、川菜的趋势，他将其两者结合，在刀工上下功夫，巧切虾段并掌握火候，烹调出兰花形、味微辣的“香辣兰花虾”，深受食客赞赏。随着改革开放的深入，西餐上了中国人的餐桌，为了适应人们的需求，他精心创新出“美味雀巢鸭宝”，将中西餐结合，在那用土豆丝“编织”的雀巢中，盛着鸭子的宝贝：鸭肝、鸭肾、鸭舌、鸭掌、鸭肉，当你紧裹着生菜咀嚼时，一股清脆美味扑鼻而来。

累累硕果、文武兼备，使徐福林在1992年顺利通过了中餐烹饪技师的考试；扎实的功底、娴熟的技艺，使他在1996年获得亚洲优秀大厨的称号；在同年举办的第二届中国烹饪世界大赛中，又撷得银奖。

步入不惑之年的徐福林，出任王府井全聚德烤鸭店总厨师长，虽已功成名就，但他并未沾沾自喜，还是透着当年学艺时的那股子“傻劲”。同辈有提干当领导的，他不“眼红”；有拿高薪的，他不“眼气”，有国内外大老板，看中他高超技艺，硬要高薪挖他走的，他就是“纹丝不动”。他说：“我要在培养我的全聚德干一辈子，我离不开百年老店全聚德!”

刊于1998年4月3日《北京晚报》

编著者的话：

德发长饺子馆马运生是一位颇有创新悟性和创新情怀的餐饮企业经理。

德发长饺子馆企业餐饮文化与品牌创新是相当成功的。马运生为始建于1935年不温不火苦苦经营半个多世纪的老字号餐馆带来了盎然生机：1988年，德发长饺子馆被确认为西安旅游涉外定点单位；1989年，由陕西省政府命名为省级先进企业；1989年5月，在国家商业部主办的“全国第二届风味小吃金鼎大赛”上，德发长的风味水饺和饺子宴两个项目一举夺得“金鼎奖”。

我慕名调研和采访马运生及其德发长饺子馆，感触和印象最深刻的有4个方面：一是马运生的企业餐饮文化与品牌的创新悟性和创新情怀，迸发的创新精神、胆识、魄力和智慧；二是传承西安古都的古韵文化，精准和大胆创新德发长饺子馆老店的建筑设施文化，成为西安市一张餐饮文化与古都文化相融合相辉映的名片；三是亲自牵头潜心研究创新餐饮企业的物质文化，开发出170多种新风味、新品种饺子，赢得了中外食客的认可，一举开拓了国际市场；四是创新妙趣横生的餐饮企业服务文化，令中外宾客流连忘返。

西安饺子到东洋

——记德发长饺子馆经理马运生

马运生匆匆忙忙从日本九洲归来，带来一个好消息：日方专为我国西安德发长饺子馆盖一栋楼，引进饺子宴。日前，我方已派3名技工赴日本九洲寿会馆进行饺子宴技术表演，预计明年2月才能归来。谈起这些，马运生感慨万千……

西安德发长饺子馆是1935年北京赵氏开建的。赵氏择名“德发长”意在重视一“德”字，为了一个“发”字，求得一个“长”字。然而，赵氏苦心经营十多年，并未发起来。新中国成立后，德发长有所发展，但真正发达起来，还是改革之后。

而立之年的马运生脱下戎装，1984年当上德发长饺子馆经理，便感到这个营业面积只有200平方米简陋的小店，极不适应地处古都中心钟楼盘道旅游热点的需要。他想：“天下唯有梧桐招凤凰”，他的第一把火便是改造店堂。当时社会上商业网点的建造，大多仿袭沿海地区，突出西洋风格。而生在古城的马运生受民族传统文化的启迪，萌发建造仿古店堂的思想，将古都传统文化融入餐厅建筑文化之中。当改建一新的仿古店堂投入营业后，不仅国内顾客增多，连那些身着洋装的“老外”也登上二楼龙凤厅进餐。改建后的第一个年头，1985年，德发长营业额超过120万元，利税首次突破15万元。改变了这个店多年利少持平的徘徊局面。

新建的店堂才营业一年多，马运生又提出了第二次改建店堂的计划，要把德发长办成接待外宾的涉外定点餐馆。第二次扩建工程，仅用半年就完工。而马运生却累得住进了医院。

再次改建的德发长，面貌古朴典雅，营业面积近1000平方米，厅内景中藏景，环境十分幽静，中外宾客纷至沓来。这个店营业收入1987年200多万元，1988年、1989年为300万元，今年1～11月已完成营业收入457万多元，创利57万元。去年上缴利税67万元，是1984年的10倍。自1988年起，德发长饺子馆被确认为西安旅游涉外定点单位，1989年陕西省政府又命名它为省级先进企业。

马运生在大刀阔斧搞改建扩建的同时，又见缝插针地钻研业务。因为他知道，崭新高档的店堂，若无相匹配的特色食品和宴席，将会大为失色。上任初期，他就决心发扬德发长老字号饺子店的优势，把饺子宴作为拳头打出去。

马运生亲自任饺子宴专题研制组组长，收集有关饺子历史的资料，而后又带着厨师北上沈阳，南下广东。在广州他自己出钱让厨师点菜品尝广式佳肴，掌握口感特点，改进饺子风味。他的一片苦心、一腔热血，终于迎来了殊荣：1989年5月在国家商业部主办的“全国第二届风味小吃金鼎大赛”上，德发长的风味水饺和饺子宴两个项目一举夺得“金鼎奖”。在获奖的饺子宴15个系列品种中，马运生亲自研发的核桃蒸饺是其中之一。

老店有了新貌，在传统工艺上脱颖而出的饺子宴，已形成“一饺一形，百饺百味”，达170多个品种。在烹制方法上，由单纯的煮饺子发展为煮、蒸、烤、炸；在口味上，从咸、鲜发展到甜、咸、鲜、麻辣、鱼香、怪味等6种味型。难怪日本人看中了这德发长的饺子。

刊于1990年12月27日《经济信息报》

“六合佳”的掌门人曹斌

——只想圆个中式快餐梦

有朋友告诉说，又有中式快餐登场了。笔者赶到北京右安门外东滨河路的永乐嘉食品有限公司。一进门，见到的总经理曹彬竟然是老朋友。

由于最近忙着开业，曹彬脸上露出一些倦意，但他那双眼睛炯炯有神。谈起快餐来，却滔滔不绝……

曹彬说，总结中式快餐发展缓慢或不成气候的原因之一是资金不足。我们仅有美味的品种，简单地模仿人家的经营模式，是远远不够的。只有引入资本运营的概念，把资金进行多元组合，建立完整系统的管理模式，再把快餐食品的研究和开发提高到高科技、高技术含量的层面上来，才能创立一个站得住的中式快餐品牌，而这一切都要以市场的接受为前提。否则就像《过秦论》中所说的：“后人哀之而不鉴之，亦使后人复哀后人也。”因而，只有资金多元化、管理系统化、产品科技化，才能使中式快餐迈向良好的发展之路。然而，实现这一切容不得短期行为，不仅所需时日，更需要投入大量的资金。

曹彬的高招出台：“借”洋钱发展中国式快餐业。第一期筹集了250万美元。境外的永乐投资与管理有限公司和北京市粮食局所属的全佳食品中心共同投资，成立了永乐嘉食品有限公司。利用合资优势，发挥国有企业的潜能；学习国际知名品牌经营管理的经验，根据市场的情况，创建全新的经营管理模式；研制开发中式快餐的特色品种，力争创立中式快餐品牌。

谈到品牌，曹彬说："本世纪从西方饮食文化中产生了以汉堡、炸鸡为代表的西式快餐。同样，博大精深的祖国传统饮食文化中，必将产生中式快餐的代表品牌。"他希望这个品牌，能够在即将到来的21世纪立于不败之地，并且成为中华饮食文化向世界传播的载体，在异国他乡开花结果。

为了结这个果，曹彬聚集了一群有志于发展快餐的杰出人才，其中有掌握了丰富资本运营经验的海外华人；有著名的烹饪大师、面点大师、富有实践经验的营养专家；有来自国际知名快餐企业的管理人员。为建立极具中国传统特色的企业文化，还请来了多年从事古代文化研究的老教授。也聘来了几年来敢于面对国际知名品牌快餐而毫不怯阵的中式快餐的前驱者，作为顾问。更有政府等各界的关心和支持：国家行业领导凌大卫、韩明司长，市粮食局王国丰副局长；业内权威张世尧、张学元、萧家捷、李瑞芬、于陆琳等多次出席研讨会，进行分析论证。

人才的汇聚，奠定了永乐嘉公司实现管理系统化的基础，到目前为止，已建立了快餐店的营运系统、采购系统、培训系统、营销系统、产品研制开发系统等管理系统。在这个管理系统的支持下永乐嘉公司正朝着既定的目标迈进。

具备了资本多元化、管理系统化的前提条件，实现产品科技化就有了一定的保障。现在，实验厨房已经研制出200多个快餐品种，每个快餐品种都是经过反复的试制，有的经过上百次试验与品尝测试，才最后定型。

笔者惊叹公司成立之初所取得的巨大进展，顿悟曹彬"十年寒窗"是为今天实践中式快餐经营的早日到来。

中国快餐发展的10年，他一直关注着。他在美国一家公司工作，有优厚待遇，人家要给他绿卡，要留他，他都放弃了。他学习洋经验要圆自己的中式快餐的梦。

我翻开一次座谈会的记录，于若木这样评价："曹彬是我的学生，他有这方面的能力，有这方面的经历，是不平凡的。他搞过烹饪，在中国大酒店当过总厨师长，在美国的创造公司当过食品研究与发展总监及生产总监。所以他既懂烹饪，又懂快餐的搞法，是食品营养专业毕业的，还懂英语，是全才。我十分有信心，相信曹彬能领着永乐嘉走出自己的道路来，搞出自己的特色，搞出自己的品牌。"

对恩师的好评，曹彬十分谦虚，他更热衷于今后的战略："我们借鉴洋经验确立了资本多元化、管理系统化、产品科技化的企业理念之后，还要实施'三大战略’，才能努力实现我们认定的中式快餐品牌。”

第一是大市场战略。首期计划5年内开设50家名为“六合佳”的快餐店和“六合久”速食店，覆盖北京的主要商圈。第一家“六合佳”快餐店已经营业，位于双安商场北面，紧邻永和豆浆、麦当劳等快餐店。第二期计划把店铺开到上海、广州、香港以及世界各地。

第二是大企业战略。我们将整合数十家企业，形成一个中式快餐产业的态势。目前，已经和北京市的厨房设备制造企业、南京的广告公司等相关单位建立了紧密的协作。“六合佳”快餐店和“六合久”速食店作为这个产业的“终端”，也将以特许加盟连锁形式发展。

第三是大文化战略。元朝时期，从中国传到西方的馅饼，据说这个传播者忘记了制作的方法，把馅料干脆摊到饼坯的上面，结果，倒成了西式快餐的代表品牌食品，在中国也受到欢迎。这说明能够融合外来文化，才能更好地发扬本民族的文化。我们称之为“大文化”的观念。清朝时期洋务运动倡导的“中学为体，西学为用”原则，也是一种“大文化”观念。我们将扎根于中华民族的沃土中，同时融合西方饮食文化的精华，借鉴与研究国际知名快餐业的管理经验，由此整合出的模式，将容纳到中式快餐文化的范畴之中。

曹彬还介绍了一次专家品尝的情况。曹彬给自己尊敬的恩师于若木端上永乐嘉试制的食品请老师品尝，一碗“云吞翠面”，面条全是翠绿的。于老问曹彬：“用色素了吗?”“没有!”曹彬自豪地回答，接着说：“我这儿的全部食品一律不许用色素。于老，您给我们公司做顾问，我请您来就是鉴定食品的营养及监督我们有没有不该使用的添加剂。”又给于老端来一碗“龟龄糕”，于老吃了一小口后问曹彬：“这一小碗价钱是多少?”曹彬说：“请于老吃了，给订个价钱吧。”于老边品尝边说：“这是龟背和鸡骨熬制的，营养价值很高，可以调节人的神经，调节内分泌。这一碗我给三块五。”曹彬哈哈大笑，说：“于老，那我可要挣您一块多了。”屋里的人都笑了。

看来，永乐嘉快餐的食品质量挺好；价格吗，老百姓也能接受。

眼下，永乐嘉的中式快餐“六合佳”双安店生意红火，首批集美味、营养、卫生于一体的精选8套快餐食品亮相。对此，曹彬说，永乐嘉公司的发展之路还很长，学习是永恒的主题。他不愿与国外品牌攀比，也不同他人较劲。一心想创出中国式的快餐品牌，圆自己多年的梦。

刊于2000年12月14日《生活时报》

编著者的话：

王荣，1971年进入餐饮行业的。

1979年全聚德和平门店开业之时，王荣奉调从全聚德前门店走进新店，师从全国劳动模范、特一级烹调厨师，曾设计并全面组织制作全聚德北京烤鸭、烩鸭四宝、白扒三珍、火燎鸭心、鸭包鱼翅、清蒸炉鸭等31种享誉中外全聚德风味菜肴的陈守斌学徒。

王荣聪颖好学，勤于动脑，乐于创新，是老一辈全聚德厨师培养出来的青年厨师中的佼佼者，既传承了全聚德老一辈厨师的技艺，又秉承全聚德传统企业餐饮文化，敢于并善于博采众长不断创新。

王荣小传

王荣，1954年1月出生，北京市人，大专学历，1971年参加工作，从事烹饪工作至今已有35年，现任北京全聚德和平门店总厨师长；享有中国烹饪大师、北京特级烹饪大师等技术称号，先后被选举为北京市宣武区第十二届、第十三届人民代表大会代表。

王荣自参加工作开始即师从王春隆、陈守斌等名厨。他虚心好学、勤奋踏实、潜心钻研业务技术，精通鲁菜制作，尤其在“全鸭席”菜品研制和发展中做出了重要贡献。其代表作品有：梅花鸭舌燕菜、天麻炖鱼翅、柠檬煎软鸭、参枣鹿鞭汤等。30多年来，他曾经先后为邓小平、杨尚昆、叶剑英、万里、李瑞环等党和国家领导人以及美国前总统尼克松、联合国前秘书长加利、日本前首相海部俊树等数百位外国贵宾服务过。曾3次赴日本工作和参加技术比赛，并有机会被邀到日本皇室，为天皇妃子制作生日宴，弘扬了中华饮食烹饪艺术。2006年被国际烹饪联合会授为国际评委。

近年来，随着2008年奥运会的临近，王荣作为全聚德和平门店总厨师长，在抓紧厨师队伍技术练兵和培训的同时，面对巨大商机和弘扬中国烹饪技术最有利时机，带领他的厨师队伍抓住机遇，积极探索国内外烹饪技术的有机结合，大胆创新研制新式菜品达100余种，既丰富了全聚德的菜品结构，也提高了和平门店菜品供应档次。2005年的“十一”黄金周，全聚德和平门店连续4天日营业额超过100万元，创造了全国餐饮业单店单日营业额的最高记录；2006年的“五一”黄金周期间，再次刷新历史同期销售额最好成绩。

为了更好地做好迎接奥运会的准备工作，王荣表示，要争取更多的机会向同行们学习，不断开拓创新，广泛吸取各个国家和民族的美食特点，坚持全聚德特色菜品的研制方向，同时狠抓食品标准化、营养化和安全化，为实现全聚德集团“中国第一餐饮、世界一流美食”的美好愿望贡献出自己的一分力量。

刊于《烹调知识》2007年第4期

编著者的话：

1978年改革开放初期，刘志遵作为普通高中毕业生应招进入全聚德前门店，师从亚洲大厨顾久如门下学徒，敏而好学，经过短短的十几年的历练，传承了全聚德传统餐饮物质文化，成为全聚德一众青年厨师中的佼佼者，不久又被委任为全聚德西翠路店总厨师长，独当一面。

有趣的是，我曾有幸光临刘志遵在担任全聚德西翠路店总厨师长期间举办的“川味小吃美食节”，品尝了他烹制的川味担担面、凉面、凉粉。地道的川味不仅征服了我这个老四川人，更领略了一位大厨不拘一格、博采众长、锐意进取和创新的情怀。

刘志遵小传

刘志遵，1958年生于北京，1978年高中毕业后进入全聚德前门老店学徒，拜中国烹饪大师顾久如为师，经过28载的名师教导及刻苦学习，终成正果。

刘志遵于1997年考取“中式烹调高级技师”，2002年考取“北京烹饪大师”，2004年被评为“北京市创新能手”，2006年考取“高级营养配餐师”和“中国烹饪大师”，现任北京全聚德集团西翠路店行政总厨。

全聚德前门店是培养人才的“老火炉”，名师云集，刘志遵在这“炉”中，不辞辛苦、勤学勤练，虚心向以顾久如为首的老师傅学习，练就了一身好手艺。1992年至1995年被派往英国，在全聚德英国店任大厨。2006年3月刘志遵还被派到台湾进行民间厨艺交流，进行了北京风味鸭膳大厨的厨艺表演。在与国内外同行的中西厨艺交流中，刘志遵的技艺日臻完善，不断提高，同时形成了自己中西融合的风格，不仅擅长制作传统的中式菜品，他还结合国外工作时学到的先进技术，创出了许多中西结合的菜品，使全聚德的菜品更加多元化。

刘志遵的特点是创新意识特别强，从不因循守旧，他总要琢磨点新招。比如"鳕鱼烩枸杞芽"这道菜，充分保留了鳕鱼的不饱和脂肪酸，配上枸杞芽更为提鲜，且有补血补气、降血压的保健作用。而"西翠龙鲡"这道菜更体现了刘大厨不拘一格的创新思路，选用产自欧洲的龙利鱼，去皮除内脏选净鱼肉，采用黄油与大豆油融合一起煎制，确保鱼肉的鲜嫩度，出锅时勾的汁也是中西结合，微酸、微甜、微咸，味道滋润极了。再如他研制的"秘制牛仔骨"。首先是选料精，选的是货真价优的进口嫩牛仔骨，每例取6厘米左右，经过用香叶、花椒熬的水焯去腥味，再用自制的牛仔骨汁炖制，最讲究的是这炖汁，用了食药同源的中式调料10余种，加上黄油、香叶等西式调料混合为汤汁，小火慢炖至入味，达到软烂不走形，出锅前再加入鲍鱼汁略炖一会儿就出锅了，这口味浑厚、回味香醇、肉质松软。刘大厨这道菜把传统烹饪技法运用到极致，选料精、火候足、味道厚、口感佳，不用任何化学添加剂或嫩肉粉。从以上实例可以看出刘大厨的创新思路。

刊于《烹调知识》2007年第6期

编著者的话：

回忆新世纪的头十年，是我国餐饮业最红火的十年。各路餐馆携积淀几千年中华餐饮文明的八大菜系与各地方特色的餐饮文化，纷纷闯京城，争先恐后地开张，争芳吐艳、热闹非凡，京城百姓大饱眼福、口福。

如此红红火火的京城餐饮市场，当然少不了素来好打拼的川菜馆。此时的京城，大街小巷到处都迷漫着川菜餐饮文化的麻辣鲜香味。但说起川菜，不得不说的是京城重庆饭店的川菜，其特色鲜明，既恪守川菜的百菜百味，又张扬了山城独有的重麻重辣且鲜香的餐饮文化，麻辣几近极致，鲜香透彻心扉。

说到重庆饭店川菜，不得不说到该店总厨师长喻贵恒大师，因为该店的川菜皆出自其心其手，是他的杰作。

2004年年底，我慕名采访喻贵恒大师。当代中老年大师级川菜厨师中，有过师从上一辈顶级川菜知名大师经历的屈指可数，喻贵恒便是其中之一。可惜，因当年《北京青年报》版面所限，喻大师学徒的故事讲得太少。但也不难看出，他传承了一代代川菜大师掌握“火候”的餐饮技能的精髓，不但功夫到位，还有不断创新。

找回35年前的感觉
——重庆饭店行政主厨喻贵恒

喻贵恒的启蒙老师是重庆名厨王炳森，师傅爱徒之心甚过自己的亲生儿女，舍不得打骂他，第一次上灶炒菜喻贵恒不敢，是王师傅“赶鸭子”上架在旁督阵，才算练下来。王师傅教喻贵恒炒歌乐山辣子鸡，怎么炒就是不到味，气得罚他步行数十里到重庆市郊的歌乐山乡间小店从头学。制作辣子鸡要选当年农家散养的公鸡仔，称秤得2斤重才用，这鸡鲜、嫩、脆，宰杀去毛净堂，连骨带肉剁成2厘米见方的小块，用盐、料酒、味精、酱油码味，下锅炸，再用干辣椒、干花椒翻炒入味成菜。师傅的训导使喻贵恒获益匪浅，他明白师傅的厨艺是数十载坚持每年踏遍乡间小店淘出来的金。喻贵恒的第二个恩师曾亚光，是与黄子云齐名的川菜泰斗。曾亚光“不到火候不揭锅”，他从前辈手中学到烹饪关键工艺“火候”的掌握；“唱戏的腔，厨师的汤”，曾老师傅曾手把手教他熬制毛汤、高汤、清汤，得到真传。现如今二位恩师已仙去，但前辈的真谛在喻贵恒身上传承。

现如今，您去重庆饭店品尝他烹的“香辣仔鸡”，形似歌乐山辣子鸡，味却更为酥脆鲜香，因为他改进烹制工艺，用温油浸炸仔鸡，使其水分溢出，酥香可口了。您品其他传统川菜名肴，如“开水白菜”，能品出前辈大师的清汤味还在；“毛血旺”的“马口”（火候）甚似当年名师，豆瓣炒得不嫩不老恰出香……

近年，喻总厨为适应城市消费者崇尚返璞归真、科学美食的追求，创新数十款素菜、荤素搭配、营养平衡、中西结合的美味佳肴，如“植物四宝”“白豆猪蹄”“瑶柱鲜蔬汁”“纸包鳕鱼”等。

喻贵恒总厨对我说，他每天都在寻找35年前的感觉，既要保持正宗的川菜原汁原味，又要不断创新，吃出新感觉。

刊于2004年12月24日《北京青年报》

编著者的话：

英雄不问出处，大厨也不论出身。改革开放后，各大饭店需要厨艺高手。

陈来从农村闯进餐饮业入行，内向的他埋头苦学勤练，终于出类拔萃，走上了四星级饭店总厨的岗位。其善于学习，博采中外餐饮文化之长，融会贯通、与时俱进，创新粤菜餐饮文化，其工匠精神可赞，其成长之路可鉴。

陈来不愧为粤菜大师康辉的高徒，堪称粤菜餐饮文化的传承人，又锐意创新。

陈来小传

高级烹调师陈来现任北京京伦饭店中餐厨师长，于1974年北京饭店新楼开业招工进入厨师行业，师从粤菜大师康辉。陈来经过刻苦学习，于1980年参加北京饭店全店技术比武获得一等奖，其后又参加北京市服务局技能大赛夺得金奖。1980年，陈来随北京饭店代表团赴法国美食博览会参展，他制作的冷拼“凤凰展翅”受到好评。20世纪80年代至90年代，陈来曾去广州白天鹅宾馆进修，并辗转马来西亚、日本、韩国、新加坡、印度尼西亚等国进行技术交流，表演中餐技艺，吸收外国餐饮文化，融会贯通，为日后厚积薄发打下了坚实的根基。

陈来历经10载的潜心研究，推陈出新100余道时尚官府菜。所谓时尚，就是与时俱进，让昔日的官府菜适合当今人们的口味。

陈来创新的时尚官府菜，继承传统官府菜用料讲究和不掺杂使假的宗旨，严把高档原料燕、翅、鲍的进货关，做到货真价实，坚持传统发制技法，不使用化学制剂，在烹制过程中摒弃化学添加剂，原汁原味烹饪；在烹调技巧上融入现代科学方法；在原料搭配上，采用现代科学配方，使昔日官府菜进入现代生活。传统官府菜浓汁过浓，当今食客嫌腻，陈来在粤菜大师康辉那儿学得吊汤高招，这回派上了用场，他运用高超技艺调整，使浓汤浓而不腻，稀稠适度，入口滑爽；在原料配比中，适当加入蔬菜、菌类，做到荤素搭配、营养平衡；在盛盘方面，陈来依仗自己擅长工笔画的功底，使菜肴出品艺术化……陈来研制的时尚官府菜受到京城中外宾客的欢迎。

刊于《烹调知识》2005年第9期

编著者的话：

20世纪90年代初，周铁马从湖北武汉来京创办九头鸟时，我就认识崔永军了。

崔永军，集餐饮大厨、餐馆高层管理者、餐馆老板和餐饮文化研究者于一身。从气质上说，崔永军有一般厨师不具备的书生气，肯于从理论上钻研餐饮之道，还写得一手好字，是中国书法家协会会员。

更为难能可贵的是，在烹饪技艺上，崔永军从烹调菜品和经营餐饮的独特视角和悟性，设计并制作出来的鄂菜总与其他鄂厨出品不同。除了地道的湖北口味外，还能让您品出另一番韵味。可谓是对传统鄂菜餐饮文化在传承中的创新，因而深受顾客青睐。

九头鸟重组后，崔永军夫妻出来独创楚天红酒家，开了3家连锁店。至今，楚天红仍飘香京城。

崔永军小传

崔永军，1974年10月生，湖北省黄梅县人，大专学历，中国烹饪协会会员，绿色厨艺大使，全国高级职业经理人。1993年开始学习烹饪技术，1995年任厨师长，1999年任北京九头鸟酒家行政总厨，2001年任北京九头鸟酒店管理有限公司技术总监、行政总厨，2003年任北京九头鸟酒店管理有限公司执行董事、副总经理。

崔永军从涉及烹饪开始，业内就戏称他为“秀才”，到如今他自己经营餐饮，这10年间，他的“商厨”理念开始形成。在设计、制作菜品上，他将“金杯、银杯，不如顾客口碑”作为信念，经他设计、制作的菜品深受市场欢迎，并被众多专业杂志所登载。在经营餐饮中，他将“美味”与“品位”有机结合，坚持“有美味才有顾客，有品位才有市场”的理念，并被业界所广泛借鉴。

崔永军从烹调菜品和经营餐饮的独特视角和理念，不断探讨和研究菜品创新及餐饮经营之道并撰写文章，先后在《餐饮世界》《中国烹饪》《国际食品》等杂志上发表受到餐饮业界的广泛关注，并接受《中国食品报》《中国经营报》和全连锁业论坛的访谈。

崔永军艺海无涯，商海无边。他深知，只要专心、专注、专业，餐饮人的明天会更辉煌。

刊于《烹调知识》2005年第7期

编著者的话：

改革开放初期，北京市职业高中培养了一批有知识又有厨艺的青年厨师，作为其中一员的韩瑞，毕业后在星级饭店餐厨一线摸爬滚打，一步步脱颖而出，成为新科厨艺之星，引领餐饮文化新时尚。

为研究餐饮物质文化创新之道，我于2006年采访韩瑞。韩瑞时任北京锦江富国大酒店西餐行政厨师长，出自西餐专业的他，悟出融合中餐食材之道，创新中西合璧的新派餐饮文化风格，其制作的佳肴出品适应了改革开放中外交流日益增多，适应并满足了急需中西融合佳肴的市场需求。

韩瑞的成长之路，也验证了当年北京市餐饮人才教育方针的正确，技能人才教育必须以市场需求为导向。

韩瑞小传

韩瑞，生于1972年，毕业于北京劲松职业高中，从事西餐专业。韩瑞现已获高级烹调技师、高级营养师职称。现任北京锦江富园大酒店西餐行政厨师长；曾先后任职于新万寿宾馆、首体宾馆、亮马大厦、新城大酒店、广州大厦，在工作期间通过向法国、瑞士、德国、加拿大等国的名师学习，对西餐制作有较深的创意，独特的见解，并结合当今社会潮流，大胆创新中西合璧，满足广大消费者的需求。

韩瑞认为，面临当今日益竞争激烈的餐饮行业、消费者日益变换的口味及不断提高的消费档次，许多餐饮行业不得不在原有传统菜肴的基础上，挖掘开发新鲜的创意思路与新鲜口味来满足市场的需求，于是形形色色的菜品、五花八门的菜系，大到城市小到山村、农户的传统菜肴、精品菜肴全搬到了消费者的餐桌上，而在京城早已扎根的西餐也正悄悄地步入了这个餐饮改革中来，过去人们提到西餐时总是想到浓重的奶油、奶酪及半生不熟、带血丝的牛排……好多人总是一想到此，就由于口味的不习惯望而止步，而当今西餐行业在原有传统的道路上更迈出新的一步。据调查，世界流行的西餐，它们在香料上也采取了亚洲食品风味，而不只单以奶油及香草为主了，如今人们已渐渐接受了许多中西合璧的菜式，并以它们独特创新的造型及独特的口味而津津乐道，如韩瑞创新的“黑椒迷迭牛肉”在制作方法上，既保留了西式牛肉的腌制法，又大胆的运用中式菜肴中常用的柠檬梗，并结合东南亚风味米饭，在煎烤后使菜中柠檬梗与西式迷迭香的味道回味无穷，不但在口味上充分体现了中西结合，并在造型上一改以往形式，在当今简约主题下，西餐菜肴同样变得简约而立体，更加符合现代消费水准。

刊于《烹调知识》2006年第7期

编著者的话：

贾鹏与韩瑞系校友，两个人年龄相仿。只不过贾鹏专攻中餐淮扬菜，以此为根基融合西餐的格调，然而其最有悟性的是坚持绿色餐饮文化，烹饪时绝对不使用任何色素和食品添加剂，确保原汁原味和营养健康。在菜肴出品中必须上色的，贾鹏始终坚持从不同食材中提取色素添加，长此以往，在京城餐饮界传为佳话。

贾鹏的坚持告诉我们，菜肴出品的卫生安全、营养健康，不仅要有法规约束，更要有厨师的职业道德来坚守。

贾鹏小传

贾鹏是国家中餐高级烹饪技师、高级营养配餐员，曾供职多家四星级以上酒店，担任厨师长，现供职于“贡院六号”皇家公寓，任餐饮部总监。

贾鹏毕业于北京劲松职业高中中餐烹饪专业，1990年参加工作，曾拜多位上海名厨学习淮扬菜，其中深得沪上名厨朱琦真传，在1994年22岁时开始担任一家四星级酒店的厨师长，在“贡院六号”供职的5年多时间，服务过众多政府要员及商界精英，获得一致好评。

贾鹏在烹饪中注重营养、讲究菜品的原汁原味。

他针对会所服务对象是社会精英的特点，不但把饭菜作得可口，还注意合理的营养搭配，绝对禁止使用色素及食品添加剂。在北京“贡院六号”蓝宝石餐厅5年多的时间里，贾鹏对菜品的装饰点缀十分简单，从不用面塑和食雕作为装饰品；同样，在菜品烹调过程中也禁用色素，五彩朱古力和糖花都在禁用之列。在勾兑糖醋汁时也不添加色素，而是加入意大利红酒调色增香，虽然颜色不如加色素勾兑鲜亮，但绝对健康营养。有时会从果蔬、果料中提取天然色素，例如：从菠菜中提取菜汁制作翡翠鱼饺，从南瓜和胡萝卜中提取南瓜油和胡萝卜油，不但使菜品颜色黄亮，同时菜品中含有大量的脂溶性胡萝卜素，既增加营养又便于人体吸收。

对于菜品的增香提鲜，贾鹏主要依靠不同的上汤来完成，厨房内每日都备有用苏北柴鸡熬制的清汤、奶汤和浓汤，针对不同的菜品，例如：制作“鸡汁上汤娃娃菜”选用清鸡汤，制作“香葱烧刺参”时会选择浓汤。同样，为了保持品质，这些上汤的保质期最长不会超过2天。

刊于《烹调知识》2007年第10期

编著者的话：

重读这篇文章，我便想起“名师出高徒”这句话。崔粟这位点心制作明星，乃是已故国宝级面点大师郭文彬的高徒。

当年，她在郭文彬大师悉心调教下，树立了“药补不如食补”的餐饮文化情怀，精心探究取食药同源的食材用于制作面点，首创了几十种造型美观、营养健康的美味点心，深受中外顾客青睐。

崔粟被众人誉为“崔女面花”，国宝级面点大师郭文彬的技艺传人，走过的是可谓得“仙人”指点的成才之道。

“崔女面花”小传

人称“崔女面花”，名叫崔粟，是北京台湾饭店的高级面点师。她今年34岁，高中毕业后考入东方艺术大厦厨师班学习，并在劲松职业高中烹饪专业代培一年，后在长城饭店专门学面点技术，自1991年调入台湾饭店专门从事面点制作至今。10多年来，她虚心向师傅们请教，向身边的同行学习，向书本学习。近年，她又拜面点国宝级郭文彬大师为师。经过多年的努力，练就了扎实的基本功，在面点制作方面结合当今的社会需求，挖掘营养健康的食材，同传统技法相结合进行大胆创新。

随着市场经济的活跃，旅游业的蓬勃发展，对餐饮提出了越来越高的要求。她通过对原料钻研，对市场调查及了解顾客的需求，着手创新健康化、绿色化、食补重于药补的面点食品。

比如南瓜，其果实营养价值很高，南瓜果肉内有一种特殊的物质，可促进胰岛素分泌，降低血糖水平，对防治糖尿病有特效。她创新用南瓜蒸熟，磨成蓉，与传统的蛋挞技法相结合，不用蔗糖，改用木糖醇调味制成金瓜蛋挞，既保留了它原有的美味，又赋予了它健康食品的新内容。

又如芦荟，芦荟不仅在药用方面有奇特疗效，而且在美容保健方面也有相当大的潜力，具有细胞组织的强再生复活的作用，保水、保湿、保养肌肤，它是可内服又可以外用的美容植物，被称为“青春之泉”，用鲜芦荟切粒，加入鲜果粒，再配以酸奶（酸奶可以维持体内细菌平衡），制成的芦荟鲜果酪，既清凉爽口，又可保养肌肤，排毒养颜。

还有玉米，被称为黄金作物，可预防高血压、动脉硬化。她用鲜玉米作馅，从菠菜中提取叶绿素，用蛋黄、叶绿素和面制成玉米酥。

其他，如雪蛤滋阴养颜，用它配上鲜芒果蓉制成香芒果雪蛤冻。现今世界上最流行的八大食疗法：①红茶防治流感；②维生素B_6防治糖尿病；③牛奶防治支气管炎；④蜂王浆防治关节炎；⑤橘汁防治尿道感染；⑥南瓜子防治前列腺病；⑦淀粉类食物防治肠癌；⑧菠菜防治视网膜退化。崔粟将这些食材用于制作菜点，将营养与烹饪技艺有机的结合进行推广，让人们不光吃得营养还要吃得健康。

崔粟说，用具有高品位餐饮文化理念的美食带给人们一点新鲜精气神，是一件快乐的事，也是她的追求。

刊于《烹调知识》2006年第3期

编著者的话：

胡洁，是我最早认识的厨艺学徒之一。后来，我再见到他，已是一位技术较为全面的大厨，既能娴熟地烹饪星级饭店的高档菜肴，又能烹饪出手到擒来的南北风味俱全的大众家常菜。

令我印象最深的是，新世纪之初，我到位于北京市石景山区的仙鹤楼调研和采访，见到他烹制的家常菜物美价廉，引来周边百姓就餐，门庭若市，竟成“百姓食堂”。

2005年初夏，我去胡大厨主理的晋南大院调研。一进门，10来口大铁锅摆开阵势，一道乡土农家菜“柴锅炖鱼”，引得顾客纷至沓来，络绎不绝。

一时间，竟在京城掀起一股乡土农家菜餐饮文化热浪。从中不难看出，胡大厨作为精通餐饮文化之道的厨师长又兼职业经理人开创餐饮市场的能力，堪称新一代餐饮大厨。

胡洁小传

胡洁，1968年7月13日生于河南潢川双柳镇，大专毕业，高级烹调技师，中国烹饪协会会员，北京烹饪协会会员，中国营养美食学会理事。

胡洁，2000年度被《东方美食》评为中国最受瞩目的青年厨师，2002年度被《东方美食》评为中国六大青年厨师，并出任东方美食绿色厨艺大使；曾任北京仙鹤楼酒店管理有限公司行政总厨，龙池山庄度假村常务副总、北京天鸿集团鹏鑫阁海鲜大酒楼总经理、闽粤海鲜大酒楼总经理、保定好喜来大酒店总经理等多家高级酒店管理者。胡洁现任北京晋商大院餐饮文化责任有限公司副总经理兼技术总监。

胡洁于20世纪80年代初在广东潮州从事烹饪工作，并系统地学习潮粤菜的制作，潜心研究味源的开发创新及使用，形成了自己独特的餐饮文化风格。他在行政总厨的岗位上工作了十几年，管理过多家星级酒店及涉外大酒店，多次带团队或个人参加国内、国际烹饪大赛，并获得个人金奖、特金奖和团体金奖等。

他为多家酒店制定最佳管理方案，系统地解决其存在的问题及难点，为多家大型酒楼取得了突出的社会效益和经济效益，是一名出色的餐饮职业经理人。

刊于《烹调知识》2005年第5期

编著者的话:

已经过去快20年啦，与熊望斌大厨相识的那一刻总不能忘怀。

当年，我到位于北郊五环路来广营的北京市首家红太阳生态园调研和体验新颖的生态餐饮文化生活。

我进到生态园内，先依己所好自行采摘成熟了的黄瓜、西红柿、生菜之类的时令青蔬，而后交给熊大厨。不一会儿，熊大厨亲手烹制的鲜嫩可口农家菜已然满满一桌，清香扑鼻，诱人食欲。

偌大的生态园美轮美奂，餐桌星罗棋布之中，红太阳生态园门前车水马龙，停车场已是车位难求。从喧闹不已的城里自驾来此的食客络绎不绝，都是追求这里的恬静乡野情怀和原生态美食。

在这回归自然的生态园，我与熊大厨初识。他的“生态美食”餐饮文化新理念别开生面，也因此而荣获多项大奖。

熊望斌小传

熊望斌1971年1月1日出生于湖南省桃江县，大专毕业，国家高级烹饪技师，中国烹饪协会会员，中国“绿色厨艺大使”。2004年被中国饭协授予“中国烹饪大师”，2005年全国生态论坛会上获得全国最佳行政总厨的称号，生态菜品金牌获得者，2004年12月荣获第二届首都营养美食技艺大赛金奖，2005年被评为高级营养配餐员，现任北京红太阳生态园行政总厨。

1987年从事烹饪工作以来，熊望斌曾在延吉跟韩国厨师学习韩国料理，后到广州、上海、深圳、南京等地学习考察市场行情，掌握前卫的管理经验与超前的菜品研究，经常以个人或带领团体参加国内各届大赛，并获得多项金牌。

近些年来，一直在红太阳餐饮集团工作，从长春、大连、北京等店不断的摸索与研究中，制订了一套非常完善严谨的管理制度，使酒店一步步走入正规化、标准化、程序化。在菜品原材料方面注重生态、环保的产品，保持原汁原味，倡导挖掘民间有机食品原料，对一些掺杂化学物质、农药、化肥、激素等原材料都拒绝于外。为保证客人的身体健康，特意研究了一份绿色食谱，采用的全是有机食品、绿色食品、无公害食品。

熊望斌对菜品要求精益求精，中西结合；倡导健康饮食文化，回归自然生态环境。

熊望斌对航母型饭店、生态园的设计与管理有着成功的经验，现已为多家大型酒店筹备开业并迅速取得成功发展，为餐饮文化创新、回归自然生态方面做出了贡献。

刊于《烹调知识》2006年第9期

编著者的话：

说尹金山大厨颇有成就，不仅仅是一眼就能看到的他的头衔，更在于他善于学习而又不墨守成规，他用力去做而不急于求成，永远前行在“功到自然成”的不断创新路上。

他烹饪的“佛跳墙”、鱼翅，乃至“鹅肝庆丰收”等佳肴，既有传承的坚守，又有创新的独到，均堪称“青出于蓝而胜于蓝”。他的传承和创新都彰显一位餐饮大厨的功力。

说尹大厨别具一格，是在更多地了解到他的成才之路，我想到一句著名的西方谚语“条条大路通罗马”。他不是“名师出高徒”的幸运儿，没有拜哪位名厨为师的机遇；但他也不是无师自通，努力践行“三人行必有我师”，恭恭敬敬地向技有所长的厨师学。没有拜师胜于拜师，学得百家之长。其成才之道，可鉴可学。

尹金山小传

尹金山1963年9月出生于北京，现任北京台湾饭店行政总厨。1982年考入北京侨办旅游职业中等学校烹饪专业，学习西餐理论和实践，专修英语。毕业后，在丽都假日饭店厨房西餐、中餐历练8年，后在香港京港酒店任职。之后辗转于马来西亚皇家苏丹高尔夫俱乐部，以及日本、新加坡、越南等国家，回国后在国内北京王府饭店、京瑞大酒店、港澳中心等高级酒店，历任厨师长、行政总厨，2004年出任现职。

尹金山成才可谓一帆风顺，没有什么坎坷，总结其成功的奥秘在于刻苦自学，不因循守旧，与时俱进。他虽没拜哪位名厨为师，可他所去的饭店，见到任何一位师傅，都用心去拜，仔细看、认真听、用心记、事后学，堪称吃“百家饭”长大，还经常自费去品尝各大饭店名厨的名菜，这称为“用心学”；“用力做”就是自己要下真功夫，“师傅领进门，修行在个人”，不惜个人购原料反复试验，请别人品尝提意见，“不到火候不出锅”。现如今，尹金山烹饪的台湾“佛跳墙”堪称一绝，细到对其20多种原料，根据每种原料的质地区别烹调温度及时限后，再汇总煨入味，成品糯烂软滑，味道馨香，回味无穷。

他继承这类官府菜，不墨守成规，而是别出心裁。如鱼翅，传统的汁浓，当今人们觉腻，尹师傅便巧妙地把冬瓜切丝，经特殊烹制后与鱼翅配伍，相得益彰，荤素搭配，营养平衡，口感极佳，深受欢迎。他还将中西餐饮文化结合创新了“鹅肝庆丰收”等佳肴。

刊于《烹调知识》2006年第4期

编著者的话：

石送军原本一个地地道道的湖北农村娃，13岁便开始辗转武汉多家餐馆学徒，无钱拜师，但小小年纪也有自己刻苦学习厨艺的心得：一是用心观察厨师烹饪菜肴手艺，记在心中；二是凭着学得的一些文化知识，孜孜不倦地向书本讨教；三是不辞辛苦地跑遍乡间农家小餐馆、马路排档尝遍各种小炒；四是在家中或店内照样摸索着制作。如此这般，日积月累，“千年媳妇熬成了婆”，终成鄂菜名厨，荣任一家鄂菜馆行政总厨。

石送军从九头鸟酒家跳槽，先后创办九头凤酒家、小石灶酒家，自己做起了老板。新世纪初，京城无处不有的“掉渣饼”街边小吃，就是他和弟弟石宝军创新制作的。迄今，京城多家小石灶酒家依然飘逸着浓郁的鄂乡餐饮文化气息。

他从鄂乡走来

——小石灶酒家总厨石送军

1984年，13岁的石送军开始了厨艺生涯，人还没有烤烧饼的瓦缸高，且不说砸煤、生火、出炉灰等杂活就够他受的，生烧饼要是贴不上瓦壁掉下来，就得挨一次骂、遭一次打，如今左胳膊上还留有一道伤痕。聪慧的石送军琢磨出往瓦缸壁上贴烧饼的规律，他把面和得稀稠适度，瓦缸壁上涂的油和水比例恰到好处，慢慢地练就了一手烤烧饼的好手艺。

1988年经亲友介绍，他到了武汉某餐馆打工，无钱拜师，只得自学。微薄的工资，一分钱都不乱花，全买了烹饪图书。只要休假就回农村，石送军就把路边小店、村中小馆的农家小炒吃一遍，从中品味、尝鲜，再回店中试着做，把湖北农家小炒、蒸菜、炖菜掌握手中。

有了湖北乡土菜的基础，1995年石送军来京在多家湖北菜餐馆打工，成长为总厨师长。但石送军仍坚持每年回鄂乡采风的习惯。1997年结婚，小两口来了个鄂乡大旅行，走遍了乡乡寨寨，住进了鄂西土家族的家中。他发现土家族酸椒味道好，就学到手，这才有了今天京城美味“酸椒鱼片”。

刚过而立之年的石送军，已从事厨师工作20载，获高级烹调技师职称及鄂菜名师、中国绿色厨艺大使称号。

石送军多年为人打工的生活也从此结束，终于有了“小石灶酒家”这个自己开的店。自己当老板兼总厨，发挥擅长鄂菜之长。他将湖北菜归列为六大类别：荆楚香锅、楚乡蒸菜、农家煨炖、汉江鱼鲜、风味炒菜和特色小吃，并在烹饪手法上集中体现了“蒸、煨、炖、焖”的特点，最大限度地保留菜品的原汁原味和营养成分。

他又将湖北民间几乎绝迹的楚乡炭钵系列菜奉献给京城百姓。这种炭钵是仿制湖北民间的陶土器皿，其炉灶也是特制小型的，炉中燃木炭，食用时连灶带钵拎上桌，乡土氛围浓郁。钵中香味扑鼻而来，其乐融融，美不可言，有楚乡猪排炭钵、楚乡牛排炭钵、楚乡兔肉炭钵、楚乡鲶鱼炭钵等风味佳肴。

刊于2005年1月28日《北京青年报》

编著者的话：

1999年，我在《东方美食》期刊上发表的一篇文章中留有联系电话。张平易通过电话找到我，希望我推介他到北京金三元酒家当厨师，后又引见他拜焦明耀大师为师学徒。他学成后，有一个机会去了澳大利亚打工，在海外更加勤奋努力并自学英语，口语交流及开写英文菜单都十分娴熟。现全家已移居澳大利亚，任澳大利亚某大酒店行政总厨。

张平易难能可贵之处是，把焦明耀大师药食同源的养生菜理念移植到海外，并独辟蹊径，致力于药食同源的养生菜理念与西餐文化精致巧妙的相融合，创新推出中西合璧的佳肴，深受侨胞和外国食客的青睐。

敏而好学的儒厨

——正一·道家养生院首席药膳师张平易

张平易，20出头，名如其人，儒雅、文静。来京打工之前，已小有建树，冷荤热炒、面点皆能信手拈来，烹饪文章、菜品杂谈，更是驾轻就熟，人称“秀才厨师”。

2003年，张平易遇上伯乐，中国药膳大师、官府养生菜大师焦明耀先生，收张平易为徒。上班第一天，砧板组报到，他愣是没有摸到刀把子，因为当天轮值，砧板组负责厨房公共区域的全部卫生，他用完扫帚，换拖把，拖地之后，洗玻璃，擦墙壁，收拾冰箱……一天硬是把全组的卫生任务一人扛了下来，这是对他的“小考试”。师傅对他的印象很深：小伙子能吃苦。

在跟随焦明耀大师学艺的日子里，从干货原料、水陆八珍的鉴别到刀工美化成形，配菜的标准（主料、辅料、料头），从制汤原料的分档取料（排酸、释放毒素）到清汤、浓汤、奶汤的吊制出品以及烹饪原材料的药性、药理（药食同源）疗效都一一细化、量化记录在册，逐个推敲、演练、总结……把大师的一招一式都铭记在心。

焦大师教他学谭家菜，为了练就一手吊汤技艺，涨发各种干货，他通宵达旦地守在现场，寸步不离，直到熟练掌握。他敏而好学，深得大师厚爱，加之烹饪工艺、理论知识丰富和大师的言传身教，其技艺更上一层，羽翼渐丰。

名师出高徒，现如今张平易出任北京典奥中卫医药科技有限公司旗下中国首家正一·道家养生院首席药膳师。精湛的厨艺和他对中国传统文化的热衷，使其如鱼得水，他烹四海山珍之美味，以道家思想观念及养生文化为背景，结合中医学基本理论和辨证论治为基础，遵循“药食同源、养医同理”原则，注重药食宜忌，使药物与食物科学配伍，合理烹饪，独辟蹊径，首创30余种道家养生菜点及道家养生宴，深受顾客及业界的好评。

刊于2005年1月20日《北京青年报》

编著者的话：

楚老锅酒楼系改革开放后下海经商、闯荡京城湖北籍人张定莲创办。张老板志在京城弘扬家乡的传统鄂菜餐饮文化，不惜重金从家乡请来湖北烹饪大师余付泉。

余大师不负众望，一展高超传统鄂菜烹饪技艺，一时间就为楚老锅酒楼推出数十道湖北传统特色佳肴，亮相京城餐饮市场，一炮打响，不仅博得在京湖北老乡的赞许，更为京城百姓称羡不已。

余大师还有绝活：用活鱼肉制作的鱼糕，似嫩豆腐软嫩，滑嫩、绵软而不走形，让这道几近失传的湖北佳肴重现京城。

余付泉小传

余付泉，国家高级技师、特一级烹调师、湖北烹饪大师，现任北京楚老锅酒楼行政总厨。

余大师14岁时师从于荆州百年老店“聚珍园”学艺，专致烹饪事业40余载，培养弟子数百人，并多次在国内外大赛中获奖。其制作的“冬瓜鳖裙羹”“江陵千张肉”等菜肴，被甄选编入在《中国名菜谱》“湖北专辑”。余大师擅长烹饪乌龟、甲鱼菜肴，因造诣精深，被誉为“龟鳖大王”

余大师挖掘整理了数十道湖北民间菜肴，比如“老锅杜婆公鸡”这一佳肴，起源于200年前的杜姓家庭，其秘方并不完善，余大师多次寻访民间老人，并反复试验研究，用20多种医食同源的名贵中药材为配料，经过独特工艺，精心烹制而成，色泽醇厚、香味浓郁、余味悠长。余大师还应用这种传统秘制方法新创“螺丝鸡”，把人们喜欢吃的福寿螺入锅同鸡汤入味，鲜美无比；还有家常微辣“老锅原汤牛杂碎”、粑糯醇香的“老锅香辣猪手”、荆州酱香味的“老锅秘制财鱼”等都是余大师的杰作。

刊于《烹调知识》2006年第6期

编著者的话：

赵传庆大厨吸引我关注的是他与众不同的经历。

他出身餐饮烹饪世家，子承父业；他师从多位全国著名的烹饪大师，得到各路大师的真传，掌握了各路餐饮烹饪技艺，可谓多能型餐饮大厨。

“技多不压身，艺高人胆大。”赵大厨自入行10年，即1988年率队参加菲律宾马尼拉喜来登饭店举办的中餐食品节开始，不断地被派往印度、印度尼西亚、巴林、泰国、澳大利亚等国家，表演中餐菜肴烹饪技术，展示中华餐饮文化，深受欢迎，屡获好评和嘉奖。

赵大厨的经历，让我们看到，餐饮大厨不仅是美味佳肴的创新创造者，也是传播中华餐饮文化的大使。

赵传庆小传

赵传庆，1978年高中毕业接替父亲职业，步入了厨师行列。曾在全国著名的烹饪大师常静、尹登祥、康辉和胡志夺门下学习烹饪技术。1988年，赵传庆率队参加菲律宾马尼拉喜来登饭店举办的中餐食品节，获得了《Business World》报刊宣传及饭店总经理颁发的感谢信；1988年参加北京市烹饪大赛，获得热菜纪念奖；1990年被派往印度新德里喜来登饭店工作，被饭店评选为最佳管理者、年度创收奖杯。

1993年，参加北京市第二届争办奥运烹饪技术大赛，荣获个人热菜银牌奖。1993年底，赵传庆率队到印度尼西亚巴厘岛喜来登饭店举办中餐食品节，获得该饭店餐饮总监的感谢信。1995年，赵传庆荣获北京地区川菜技艺大赛团体赛金杯奖；1995年率队前往巴林喜来登饭店工作，担任厨师长，荣获巴林饭店季度最佳管理者奖，荣获中国大使王小光先生颁发长城饭店的表扬信，获得巴林饭店总经理、餐饮总监、行政总厨的感谢信和证书。1997年，赵传庆被派往泰国曼谷喜来登饭店举办四川食品节，获得当地华侨协会会长的高度评价。1998年，考取特级烹饪技师。1998年度工作成绩突出被授予店级优秀党员称号，同年荣获北京市旅游集团年度优秀党员称号。1998年赵传庆率队到澳大利亚三个城市举办四川食品节，在大家齐心协力下圆满完成任务。1998年至1999年在中央教育电视台，做了多期烹饪技术讲课和现场表演。1999年度荣获长城饭店优秀员工；2000年被派往广东深圳学习考察；2000年4月调到长城饭店金长城管理公司，被派往工商银行下属银泉大厦饭店进行管理，担任行政主厨至今。

刊于《烹调知识》2008年第4期

编著者的话：

在诸多餐饮大厨中，赵怀信可谓别具一格，能文能武，给我一种与众不同的感觉。这也是餐饮文化的一道颇耐观赏品味的风景线，也是志在创新和成才的年轻大厨的学习榜样。

赵怀信出身于烹饪世家，既有烹饪东北菜、鲁菜、宫廷菜、家常菜等多种菜系菜肴，以及各式冷、热工艺菜的精湛技术和过硬基本功，又通晓烹饪历史与烹调理论，著作等身，事迹突出，成果显著。

赵怀信小传

赵怀信，男，汉族，1944年8月生于烹饪世家，吉林省白城市人，国家高级烹调师，中国烹饪协会会员，吉林省烹饪协会会员，吉林养生保健药膳协会常务理事，《东方美食》《中国大厨》特邀记者，白城列车段厨师长，《中国名厨菜典》《华夏名厨名菜选编》特邀编委，曾被评为“中厨之星”“中国名厨”“中华厨神”等，并入选《中国厨师名人录》《中华英杰大典》《今日中华英才》《96当代中华名人台历》《中华英才荟萃》等，2002年首届长春名厨大奖赛评委；2004年获第三届奇山杯全国名厨比赛“最佳金厨奖”，并兼比赛评委。

赵怀信先生通晓烹饪历史与烹调理论，擅长东北菜、鲁菜、宫廷菜、家常菜等多种菜系菜肴的制作，以及各式冷、热工艺菜，技术全面，基本功过硬。

数年来，赵怀信先生曾出版了《实用家庭菜谱》《学做家常菜》《烹调技术1000个为什么》《名菜赏析与烹制技巧》《家常菜谱》《中国兔肉菜谱》《美味驴肉大全》《川鲁粤1000样》《时尚家庭菜谱》《边角废料菜谱》《家庭菜3000样》等20余部烹饪专著。同时，先后在《中国烹饪》《烹调知识》《四川烹饪》《美食》《美食导报》《药膳食疗研究》《中国食品》等数十种报纸杂志上发表过数百篇烹饪饮食文化理论文章，其事迹突出，成果显著。

刊于《烹调知识》2006年第8期

编著者的话：

赵治民曾经十分动情又十分感恩地对我说，他一生最值得庆幸的事，是上天赐给他一位好师傅。

他从京郊插队回城，分配到拥有不少名厨的北京老字号餐馆八大楼之一的正阳楼学徒。特级厨师、擅长烹饪鲁菜和老北京传统菜肴的老前辈王福春相中了能吃苦耐劳、勤学苦练的他，日复一日，手把手地教他，悉心向他传授烹制鲁菜的传统技法精髓和老北京传统佳肴的“十八般武艺”。

学成后，赵大厨奉调到涉外星级饭店的北京京伦饭店，在绿洲“四合轩餐厅”，亮出了得到师傅真传的烹制鲁菜传统佳肴的绝活和多道老北京传统佳肴，异彩纷呈，深受中外宾客欢迎。

赵治民小传

赵治民，1956年出生于北京，初中毕业后赶上插队的末班车，就近去了北京近郊通县宋庄插队，当年的“再教育”使这个城市娃的手上磨起了厚茧，也锻炼了他吃苦耐劳的劲头儿。回城工作分配到京城八大名酒楼之一的正阳楼学徒。他拜鲁菜老前辈、特级厨师王福春门下学徒。虽说，新社会师徒平等，但脏活、杂活还得徒弟干，而这些活计对于赵治民来说如小菜一碟，比干农活轻松多了。早起劈柴、生煤炉子，时不时掏灰除渣、擦勺子、砍平墩子、磨刀等，干得样样利索。王大师观察赵治民能吃苦耐劳，于是就手把手地教他练扎实的基本功，从切肉丝、切肉片到调汤、兑汁，样样绝活都口传心授给赵治民，使他掌握了鲁菜选料精刀工细、火候足的精髓。

赵治民烹调传统鲁菜葱烧海参等数十个名肴时，得心应手。33载的厨艺生涯，赵治民练就了烹饪鲁菜、北京菜及小吃的十八般武艺，成长为一名品味到这些餐饮文化深韵的京城名厨。1998年参加首旅集团第二次烹饪大赛，以一道传统鲁菜名肴“葱烧海参”获得金奖。

赵治民自打1988年调入北京京伦饭店工作就没有挪过窝，近20年如一日，视京伦为自己的家，早来晚走，经常加班加点没有怨言。他现今在有着老北京特色装饰的四合轩餐厅，反复演绎着八方来客钟爱的传统鲁菜、老北京菜肴及小吃，不少回头客点名要赵治民师傅做菜。他烹调的“葱烧海参”“芫爆肚丝”“焦熘肉片”“软炸虾球”“赛螃蟹”“醋椒鲈鱼”“葱爆炉鸭”等传统名菜，个个精彩，让食客百吃不厌。

刊于《烹调知识》2007年第8期

编著者的话：

1983年，陈相乐毕业于上海烹饪技校，20世纪90年代中期来京时，已担任上海老饭店（北京）行政总厨，是烹得一手深得顾客喜爱的地道上海佳肴的餐饮大厨。

当年，像陈大厨一样出身于烹饪技校或职业高中烹饪专业的厨师为数不少，有文化有专业知识，进入餐饮行业后又进一步得到老一辈餐饮大师的指教乃至真传，他们中的许多人很快成为各大星级饭店或知名餐厅的总厨。

改革开放后，各地开办的餐饮专业职业学校为我国餐饮文化的发展起到很大的推动作用。餐饮业市场庞大、发展前景无量，餐饮专业及其培养的人才深受市场欢迎。

陈相乐：推陈出新上海菜

1983年，陈相乐从上海烹饪技校毕业后，就没离开这一行。辗转几家酒店，来到上海老饭店扎根，一干就是十余载。

回顾从艺生涯，陈相乐感触最深的是餐饮厨师基本功。改革开放初期，刚刚恢复技校学制，条件十分简陋，没有现在这样的天然气及灶具，但老师教学十分认真。每天清晨，学生得自个儿去搬运煤块，砸煤生火，砌灶练功夫。练刀工，陈相乐多次切到自己的手。回到家，把给父母炒菜当课堂，再不好吃，家人也得接受，苦在口中，乐在脸上，全家支持他练习技艺。陈相乐练食品雕刻，买了几筐萝卜，满屋子堆上他的食雕练习品，功夫不负有心人，正是勤学苦练，才使他在1989年全国烹饪大赛上海赛区夺冠，荣获全能奖。

出任上海老饭店（北京）总厨师长后，如何面对京城的八方食客，上海菜餐饮文化能否站稳脚跟，是陈相乐费尽脑汁的事。

陈相乐说，过去经济短缺时代，人们缺衣少食，理所当然要求菜肴重油赤酱，进入现代社会，人们要求科学配比、营养平衡、清淡可口。比如，过去烹制“油爆河虾”，酱油用得重，成菜后酱红油亮，口重，味浓郁。现如今，酱油用得少，更注重火候的掌握，让其出品色泽金黄，红润饱满；壳脆肉嫩，微咸带甜，回味无穷，令各路食客满意。再如那道“精扣三丝”，由火腿、鸡肉、冬笋切成见方不过1.5毫米、长约80毫米的细丝，三色相间、美观大方、口味鲜香，汤汁澄清、入口滑爽、清淡嫩软，也是在传统餐饮烹饪技艺基础上，对口味进行了清淡的调整，荤素搭配，并使其造型美观，才赢得了南北客人的芳心。

刊于2003年11月28日《北京青年报》

编著者的话：

到北京郡王府半岛明珠酒家拜访总厨师长徐嘉乐。一见面，他便领着我参观后厨。他身穿一身深黑色整齐、干净、得体且很漂亮的工装，头戴白色厨师高顶帽，这些着装在星级酒店餐厨倒也算平常，令我十分惊讶之处是他脚上穿的那双意大利黑色名牌皮鞋。眼前的徐大厨酷似王子呀，那里还像一个大厨啊。交谈时，才知道他学徒时因为没钱买鞋，干活时只得穿着一双破布鞋，脚泡在水里的痛苦经历。他挣到钱后“报复性”地穿名牌皮鞋，既是为曾经学徒时的艰辛来个另类写照，也算是心理上的一种疏解。

这么高价的皮鞋怎么能在后厨穿，不怕糟蹋了？我随徐大厨在后厨走了一趟后，恍然大悟：原来北京郡王府半岛明珠酒家的后厨竟然是想象不到的干净，地面无一滴污渍和水滴，再看其他厨师也穿着干干净净的各式皮鞋。这也应该是餐饮文化的美妙篇章：超卫生、超整洁的后厨，京城酒店中首屈一指。

脚穿千元名牌皮鞋干活的大厨

——北京郡王府半岛明珠酒家总厨徐嘉乐

“脚上无鞋穷半截”，徐嘉乐人穷志不穷。出身工人家庭的他，1980年高中毕业后考入广州市旅游服务学校烹饪专业。在餐馆实习，脚上穿的布鞋出了“龙”（脚趾破鞋而出），无钱买新的，要等到下月18元的助学金到手才能换。地面水污把脚都泡坏了，也得忍着，当时他立下壮志：将来挣大钱买好鞋穿！

20世纪80年代在广州辗转几家酒店继续磨砺，他把干杂活、粗活比着“演员台上1分钟，台下得练10年功”，选菜、洗菜抢着干；砧板切配练刀工；“打荷”（厨师炒成菜时递盘子），他干得上劲，一次因看师傅娴熟的掂勺技巧而入神，递盘子慢半拍，被师傅用炒勺烫了个泡，以示告诫。他学艺，看在眼里，记在心头，后来粤菜大师黄少权、曾绍彬两位伯乐收他为徒，从前辈那里学到粤菜的真谛……

名师点石成金，徐嘉乐自1990年开始先后出任四、五星级大酒店行政总厨，现任“广州半岛餐饮管理公司”出品制作总监，2004年6月兼任北京郡王府半岛明珠酒家总厨。进到后厨，看徐大厨正忙乎着，脚上穿的那双皮鞋锃光瓦亮，还是意大利名牌，价值千余元。问他为何穿如此贵的鞋上灶，他说不单是为圆当年想挣大钱买好鞋的梦，而是现在条件好了，地面无油污，厨师干活再不必脏兮兮的。看那摆放整齐的原料、调料、炊具，厨师们一尘的不染洁白工作帽、工作服，您到这样的餐馆吃饭，就放心吧！

徐大厨从前辈那里承传粤菜发展的精髓：比如原料原用，日本的神户牛肉、挪威的三文鱼、法国的鹅肝……海选全世界的，不鲜的不用，不好的不用。烹饪方法多样多变，堂煎法国鹅肝、堂炖燕窝，当面为客人烹调，瞅着新鲜，吃着放心；变中求新意味着海纳百川吸取各菜系之长，你看现在流行水煮鱼，到了徐大厨出品的，就是广东味，但又不失其川菜韵味，妙不可言。

刊于2005年1月28日《北京青年报》

编著者的话：

本篇和“辛国祥谈面点创新五要素”2篇文章记述中国烹饪大师、上海老饭店（北京）行政总厨辛国祥不同寻常的创新经历和业绩，不但努力践行，还著书立说，不可多见。

从这两篇文章中，可以悟出辛国祥大师的餐饮文化的创新精神、创新方法和技巧，这是我写这两篇文章的初衷。

妙手生花
——面点大师辛国祥

提起辛国祥，在美食界可是鼎鼎大名。他是上海四大点心名师之一，与葛贤萼、周京华、沈钰文齐名，又是葛贤萼大师的高徒，国家级高级技师，现任上海老饭店（北京）餐饮总监。

别看小小一块点心，经辛大师一番拿捏，就能成艺术品，从造型到色彩、口味、用料、制作工艺都有讲究。辛大师说，上海本帮传统点心较少，要创新上海新派点心必须借鉴广帮（广东）、扬帮（扬州）、苏帮（苏州）、京帮（北京为主）四大流派之长。比如这晶莹煎卷，就是在广帮虾饺的基础上创新的，烹饪工艺创新为先蒸熟，成品底部沾鸡蛋液再煎至金黄色，原料配方中除了虾仁外，还增加了蔬菜，利用澄面透明的特点，凸显其馅红、绿相间，十分诱人食欲；蟹壳黄是扬帮的大众点心，过去属于马路小吃，难登大雅之堂，现经辛大师的创新，精工细作，烤成后香酥松脆，色泽金黄，形似蟹壳，美味可口。

辛大师的点心作工精细，外形上更是如影相随，腰果葫芦酥以腰果为馅，外形酷似葫芦；奶黄南瓜团用南瓜、糯米粉和面，包入奶黄馅，制成南瓜形，与南瓜别无两样；香酥核桃球之馅以核桃仁为主，外形活脱脱一只大核桃呈现在您面前，让人不忍动筷。

现代人们崇尚清淡，当今面点的甜、咸、辣、酸都不能过重，但时尚青年又要寻找辛辣刺激的口味，为满足这一需求，辛大师专门创新设计制作了怪味系列点心，如同人生，将酸、甜、苦、辣、咸包在馅中，深受欢迎。

不仅如此，辛大师还把面点馅往“菜肴”靠，一次品尝扬州名肴酱爆茄子后，他顿生联想，将茄子切成小粒，加入肉末，放入海鲜酱、糖等调味，炒制成酱爆茄子口味的包子馅，保持原有风味，比菜偏甜、微咸，这种包子在上海面市很受欢迎。辛大师由此更联想到，将各种风味的佳肴改制成面点的馅，比如香妃鱼米馅，鱼香肉末馅等，派生出各种不同口味的面点来。高档原料鱼翅、鱼肚、瑶柱、海鲜也都可以与蔬菜配伍成馅，不仅荤素搭配营养合理，同时也提高了面点的身价。

刊于2004年4月30日《北京青年报》

辛国祥谈面点创新五要素

辛国祥于1964年进入上海饮食专科学校学习面点专业，师从全国面点状元葛贤萼，并得到前辈面点大师茅乃林、俞云魏、杨子洲的点拨。系统的专业学习为辛国祥打下了扎实的根基，上海老字号梅龙镇酒家是他成功的摇篮。

改革开放后，辛国祥如沐春风，不断创新，屡创佳绩，1979年创新的玉佛寺素月饼、玉佛寺素斋技惊上海滩；1985年获全国月饼评比第一名，其月饼色泽乳黄、油润酥松、层次分明、外形美观、油而不腻，令人叫绝；1988年创新的四色酥点又获全国银奖；1989年全国首届烹饪大赛勇夺金鼎奖；1993年第二届全国烹饪大赛，他的五位弟子分别获得了三个金奖两个银奖；1996年第二届中国烹饪世界大赛，辛国祥出任上海代表队教练，上海队获得团体第一、面点个人第一。多年来，辛国祥培养了数百名面点技师，其中不少人获得国内外烹饪大赛金牌和银牌，还有不少高徒旅居荷兰、日本等国献艺，他编著了《点心围边与艺术造型》一书。

辛国祥大师是新中国培养的既有深厚扎实理论功底又有卓越创新实践的新一代厨师的佼佼者。他起点高，进步快，承前启后，继承、发展和创新了中国的面点技艺。

辛国祥大师深深地懂得，创新是面点产品和烹饪技艺发展的灵魂，像一切创新一样，面点创新的关键是设计创新，而设计创新的首要是创造性思维和方法。辛国祥大师博采系统探求、联想类比、变异求新和组合创新法之长，从面点的造型、色彩、口味、用料、制作工艺和市场需求诸方面深入研究和不断实践，总结出面点创新五要素。

一、融会贯通

辛国祥大师说，上海本帮传统点心较少，要创新上海新派点心必须借鉴广帮（广东）、扬帮（扬州）、苏帮（苏州）、京帮（北京为主）四大流派之长，融会贯通，兼容并蓄。辛国祥大师精心设计、精工细作的海派点心，造型精美，甜度适当，松软润口，清爽宜人。辛大师在继承萝卜丝饼、玫瑰豆沙包、淮安汤包、翡翠烧卖、梅干菜肉包等传统品种的基础上，融入广帮点心品种多、油脂少、营养丰富，苏帮点心讲求色彩、造型，扬帮点心口味浓醇的特点，创新出海派点心。辛大师的晶莹煎卷，是在广帮虾饺的基础上创新的，烹饪工艺创新为先蒸熟，成品底部沾鸡蛋液再煎至金黄色，原料配方中除了虾仁外，还增加了蔬菜，利用澄面透明的特点，突显其馅红、绿相间，十分诱人食欲，且荤素搭配，非常爽口。辛大师的蟹壳黄是扬帮的大众点心，过去是在马路上供应大众的，因作工粗糙，难登大雅之堂，现经辛大师的创新，精工细作烤成后香酥松脆，色泽金黄，形似蟹壳，美味可口。

辛大师对苏帮点心的改革，主要突出酥、脆特点，在作工上更加精细，在外形上更加维妙象形，其腰果葫芦酥以腰果为馅，外形酷似葫芦；花生酥以花生仁为主馅，外形与花生逼真；奶黄南瓜团用南瓜、糯米粉和面，包入奶黄馅，制成南瓜形，与南瓜别无两样：香酥核桃球之馅以核桃仁为主，外形活脱脱一只大核桃呈现在您面前，让人眼前一亮，再不忍动筷子。这些精美造型的点心，再配上用面调入天然色素捏成的围边，色彩斑斓，形象逼真，件件都是艺术品。

辛大师早已洞察到，今后面点产品和烹饪技艺的发展很难分清那个流派，势必要兼容并蓄，融会贯通，承前启后，不断创新。

二、革新面团

传统面团一般分为五种：水调面团，如制作水饺等；膨松面团，如制作包子等；油酥面团，如制作酥饼等；米粉面团，如制作糕团等；还有其他面团，如虾饺等。

辛大师看到，现代人们生活水平提高，已普遍厌烦面团类型单一，缺乏变化，他执着地求变创新反复琢磨组合创新法，采用杂粮、淀粉、鸡蛋、蔬菜、水果等混合在一起制成各种类型的特殊面团，分别用蒸、煮、炸、烤、煎或复合加热制作工艺，采用甜、咸、甜咸、酸、辣及怪味等不同味型，根据季节变化及客人要求，派生出上千种不同口味、不同造型、不同花色品种的精美点心。如奶黄南瓜，用南瓜和糯米粉和面制皮，不仅像传统单一的糯米糕团那样糯软，又增加了蔬菜纤维，外形酷似南瓜，色彩诱人；香酥核桃用可可粉和面，使色、形似核桃，且使用起酥，寓意已同西点结合，品质香酥；用苦荞面和果仁（核桃仁、杏仁等）和面，作成苦荞酥，让杂粮进入细点，迎合现代人口味，融进了当代健康理念。

辛大师认为，不使用色素，用蔬菜汁添加在面团内，制成彩色面皮，使面点色彩斑斓，在面团中加入绿色天然原料，是今后面点发展的新热点。

三、馅要多味

辛大师说，在经济困难、食品短缺年代，人们求肚圆，对口味顾不上挑剔，如今丰衣足食，当然追求滋味，对点心馅苛求也就顺理成章。

辛大师知道，现时人们崇尚清淡，当今面点的甜、咸、辣、酸都不能过重，但同时又出现时尚青年消费一族，寻找辛辣刺激的口味，辛大师为满足这一市场需求专门创新设计制作了怪味系列点心，将酸、甜、苦、辣、咸包在馅中，让青年们去品味，深受欢迎。

对馅的改革，辛大师以为素馅是当今面点发展的方向。拿点心当饭吃，比如大馅包子内肥肉丁越多越好的时光不会再来，素馅面点渐成新潮。在宴会上，上几道点心，油腻的谁也吃不下，点心主要是点缀，观其形，赏心悦目，一小口下肚，换换口味，倘若素馅清香，更能刺激食欲。为此，辛大师开发了素馅系列点心，如素蟹黄包，用胡萝卜泥、土豆泥、豆腐皮、鸡蛋等，加姜、醋炒制成馅包在包子、烧卖或饺子内；还有以冬瓜等各种蔬菜制成精细美味的馅包入面点内。

辛大师还提出面点馅往“菜肴”靠，这一作法可能成为面点制作时尚。辛大师善于联想类比创新，一次品尝扬州名肴酱爆茄子后，他顿生联想，将茄子切成小粒，加入肉末，放入海鲜酱、糖等调味，炒制成酱爆茄子口味的包子馅，保持原有风味，比菜偏甜、微咸，这种包子在上海面市很受欢迎。辛大师由此更联想到，将各种风味的佳肴改制成面点的馅，比如香妃鱼米馅，鱼香肉末馅等，派生出各种不同口味的面点来。高档原料鱼翅、鱼肚、瑶柱、海鲜也都可以与蔬菜配伍成馅，不仅荤素搭配营养合理，同时也提高了面点的身价。

四、营养健康

“现代人崇尚健康，追求低脂肪、低糖食品，面点的创新不能离开这个原则”，辛大师认真地说这句话。他为适应当今的这种市场需求，在继承与发展中，精心系统探求和改造一些世代流传、油重糖高的面点。比如正宗的扬帮千层油糕，500克面粉放35克白糖、250克板油丁、100克熟脂油（大油），将面擀成薄皮，再涂熟脂油、撒白糖、放板油丁，再卷，压成正方形，放在笼内蒸熟后改刀成棱形装盘上桌，是典型的高动物脂肪、高糖的面点，很显然不适合现代大多数人的口味，也不利于人们的健康，但就是好吃，不少顾客还想吃这一口。现创新成发面，不用板油丁，只用熟脂油100克，少许白糖，加入果仁、蜜饯。蒸熟后层次松软、清晰微甜不腻，果仁味浓郁，十分爽口好吃。

为了保障人们的健康，辛大师说要严禁使用化学色素，建议采用各种蔬菜汁及天然色素来解决面点制作时的色彩问题；馅要荤素搭配，科学配方，营养平衡。

五、形要活脱

辛大师说，精美点心是中国饮食文化的瑰宝。中国点心历史源远流长，点心与围边结合相得益彰，早在晋朝就将米粉制成“粉郎君”等人物造型配点心装盘供食，至明清时创造了用既欣赏又可食用的糯米制品船点。到了近代，人们对点心的色、香、味、形、质有了更高的要求，不仅满足于食，还当成一种艺术欣赏。

辛大师自幼喜欢绘画，心灵手巧，作起艺术面点真是得心应手，作啥像啥，佛手酥、玉米团、元宝酥、龙虾酥、企鹅饺、鲤鱼饺、玫瑰包、葫芦酥，还有系列船点……件件栩栩如生：每一件精致的面点，辛大师都用面捏成相匹配的藤、叶、花鸟、鱼虫拼盘，构成一幅美轮美奂的艺术图案。他在《面点围边与艺术造型》一书中列举了近百形象活脱的面点图样。

辛大师还说，要想使面点外形活脱脱以假乱真，必须有扎实的基本功，当然现在科技先进，可以使用一些辅助模具实现造型，但往往却因面团粘模或不易脱模，适得其反。由于不同面团的特性不同，有些不能使用模具，如同真丝手绘产品那样，手工制作的面点更具魅力。

辛大师练就了两项传统的基本功：捏褶和擀皮。比如作扬帮包子，菊花顶、鲫鱼口、荸荠形，要求捏裥纹30个，整齐划一，长短一致，深浅一致，距离一致，辛大师能2分钟捏完7个。辛大师擀的馄饨皮，是绝活。他用面粉加鸡蛋和面，不用机器碾压，全是手工细活，擀出的面皮薄如纸，似蝉翼，点火就燃，放在报纸上能透过看见字，煮出来不破皮，透过薄皮可见馅肉及虾仁，馄饨汤用老母鸡吊出，清鲜味香，馄饨滑润爽口。

辛大师还说，面点造型很重要，传统的扣碗造型，只要用心也能拼出美丽的图案，比如锦绣八宝饭，必须选用江苏常熟的糯米，油性好，蒸出来晶莹光泽，似粒粒珍珠；坚持自己加工豆沙，达到细腻油润；用莲子、红枣、蜜枣、青梅、松仁、樱桃、桂圆、瓜仁，拼出色彩瑰玮的图案，灿烂夺目。此道"锦绣八宝饭"曾在全国第一届烹饪大赛上夺得金鼎奖。

辛大师曾多次赴日本等国表演技艺，也学到不少国外的面点加工经验。他说，西式的面点科学发酵、模具运用、复合加热等许多种科学方法都值得我们学习。今后我国的面点加工要努力学习先进科技，改善面点师的手工劳动强度，同时在营养配方方面多作研究。辛大师表示愿虚心向同行学习，相互切磋，精益求精，为广大消费者贡献更精美、更可口的面点。

刊于《中国食品》2003年第23期

编著者的话：

和熊咏波大厨交朋友，听他说挫折，讲励志，谈成就；走进他的生活，常使我有一种"受教了"的深深感动。

他学徒和刚出师时的挫折，非但没有让他气绥，却让小小年纪的他一次比一次更加励志，更加勤奋好学，终于有所成，成为楚国风情餐饮管理有限公司两家酒楼的行政总厨。

他在为自己烹饪出的菜肴没有特色而迷茫之时，竟从返璞归真中悟出个中之道。从奶奶、妈妈年节时烹出的乡土佳肴中，悟出楚国餐饮文化风情，不断从中学艺修道，终于创新和烹饪出了既具有楚国餐饮文化风味，又具自已独特风格和时代特色的系列鄂菜佳肴，颇受食客赞赏。

遇挫不气馁更励志，返璞归真，拨尽迷茫，豁然开悟，终于有成。这是熊大厨的创新情怀和成才之道，这是他的闪光点。我从中受教了，所以我要写他。

奶奶和妈妈调教的大厨——熊咏波

熊咏波自1996年开始出任多家湖北餐馆的厨师长，2003年任楚国风情餐饮管理有限公司两家酒楼的行政总厨。他将奶奶和妈妈传授的鄂乡小炒、鄂东滋补系列等精美乡土菜，搬上京城餐桌，展示洋溢楚国餐饮文化风情的佳肴，深受京城百姓喜欢。

熊咏波忆起15年前学徒的往事，有两件事让他记忆犹新。当年15岁时，熊咏波进入湖北武汉一家餐馆学徒，配菜兼传菜。一次，他看差了桌号，误传了菜肴，老板揪住他的耳朵不放，连骂带拧。通过这次教训，他自励要踏实、认真地走完漫漫学徒路。3年间，熊咏波起早贪黑，勤学苦练，总算学得一技之长。他应聘来到一家新店担任厨师。一次，一位顾客要求饭店代加工20只大闸蟹，厨师们心中都没谱，就交给这位“远来的和尚”。熊咏波面子下不来，只好侥幸一试。殊不知，这位“和尚”不会念这个“经”，他不仅未将螃蟹清洗干净，还把螃蟹盖掀开后上笼蒸，出笼的螃蟹无油，蟹黄变老，失去了鲜味。顾客不答应，熊咏波只得将一个月的工资全都赔给了顾客。此事留下笑柄和话把，让他无地自容，恨自己学艺不深。于是，他离职数月，花数千元去武汉第二商业学校进修，学理论并接受湖北名厨汪建国等前辈的指导。这两件事，让熊咏波终身受益，此后，他一路认真、艰辛地走过了15载厨艺生涯。

熊咏波学来学去，干来干去，总觉得没特色，难以出道。他想起了每年过春节时，初一早上为拜年的客人送上的锤肉羹，郁香可口，让人一年都难忘。那是奶奶亲手做的，做法是将猪后腿用酱油码味，蘸上红薯粉，锤薄后改刀成薄片，用骨头汤飞熟，撒上青蒜段、香葱段，软烂润滑，清香醇厚。熊咏波将这种鄂乡祖传的烹饪方法加以创新，开发出锤肉羹系列以及锤肉鱼疙瘩系列，根据季节配上各种时令蔬菜，清淡可口，老少皆宜。熊咏波还把妈妈教作的香辣糟鱼搬上了城市餐桌。妈妈将鲜鱼腌后风至半干，改刀成块入锅炸，再用炸完的油，配上生姜、米酒、蒜丁、辣椒浸泡。晾凉后凉吃，想热吃可再蒸，其味微酸、微辣、回甜，外酥里嫩，口感厚重。熊咏波将妈妈这种烹饪方法加以改进，推出了系列糟香鱼，深受食客青睐。奔着烹鱼的路子，熊咏波形成了自己的风格，成为烹鱼高手。他研制出烹鱼的独门复合调料，烹出酸酱烧鲫鱼、豆酱烧鲈鱼、豆渣武昌鱼等鱼肴，颇受食客赞赏。

刊于2005年5月14日《中国食品报》

编著者的话：

俗话说："高手在民间"，一点不虚言。

田华渔港酒楼行政总厨黄炳继就是从广州大排档走向北京大饭店厨师岗位的民间厨师。他为田华渔港酒楼带来了一股清新的餐饮企业文化，那就是，粤菜不仅是高档美食的代名词，同样也能是让普通百姓吃得起的"家常菜肴"。

黄炳继大厨主理的平价海鲜和广东家常菜，食美价廉，深受京城百姓欢迎。新世纪的头一个10年，黄炳继主厨的田华渔港酒楼生意红火极了，后因拆迁去异地经营。黄炳继重回广州，仍重拾老本行，自己开办了似如过往大排档的小餐馆，至今生意也十分红火。

偷着学出来的厨师长

——田华渔港行政主厨黄炳继

14岁时，差几分没升入高中，生性好动的黄炳继对厨艺颇感兴趣，入行时的个头还不如案板高。1989年那会儿的广州多是大排档、中小餐馆，学徒的条件很差，后厨没有一处是干的，从凉鞋湿到裤腿，整天泡在水里几个小时，干了湿，湿了再干，日久天长，落下了类风湿的毛病，影响到坐骨神经，影响到腰，发病时，痛苦难忍。即便如此，倔强的黄炳继对厨艺的追求从没有过放弃的念头。但令人纳闷的是，问他烹饪这行的"十八般武艺"哪儿学的，他却说自己是"偷着学的"。

颇有心眼儿的黄炳继，一开始就偷着学，眼勤，看了记在心里；手勤，不闲着的苦练；腿勤，师傅在哪儿他跟到哪儿，像个跟屁虫似的，要把师傅的一举一动琢磨个透，学出点手艺来。师傅受旧社会"教会徒弟饿死师傅"的影响，关键时刻，总是把他支开。黄炳继也有高招，每次离开灶上回来，看看各种调料瓶内的调料少了多少，琢磨师傅炒菜时用量是多少，把它记下来；有时去垃圾桶捡回调料空瓶来计算，时间一长，揣摸出规律，就偷偷地自己试作、试尝，慢慢地终于掌握了各种菜肴的调味规律，自己使起来也得心应手了。5年间没日没夜地干，换来的是扎实的粤菜基本功，小炒、煲汤、蒸、煨、扒……

羽毛丰润了，1991年冬天黄炳继从广州北上京城，这时他不满20岁。在京城多家星级酒楼从主厨、副厨师长一直干到行政总厨，于2004年出任田华渔港行政总厨，这位平民出身的厨师长深深懂得平民的需求，同总经理张继新合计，从批量进料控制原材料成本，精打细算，加强后厨管理，降低售价，实施薄利多销，推出平价海鲜，这在京城算头份。平价海鲜百余种，顾客看实物样订菜，犹如大排档，海鲜全家福68元，木瓜鱼翅68元、鱼翅捞饭36元、货真价实，口味地道，品一品，能尝出黄炳继16载磨砺出来的真功夫。

刊于2004年12月24日《北京青年报》

田润福带徒三招

旧社会学徒三年零一节，生死由命，师傅打骂徒弟是家常便饭。解放后，虽说有了根本的变化，但一些陋习仍然沿袭了下来。到了改革开放的今天，旧的师徒模式很自然地要被淘汰。其中一个重要的原因是学徒成员结构发生了很大变化，多数为有文化的知识青年，他们信息接受快、聪明能干、自尊心强。

针对这些变化北京贵宾楼饭店行政总厨田润福在30多载的厨艺生涯中，摸索出了带徒三招。

曲径通幽

田大厨的徒弟们说，师傅从不打骂我们，可比打骂还难受、还管用。田润福现已“黄袍加身”：北京市劳动模范、北京市政协委员、全国技术能手、“法国烹饪蓝带证书”获得者、美国颁发的全球最佳厨师“五星钻石奖”。面对诸多殊荣他却没有一点儿大厨架子，从不拿这些挂冠说事，虽说行政事务和社会活动多了，但他仍坚持尽可能天天下厨房指点迷津，并与徒弟们同吃一锅饭、同饮一壶茶，休息时调侃聊天，海阔天空，谈古论今。徒弟婚嫁他送礼，徒弟家中有难事他赞助。师徒之间是朋友，亲如手足，还情同父子。但当徒弟有了过失，他那平日慈父般的微笑就会晴转阴，脸变长了，一句话不说，他不会马上批评出错的徒弟。这种沉默，反而让徒弟产生懊悔，只好老老实实检查自身错在哪儿。等徒弟反省明白了，把检讨写好了交给他，但他却不看，而是让徒弟把这检讨书拿回家交自己的父母或妻子，并让亲人签了字才算完。哪有徒弟敢把检讨书往家送的，只好乖乖地向田大厨认错，改得越快越好，免得家人知道。一次，有个徒弟在上班的休息时间用公家的电脑玩起游戏，被发现后，田大厨用上述那招真灵。“杀一儆百”，往后，这种现象杜绝了，徒弟们休息时竞相使用电脑学习业务。

田大厨说，徒弟犯了错，立马批评徒弟，对方可能会产生反感，口服心不服。如果挨骂了，还会影响其自尊心，效果会更差。田润福这拐着弯的教育方法，能起到充分调动内因达到教育目的。这一招可谓“曲径通幽”。

看徒三步

田大厨说，培养一个能成才的徒弟大约需要十年，可谓十年树人。他不怕捣蛋的徒弟，就怕没有个性的。你管不好他，是你没能耐。

他带徒弟分三步。头两年为第一步，徒弟初来乍到毕恭毕敬，十分老实，勤学苦练，很少犯错。对师傅来说比较省心，你教他学，顺顺当当。

学了两年以后，长本事了，翅膀未硬就先飘飘然。这时，就得响鼓重锤，小题大作。一次，田大厨发现，一个徒弟看着另一个徒弟炒菜有毛病，不但不上手帮反而在一旁说风凉话。田大厨认为此事虽小，但是关系厨师品德的大事，不可不管。于是一反“曲径通幽”的套路，当面批评，大会小会点名，还通知了家长，使他牢牢地记住了“要想当好厨师，先得做好人”的道理。煞一煞徒弟的傲气，才能管得住他，才有可能成才，这是第二步。

学徒大约八年，算徒弟成长的第三个阶段，个个羽毛丰满，徒弟之间的争斗也就开始了。这时田大厨不动声色，仍然如同往常与徒弟们“摸爬滚打”在一起，从细微之处观察人品，看谁是可造之才。有一个徒弟自以为得劲，想跳槽挣大钱，那一方问他：田师傅知道吗？贵宾楼那么好，你为何还要跳槽？一句也答不上来，只好乖乖回来禀报，其结果可想而知。田大厨说作为一个厨师，企业繁荣个人光荣，企业出名个人才能出名，企业效益好才会个人收入好。一个亏损的企业，在社会上能有名气吗？

田润福言传身教，带出的徒弟个个成才。慕名来找田大厨要人的，纷至沓来。现在贵宾楼出去的厨师在北京五星级酒店担任总厨的有四五人，有的到海外发展也成了名。

不教继承者

行话说："师傅领进门，修行在个人。"学会了师傅的，不练自个的，也得饿死。田润福牢记恩师康辉曾对他说过的：五年后你还用我的菜品，你就会失败。田润福秉承恩师的这创新思想，给自己立了个规矩，"不教继承者，专教创新者"。

一个厨师的热销菜品，有研发期、成熟期、衰退期。即便是能保持数十年或百年不败的名菜，也是在适应市场中不断变化求新的。他身先士卒不断实践，促使徒弟悟出其中真谛。他教徒弟的菜，因人而异，每个菜都诱导徒弟提出改革或创新意见，可谓互教互学、教学相长，不断改进、不断出新。在听取顾客意见中不断淘汰，推陈出新。

一年下来，能保持三分之一就不错，其中有少数几个成为精品。比如田大厨早年去广州学粤菜，回到京城并不是墨守成规，而是经过师徒多年不断研究改进，在贵宾楼饭店"鱼翅捞饭"的基础上推出了御福翅泡饭、御福坛老大等著名品牌菜。御福翅泡饭味道鲜美、香糯滑润、口感绝佳，令中外宾客回味无穷。2001年仅御福翅泡饭一个菜就卖了2300万元。再有御福坛老大又称"满坛香"，采用高档紫砂大坛烹调，以鱼翅、鲍鱼、海参、裙边、鸵鸟肉等原料，经长时间煨炖而成，开盖香气四溢汁浓味厚，口感极佳。2001年，贵宾楼饭店餐饮收入达到创记录的7600万元人民币，年平均餐位创收13万美元，超过了每餐位创收1.1万美元的国际优秀餐饮企业评估标准。2002年的餐饮收入再超2001年100万元，凸显出菜品创新的魅力。

羽毛丰满了，翅膀长硬了，天高任鸟飞。田大厨不主张高徒云集在自己周围，这样会影响他们的发展，束缚他们的手脚，打心眼里乐意让他们出去闯荡。这些年来找田大厨要人的不少，厨师的流动大，但却没有影响贵宾楼的餐饮发展。田润福说这主要得益于总经理王福和的开明和对饭店餐饮的支持。王总支持他带徒弟的新方式，支持菜品创新，支持人才流动。田润福门下近百人的厨师队伍，不是一潭死水，而像一座不断更新的金字塔。人才的流动，对企业、对社会都会产生很大的动力。

徒弟有了成就感，就有了自信，加速成才；师傅看到徒弟有了成就，后浪推前浪，备感欣慰。这正是"青出于蓝胜于蓝"。

刊于《中国烹饪》2003年5月号

闲话拜师

在封建社会里，拜师收徒是传技学艺的主要形式，各行业都是以这种形式来传承技艺的。俗话说：一招鲜，吃遍天。为了得到这“一招”，拜一个乃至多个名师是必须的前提条件，然后再看徒弟能否打动师傅的心，进而能够倾心无私传授，因此便有了“一日为师，终身为父”的说法。也正因为这能“吃遍天”的“一招”，师傅可能处处防着徒弟，不到火候绝不传授这“招”，以免“教会徒弟饿死师傅”。一些家传绝技秘招甚至到了“传子不传女”“传媳不传女”的地步。拜师收徒的弊端显而易见，很多技艺的湮灭失传，就是这个原因造成的。

解放后，虽说师徒关系有了很大的变化，但一些陋习仍然沿袭了下来。到了上个世纪六七十年代，算是彻底废除了拜师学艺一说，统称老师与学员，同志对等，老师教学员培养革命接班人，义不容辞，乐于传授，不保守；学员学艺接班理所当然，学得开心。这种风气的形成，对承传技艺、后继有人起到了不可忽视的作用。以烹饪来说，当年招收的那批学员，如今活跃在各大餐厅酒楼，成为骨干，时至今日的商品社会，问起当年无私教育新一代厨师的国宝级烹饪大师康辉、王义均、郭文彬等老前辈，他们都异口同声地说无悔当初，看到了厨师队伍后浪推前浪，他们高兴得很，他们希望的是中国烹饪技艺发扬光大。旧社会视厨师为下九流，不受人尊重，新社会地位提高，生活有保障，他们都说没有保留绝技的理由，因而无私教徒。

行话说“师傅领进门，修行在个人。”大师康辉曾对现任北京贵宾楼饭店行政总厨的田润福说，学会了师傅的，不练自个的，也得饿死；五年后你还用我的菜品，你就会失败。这就是老一辈厨师的高尚艺德，他们不抱残守缺的创新精神鼓舞着新一代厨师。

老一辈厨师培养的一代新厨师，虽然当年没有行拜师礼，但是他们心中有师傅，师傅在他们心中是崇高的，永远值得自己尊敬。这样说来，有无拜师之礼并不重要，现在问起这拨厨师拜不拜师，他们仍然认为并不重要，关键是人家愿不愿教你，你能不能学好。

改革开放后培养的青年厨师，他们更少偏见，从中专、大专、本科，直学到研究生，博学多才，见多识广，自然不喜欢旧社会的一些师徒陋习。还有一个新情况是，近年来先进科学技术进入传统中餐，有的已实行原料量化，烹饪工艺标准化生产，在一定程度上也淡化了师徒关系。

拜师不拜师，关键不是形式，而是内容，您拜了师，叩了头，送钱送物，师傅是否真教你，你能不能学好，才是关键。拜师之后师傅不真教，或者他教不了你，没真本事，只为收钱敛财，再者还有你因无才学不好，不怪他人，而你只图拜师有个名分，去唬人，是自欺欺人。不少打着某某大师之爱徒的旗号到处求职的厨师，老板让他灶上试试身手，一试便败下阵来。可见市场需要的是真功夫，光有某大师爱徒的光环是不一定管事的。

厨师的技艺是财富，绝技是知识产权，但由于烹饪技艺的复杂性和多变性，难以量化来界定其价值，如果什么时候能有一部界定厨师知识产权价值的法规，就可以明码标价传授厨师技艺。现在各地大办厨师学校，通过交学费学艺是一种普遍的方法，只是初级的，往深了学，种种原因，就很难了。有些餐馆请名厨讲课，参照学校老师付授课费，也是一个方法。更有趣的是，北京一家酒楼为教厨师学到真本事，请名厨来店现场教授，教会一个菜少则500元多至1000元不等。拿钱的心安理得，给钱的也觉得物有所值，完全按市场规律办事，双方都享受实惠。

时代不同了，师傅教徒不能白教，要尊重厨师的知识产权，要给他们的劳动以报酬，这是商品社会对他们应有的尊重。

综上所述，笔者认为，拜师与不拜师并不重要，关键是如何学到技术，使中国烹饪技艺与文化能够传承下去。当然，拜师不拜师，要视具体情况而定，不能一刀切。

刊于《餐饮世界》2004年2月号

第二章

制造企业文化与品牌创新

本章导读

本章总计收录28篇文章。其中，论述制造业企业文化与品牌创新的14篇文章，涉及加工生产珍贵家具、服装、食品、家用电器、日用百货、保健品、装饰材料等制造业企业。这些企业也曾是当年改革开放进程中的佼佼者。它们的企业文化与品牌创新各具特色，有力地推进了企业的发展。享誉京城的百年老字号企业——北京市龙顺成中式家具厂，传承并创新其传统企业文化，毅然放下身段，开拓创新市场，跻身中外顾客流量很大的新兴潘家园旧货市场。北京雪莲羊绒有限公司将企业文化与品牌创新建设始终贯穿到企业经营管理全过程，增强了生存竞争能力和自我发展能力，取得骄人业绩。

从论述企业创新人物的14篇文章中可以一眼看到，无论是国有企业还是乡镇企业或私营企业的这些管理者，他们不仅具有很强的创新精神，还具有更強的创新情怀，发现问题、不惧困难、解决问题、脚踏实地前行的勇气和毅力。然而，我们更应当再深入一步，从他们创新的过程和取得的创新业绩中用心地去感悟，他们的创新悟性，或顿悟，或渐悟，这是我们最希望从中汲取的。

制造企业

编著者的话：

硬木家具在沦为当柴烧的灾难之后，终于到改革开放时重见天日，重放异彩。

厂长王东锐意进取，始创于清同治年间的“龙顺成”焕发青春，打开了国内市场，更是放下老字号的身段，入驻潘家园旧货市场，贴近了百姓，创新了老字号企业文化，扩张了老字号企业品牌的影响力。

我家花梨木家具6件，其中仿明新式沙发3人座椅1件、单人座椅4件、茶几1件，在“龙顺成”定制总共才花了7000元，现在看来真便宜，可谓我家中的“硬货”。在1999年当时还不值钱。

老字号“龙顺成”放下架子，进驻潘家园旧货市场

日前，一块由明清专家王世襄题写的“北京市龙顺成中式家具厂”的牌匾，挂在了潘家园旧货市场。此举，犹如鹤立鸡群，引起了各界的关注，产生了不小的反响。

“龙顺成”是享誉京城的百年老字号，其历史可追溯到公元1862年（清同治年间）。50年代末，在合并北京所有硬木家具生产厂家，集北方明清家具各流派之大成的基础上，形成了以清宫造办处所制作家具为代表的“京作”这独特的宫廷家具特色。但在当前市场竞争激烈的形势下，好酒也怕巷子深。新任厂长王东颇有开拓精神，他经过市场调查，敢于放下架子，毅然进驻这个近几年兴起的百姓市场。他说，这个市场很有潜力，中外顾客流量大，是个难得的窗口。国有老字号大中型企业，要勇于参与市场竞争，发扬老字号精品优势，永不言老，要适应新情况，要研

究新问题，才能在市场中夺取优势。开业那天，新老顾客纷至沓来，勾起了人们对老字号“龙顺成”的回忆，外宾也闻讯到场祝贺，以色列大使还在贵宾簿上签名留念。

说起“龙顺成”的硬木家具，选材精细，多为坚硬致密的花梨木、红木、紫檀等珍贵木材，质量优良，不糟不朽，不变形；吸收了明代家具线条优点，继承了严密的榫卯结构，雕刻细腻，造型古朴隽秀，古色古香，文静典雅，具有较高的收藏和艺术欣赏价值。为此，该厂为使中华民族的珍贵遗产得以发扬，最近专门设立古旧家具经营部，专门收购修复文物性古旧家具，挽救了许多散乱的罕见珍品。与此同时，增加了为消费者修旧整新的服务。这一切，都为老字号企业文化重放异彩铺平了道路。

刊于1999年11月24日《购物导报》

编著者的话：

这篇文章与其后的《“雪莲”开遍世界——北京雪莲羊绒有限公司的名牌之路》，让我们看到北京雪莲羊绒有限公司总经理李元征的创新情怀，身先士卒，和领导班子一起带领全厂从困境中创新企业文化建设，树立并踏实践行争先创优的创名牌观念，放眼世界市场，闯出一片新天地，使“雪莲”获得了一项项殊荣。

1996年的春天，应时任北京雪莲羊绒有限公司总经理李元征之邀，我和《人民日报》海外版记者田丽前往该公司采访。一参观，一席谈，我们真是大开眼界，是李元征的睿智和奋斗，创建了闻名北京市乃至全国的“雪莲”羊绒衫品牌，打通了从上游原绒到生产、销售的产业链，整合全国产、供、销一条龙，“雪莲”品牌的羊绒服装不仅畅销北京及全国，同时闯进国际羊绒制品市场，占领了一席之地。

企业文化建设，经营观念更新

北京雪莲羊绒有限公司通过多年来的实践证明，在改革开放和社会主义市场经济条件下，努力建设企业文化，将企业文化建设贯穿到企业经营管理的全过程，必将提高企业的管理水平，增强生存竞争能力和自我发展能力。在建设企业文化中，要充分发挥企业文化的导向作用，促进企业经营者和广大职工更新观念，树立起一套适应市场经济要求的经营管理观念。

一、树立参与竞争的市场观念

这几年，雪莲公司在建设企业文化中，把“让雪莲赢得市场，扩大市场，走向世界”，作为雪莲企业文化建设的目标和内涵之一，逐步使经营者和广大职工树立起参与竞争的市场观念。随着观念的转变，他们首先重视了市场调查，不仅给每个客户建立了档案，而且对于市场有关的方方面面的信息进行收集、积累、分析，摸清市场对羊绒产品的需求情况。二是在对市场进行调查，掌握信息的基础上，灵活运用价格策略、互惠互利策略、优质服务策略、公关策略等具有雪莲文化特色的策略，在市场竞争中占有了主动权。三是把提高产品质量作为参与市场竞争的主要手段。他们分析了过去产品销路一度不畅很重要的原因是产品质量和花色品种不能适应变化的市场，认识到产品的质量、品种不断满足消费者的需要，才能参与市场竞争，赢得市场。为此，他们比较自觉地以市场为导向，以消费者为定位对象，不断推出了质量上乘的花色品种，深受国内外消费者欢迎。目前，雪莲羊绒衫系列产品，不仅在国内市场享有盛誉，而且远销世界上30多个国家和地区，在国际市场上也享有很高声誉。

二、树立精益求精的质量观念

雪莲公司是一个外向型企业，在建设企业文化中，始终把增强经营者和广大职工的质量意识，作为雪莲企业文化建设的主题，开展“市场在我心中，质量在我手中”的劳动竞赛，使广大职工把自己的本职工作与增强外部竞争力联系在一起，不断增强了精益求精的质量观念。他们在抓产品质量中坚持做到以下几点：

1. 把货真作为质量的基础。首先严把原料关，在内蒙古、西藏等原料产地，扶持发展了一批信誉可靠的供应点，并且对进厂原料必须先进行科学的质量检测分析，在加工生产过程中建立健全了企业质量保证体系，执行高于国家和行业标准的内控标准，并坚持对生产一线工人、技术人员、管理人员进行质量要求的轮训，定期召开质量评定会，保证了产品质量步步提高，两次获国家质量金奖，并在历届国家和行业质量检测中名列前茅。

2. 把品种作为质量的命脉。根据羊绒衫市场外衣化、时装化的趋势和世界流行主题，不断推出新花色品种，设计生产花卉系列、动物系列、运动系列，几何系列、汉字变形系列，抽象系列等提花羊绒衫，使产品质量有了飞跃，具备了旺盛的生命力，深受国内外消费者欢迎。

3. 把价实作为质量的认同。价值与价格的背离，不管是乱涨价或争相降价，都会扼杀一个产品。在价格上做到合情合理，在销售淡季价格适当优惠，在市场最红火时也不乱涨价，使雪莲产品的价值与其价格得到消费者的认同，在消费者心目中感到货真价实。

4. 把服务作为质量的延伸。售前做到产品打样速度快，信息回馈快，交货力争快捷；售中做到想客户所想；尽量发挥公司的产销结合；前店后厂的优势，采取各种措施方便客户；售后做到满足消费者需求，开设代洗、代修、代补等服务项目。这些既使客户和消费者对雪莲产品充满信任，也为企业赢得了声誉和质量保证的连续效应。

三、树立争先创优的名牌观念

在当今条件下，名牌已经成为企业的无形资产。多年来，他们在建设企业文化中，把树立争先创优的名牌观念作为重要内容，始终坚持了“六个领先”：

1. 质量保证领先。质量是名牌的生命。“雪莲”牌羊绒衫始终处于最佳质量状态，保证和扩大“雪莲”产品的知名度。

2. 科技进步领先。名牌产品是高科技、高质量的结晶。只有坚持科技领先，不断增大产品的科技含量，才能使产品得到消费者青睐，保持良好形象。1991年以来该公司投入3000万元用于技术改造和技术引进，使“雪莲”牌羊绒衫扩大了科技含量，质量跨上了新台阶。

3. 市场定位领先。为维护名牌声誉，多年来，“雪莲”牌羊绒衫产品一直坚持占领高档商品市场。首先定位在出口市场，每年近70%产品出口，营销日本、欧美、香港等30多个国家和地区，年创汇保持在1000万美元以上，在国际市场上享有了声誉。在国内定位于高档商品市场，坚持不设办事处，不搞专卖店，不与个体户打交道，通过有信誉的名商场、名饭店、名宾馆形成工商一家，产销结合，前店后厂的致诚合作的关系和销售网络。名店托名牌，名牌靠名店，进一步扩大了名牌效应。

4. 规模经营领先。只有好的品牌，没有一定的经营规模，也只能是“有优无势”，最终也会断送这个好品牌。近几年，他们注重了规模生产和经营，使生产能力由过去的每年20万件左右，发展为近50万件，这样既增加了企业的经济效益，又提高了“雪莲”品牌的知名度。

5. 尊重人才领先。名牌的决定因素是人才。有了一流的人才，充分发挥各种人才的智慧、专长、优势，才能生产出高质量的名牌产品。这些年来，该公司注重发现人才、培养人才、凝聚人才，从而保证了“雪莲”产品的质量和品位，使“雪莲”品牌久负盛名。

6. 领导素质领先。多年来，该公司注重提高领导群体的素质，提倡思想解放、优势互补、协同作战，形成了具有较高素质的领导群体，为创名牌、发展名牌起到了带头作用，并有了决心与世界名牌争高低的气概。

实践使他们认识到：名牌绝不是一个简单、普通的标识，它标志着产品稳定、品种对路、服务周到、信誉卓著，有较大的市场覆盖率、有良好的企业效益和市场效益。作为一个企业，特别是外向型的企业，必须为创造一个在国际、国内市场上得到广泛认同的名牌产品而努力。

四、树立尊重知识的人才观念

人是生产力最活跃的因素。企业、产品的竞争，归根到底是人才的竞争，拥有人才，就掌握了竞争的主动权。他们在建设企业文化中，坚持以职工为本，注重提高广大职工的职业素质、思想素质和专业技术素质，把以塑造高素质的“雪莲人”作为建设“雪莲”文化的指导思想和重要内容，形成了良好的尊重知识、尊重人才的氛围。

雪莲公司连续三年被评为北京市优秀外商投资企业，1992年、1994年两次跨入全国500家最佳经济效益企业行列，1994年列全国纺织行业效益最佳第四名，被评为首都精神文明标兵单位、全纺双文明单位。

刊于《企业技术进步》1996年3月刊

“雪莲”开遍世界

——北京雪莲羊绒有限公司的名牌之路

刚刚过去的一年，是北京雪莲羊绒有限公司不平凡的一年。先进的技术、过硬的质量，使她率先在我国羊毛羊绒行业中，通过了现代国际标准ISO9001质量体系认证，放射出中国名牌的光彩。

而1994年，则是雪莲公司创出奇迹的一年。在我国众多羊绒衫生产厂家不景气的情况下，“雪莲”却“开”出了一系列令人艳羡的数字：产值12733万元，销售收入13280万元，实现利润3204万元，创汇1136万美元，各项经济指标均创建厂30年来最高纪录，并步入全国最佳经济效益500强的行列。

目前，具有年产50万件生产能力的雪莲公司，产品已畅销世界20多个国家和地区，在竞争激烈的同行业中，绽芳吐蕊，成为国际上羊绒业中的佼佼者。

羊绒名牌理应出在中国

尽管工作繁忙，但谈起羊绒衫，总经理李元征仍神采奕奕：“羊绒名牌理应出在中国。从原料上说，羊绒原料来自生长在高原高寒地区的绒山羊身上。每只绒山羊一年只能产出100～200克原绒，全世界山羊绒产量约8000吨，其中我国产量则占到60%以上，这是我们得天独厚的优势。羊绒名牌出在中国，这是理所应当的。”

具备了先天优势，并不一定会成功。“雪莲”也深深懂得这个道理。特别是近几年来，由于国内外市场需求量的不断加大，羊绒原料供应紧张，随行就市，羊绒价格不断上涨。当许多厂家陷入亏损和索赔境地时，“雪莲”却依旧鲜活，秘诀何在？

也许用得上“人无远虑，必有近忧”这句古训。早在几年前，“雪莲”就在内蒙古、西藏等原料产区扶持发展了一批信誉良好的收购点，长期合作，保证了原料的质高价实。同时，“雪莲”还考虑到，尽管我国羊绒产量每年有5000吨，但面对国内纷纷而起的数百个羊绒衫生产厂家，仍不可掉以轻心。不在一口锅里争饭吃，“雪莲”向国际原料市场进军。她以技术输出和机器设备投入的方式和蒙古共和国合资办企业，这家企业生产出的羊毛绒70%返销回“雪莲”。这两招，像是给“雪莲”上了双保险，为“雪莲”开遍世界打下了坚实的基础。

市场竞争眼睛紧盯国际

在北京燕莎友谊商城，曾摆放过雪莲公司生产出的这样一种羊绒衫：在提花羊绒衫上，织造了经过热烫加工后的水晶石，其图案或为花卉，或为山水，在众多羊绒衫中，光彩夺目。据售货员介绍，这种标价近万元的羊绒衫，常常令国际人士爱不释手。

作为以出口产品为主的企业，仅靠质量是难以成为名牌精品的，总经理李元征强调：把眼睛盯向国外，注意国际服装流行趋势，这是参与市场竞争的必要条件。为此，“雪莲”组建全国同行业中第一个产品开发和时装生产机构。在羊绒衫花色品种上下大功夫，陆续推出了运动衫系列、花鸟鱼虫系列、山水图案系列等，并且针对不同国家的风土人情，设计出不同产品：欧美人喜爱田园色，就重点生产绿色、驼色等贴近大自然格调的产品；日本男人讲求绅士风度，就以标志永恒色彩的黑色、藏蓝、灰色等为主；对于女士的产品，就更是“百花齐放”了。

让消费者放心的质量、喜爱的款式，不断为“雪莲”开拓市场新天地。几年来，雪莲羊绒衫仅日本就占了50%左右，日本的上层名流常以能穿上中国的名牌精品雪莲羊绒衫为体面。

名牌信誉凝聚品牌之中

“扬雪莲金帆，创信誉天下”，这是李元征和雪莲全体员工常说的一句话。

去年，一位法国客户要求在3天之内打出40个样子，最长140厘米，最短60厘米，当样子按时送到客户手中时，这个常年与中国做生意的法国人激动至极：“你们破了一项纪录。我曾为交货不及时、样式走形伤脑筋。你们使我改变了这种印象。”

1991年6月，美国一家公司与“雪莲”签订4800件羊绒衫订单，其中包括生产难度很大的2400件本白色羊绒衫。安排生产不久，这家公司要求提前交货。按照惯例，雪莲公司可以不予接受，但“雪莲”从长计议，加班加点，终于提前交货。对方当即表示今后将扩大订货量。

卓越的信誉，使得雪莲羊绒衫在竞争激烈的国际市场上的销路一直很稳定。5年来，外销产量均占年产量的70%以上。

李元征和全体雪莲人的辛勤耕耘，使“雪莲”获得了一项项殊荣：全国十大名牌服装、全国500强企业、国家金牌雪莲羊绒衫还被作为礼品赠送竹下登、中曾根、海部俊树等国宾。然而面对荣誉，“雪莲”并没有满足。李元征这位五一劳动奖章和北京市劳动模范称号的获得者，又在为“雪莲”定下新的目标：建立以雪莲羊绒衫为依托的集团公司；在塞班岛买下制衣厂生产羊绒衫及其他服装；在意大利米兰设立分公司；在国内搞服装模特公司，参加国际服装博览会……

与田丽合作　刊于1996年3月12日《人民日报·海外版》

编著者的话：

“梨乡行”和“梨乡新貌”2篇文章是我采访山东莱阳梨乡的报道，至今记忆犹新，万分感慨改革开放为农村带来的冲天活力和强劲的发展动力，以及从农村沃土中成长起来的乡镇企业家所创造的乡镇企业文化是何等的强劲有力。

在改革开放初期，山东莱阳县是胶东半岛乡镇企业蓬勃发展的明星县之一。采访时，我有幸观赏到清朝初年栽种的一棵老梨树，历经数百年依然根深叶茂，每年产梨过千斤；参观过莱阳梨浓缩汁生产线、莱阳梨酒厂、莱阳罐头厂、莱阳钢窗厂、莱阳皮革加工厂等乡镇企业，这个县改革开放迸发出生机勃勃向上的生产力、奋斗力，创新情怀，令人永世难忘。

当年，去莱阳县采访同行的记者还有《光明日报》罗明扬及《经济日报》一位实习记者。

梨乡行

胶东半岛的五龙河，穿过莱阳城，婉蜒南下。“广漠沙土”就在两岸。是它，孕育了“梨乡明珠”——驰名中外的莱阳梨。

“忽如一夜春风来，千树万树梨花开。”每当谷雨前后，五龙河两岸都宛如一片覆盖着皑皑白雪的原野。莱阳梨树开出的雪白的花朵，把村舍田园点染得光华耀眼，令人心醉。在那个季节，岸边的柳絮如烟，梨花似雪，衬上火红的土崖，分外娇娆，游人们冠以它“丹崖白雪”的美名。

我来时，是金秋时节，已不见梨园的“皑皑白雪”，挂在那千枝绿叶间的是累累果实，黄澄澄、金灿灿，微微秋风送着甜蜜的果香。粗大的果枝被硕果压弯了腰，有的竟半空折断，几乎所有的果枝都不得不用木杆撑住。尽管如此，梨枝还是被压得离地咫尺。树下，穿红着绿的姑娘们，用轻盈的双手将梨摘下，欢声笑语不时传来。

“请尝尝鲜吧！”热情的梨农，总是要让远道而来的客人品尝莱阳梨的风味。我接过一个，一口咬去，果汁四溢。它的果质真细嫩，清脆而香甜。细看外形又别具一格，头粗尾细，把长而歪，表皮黄中透绿并点缀着“颗颗金星”。

莱阳梨如此鲜美，与它生长的自然环境密切有关。五龙河两岸，沙土广漠，这里的土是一种特殊的棕色细沙土。它含云母多，土质松散，便于梨树根通风透气。这种沙土升温快，散热也快，昼夜温差大，这样促使梨树白天在光合作用下获得的糖分，在晚间不易消耗，从而加快了梨果糖分的积累。因而在这片土地上种植的莱阳梨含糖量比一般梨果糖分高3%。

“梨子好吃树难栽，好果还须人栽培。”一位老梨农请我去梨园西南角看一棵老梨树。据说是三百多年前栽植的，人称“梨树王”。它的主干已被多年沉积的沙土埋没，五个粗大的枝干从沙土钻出，斜着向上伸展，它的树皮被长年风霜剥去。这位老梨农，从其他青、壮年树上剪下当年生的萌条，巧妙地将脱皮间的细胞组织接通，给这棵苍老的梨树沟通了输送养料的渠道，从而使它“返老还童”。现在，它那五条枝干枝叶茂密，覆冠占地盖了足有150多平方米，每年产梨都在1300斤左右。

50多年前，莱阳梨的年产高峰不过20万斤。一位朋友说，如今可变了样，纵贯全县的五龙河两岸几十公里广阔地带，已形成庞大的梨园，总面积达7万多亩，近几年每年年产量高达35000吨。

“春天开花笑嘻嘻，秋天摘梨哭啼啼”。这是几年前梨农们的口头禅。因为莱阳梨糖分高，不易保存，加之销售、外运、加工、贮藏都不得力，每年只好眼巴巴地看着果实烂掉三分之一左右。

这几年，由于开放、改革，情况才逐年好转。县内外形成了一个庞大的外运、销售网络，先后建成了4个冷风库，可贮藏8000吨果品，就地加工业发展很快，先后办起18个莱阳梨加工厂，开发出莱阳梨罐头、梨酒、梨汁、梨干等多个品种。

回到招待所屋里，一阵清香扑鼻而来，环顾四周不见鲜花，只有几个小饭碗口大的莱阳梨摆在桌上，莫非是它！拿起来端详时，不小心摔落地上，顿成一团玉浆。此时，才猛然想起在梨园时，老梨农说的一席话：“莱阳梨成熟后，又酥又脆，太娇嫩了，俺们叫它‘老来娇’。”

我望着那“玉碎”的莱阳梨，好不心疼！

刊于1988年10月19日《中国食品报》

梨乡新貌

五龙河的五条支流在胶东半岛的莱阳县汇合后蜿蜒南下。河两岸是一片特殊的棕色细沙土地，宜于种果树。这里的特产莱阳梨独树一帜，畅销国内外。

相传清朝初年，莱阳县有一人在茌平县做官。他将当地的花梨苗运回莱阳县栽种。由于该县土质松散，含云母多，便于梨树根通风透气，而且这种沙土升温快，散热也快，昼夜温差大，使得梨树白天在光合作用下获得的糖分，在夜间不易消耗。因此，这里的梨比一般梨所含糖分高3%。经过长期培育，这里的人将它易名为莱阳梨。

我们且不必细究其名来历，现在，如果你能在金秋季节亲自到梨园走一走，就会看见累累果实，黄澄澄、金灿灿，挂满枝头，粗大的果枝被硕果压弯了腰，有的竟被压得几乎触地。梨树下，男女老少，一双双手，轻轻地将梨摘下。梨园里不时地传来阵阵笑声。这时你会情不自禁的赞叹：“多美的梨园金秋啊！”

如果你在谷雨前后亲临此地，那么则是另一番景象：雪白的梨花把村舍田园点缀得光华耀眼；五龙河两岸宛如一片覆盖着皑皑白雪的原野，令人心醉。岸边柳絮如烟，梨花似雪，古人诗云：“千树梨花千树雪，一溪扬柳一溪烟。”衬上火红的土崖，分外娇娆，游客们冠它以“丹崖白雪”的芳名。

县工业局长陈洪林对我介绍说，据《莱阳县志》记载，50多年前莱阳梨的年产高峰不过100吨。解放后虽逐年有所增长，但大幅度提高产量还得说是改革开放的这十年。现在，梨园总面积达7万多亩，近几年年产量高达35000吨。你看那果质细嫩、清脆香甜的梨，头粗尾细，把长而歪，表皮黄中透绿并点缀着颗颗金星，一口果汁四溢。

但你可知道，“梨子好吃树难栽”，每个梨都凝结着梨农的心血啊！一棵梨树，从育苗到嫁接成树，以至年复一年地修整剪枝，都有着一套独特的技艺。拿修整剪枝来说吧，整个树冠要求内膛充实，新老枝更替有序，又要求枝条层次分明，向外舒展，使叶幕扩大，接受光照充足，恰到立体结果的好处。梨农们世世代代，用这传统技艺使老树焕发青春，新树枝态艳丽。这几年，随着科学文化的普及，这里每个村庄都成立了科研小组，帮助大伙用科学方法给梨树掐花、授粉、疏果，并采取多种生物防治方法，防治病虫害，使梨的好果率每年都保持在95%以上。

莱阳梨糖分高，不易保存，每年都要烂掉三分之一。虽然县里有数十家梨制品工厂，但大多数用土法榨汁或熬梨膏，工艺落后，生产能力低下。每年就地加工梨果1000余吨，相当年产量的1/35。

现在，情况大变。陈洪林局长受省、市各级领导委托，自1984年起，率领大家共同奋斗，建立起一条现代的莱阳梨浓缩汁生产线。开始，他们在资金短缺的情况下，把目光集中国内，从正在开发系列食品机械设备的西安航空发动机公司，购买进口的压榨机、离心机样机；又从另一个食品厂买进该厂闲置的进口浓缩设备及芳香回收装置，形成了这条生产线的主设备。经检测整条生产线的设备、技术及产品质量，全部达到国际先进水平。当你来到这条生产线面前，只见国产的粉碎机、自清设备、检果机、洗果机，与进口主机结合得浑然一体，一排排不锈钢管路迂回曲折，错落有序，一个个不锈钢贮存罐闪闪发光。酷似“龙头”的粉碎机，每小时吞没着5吨鲜果。这条生产线，每年收获季节三班不停顿生产，可加工7200吨鲜果。这样一来，可就地深加工当地年产量的1/5，再加上全县共有4个冷风库贮存8000吨鲜梨，以及适时外销等措施，基本上解决了烂梨问题。

收获季节，你来到厂区的收购处，只见载满鲜梨的手推车、拖拉机、汽车排成了“长龙”，等侯收购。看到这丰收的景象，看到梨农们满面笑容，你会祝福梨乡面貌日新月异！

刊于《经济工作通讯》1989年2月号

编著者的话：

本篇和其后的《质量立业，争创名牌》2篇文章，记述了在充斥温州产品质量负效应的市场环境下，温州市热水器总厂王宏东厂长如何进行企业文化与品牌创新的历程，如何打开北京市场的艰难过程，并以质取胜的业绩。

浙江温州可以说是改革开放最早的城市，其20世纪80年代生产的小电器就风行全国。进入90年代，王宏东率先引进国外的先进技术，开发创新出康泉牌电热水器，解决大城市小区居民家庭洗热水澡的大难题。王宏东在1995年携首批26000多台电热水器，进军北京市场，一举成功。京城百姓争相购买，厂家安装服务到家。我家卫生间就在当年安装了康泉家用电热水器，直至现在一直还使用“康泉”，20多年间共使用了2台。

温州康泉崛起

80年代末90年代初，正当温州皮鞋、乐清电器的质量风波负效应遍及全国之时，温州市热水器总厂王宏东厂长冷静决策：以高质量的电热水器产品进军首都，重塑温州产品形象！

要改变人们的印象，谈何容易。但王宏东硬是同北京百货大楼签订了“如因质量问题退顾客货，康泉牌产品将永远退出北京市场”这样的死条款。背水一战，不容这个厂半点马虎。他们从基础工作做起，狠抓企业内部管理，逐步实现了三级计量工作和企业标准化达标；采用IEC验收，并实行TQC全面质量管理。在引进具有国际先进水平的意大利技术的同时，投入1000多万元改造总装流水生产线和检验系统测试设备，以高质量的硬件保障产品质量的稳定和提高。温州市热水器总厂一步一个台阶，通过了中国电工产品认证委员会的安全认证，使产品贴上长城标志。

温州人这回有了可靠质量的产品进京，也没搞广告的狂轰滥炸，而是与商家有约而来，悄悄入市，让消费者说话，真是兑现了王宏东厂长的预言：“每台康泉牌产品就是一个广告”。北京的用户购买康泉牌电热水器装上后，龙头一开热水就来。人们反映，这种新型电热水器克服了以往电热水器淋浴出水量小，不能连续供应热水等缺陷，且省电保温，还能将热水连接浴缸、漱洗盂、厨房，等于把“小锅炉”搬到了家。消费者满意了，一传十，十传百，逐步形成了争相购买的趋势。1995年，北京的销售量达26000多台，1996年达40000台。没有因品质而退货的，在北京打响了！站稳了！

北京冲击波波及全国，康泉先后在全国50多个大中城市铺开，相继建立了办事处，形成销售、咨询、维修一条龙服务网络。康泉热情、周到的售后服务，贴近了用户；康泉产品质量稳定，使用户们放心。人们从认识康泉开始，正在改变对温州产品的印象。据有关统计数据表明，1996年全国336家大型商场电热水器销售量之冠属康泉，已超20万台。王宏东厂长说，虽然今年国内电热水器产品市场趋向疲软，且有多家仿、冒产品的冲击及竞争对手，但康泉以质量上乘赢得用户，销量仍可增加1倍。同时自去年以来，迈出了国产电热水器出口的第一步，正在不断扩大出口巴西、德国及东南亚等地区。1996年出口量已逾8万台。自1994年在中央电视台'94中国名牌商品排行榜上，康泉赫然位居于前5名，又蝉联1994、1995年由内贸部、经贸部、技术监督局等国家6部委联评的全国最畅销国产商品“金桥奖”。

一座现代化的厂房矗立在以康泉品牌命名的温州鹿城工业区康泉大道上，巨大的“康泉”二字闪闪发光，显示着康泉勃勃活力。

刊于1997年9月19日《中华周末报》

质量立业，争创名牌

温州市热水器总厂前身为温州市康泉电热器厂，是国内最早建成专业生产电热水器厂家之一，其产品商标为“康泉”。该厂在发展战略上确定康泉电热水器走“名牌电热水器”的道路。具体做法是：

严格质量管理，健全质保体系

创造名牌的基石是质量。总厂领导始终坚持以“质量为本”，把“精细化、零缺陷”的质量管理观念，作为发展名牌的战略性决策。该厂建立起以总厂长为首的质量管理网络，领导全厂质量工作，同时总厂在企业内部建立了严格的工艺品质现场管理体系，制订了与国际IEC标准统一，经得起与国外先进国家标准比照的企业内部质量标准。在质检测试系统，该厂应用微机对质量参数进行监控，使产品质量从零部件开始到成品出厂，每个环节都在严格的质量监控之中，确保产品质量的绝对可靠。从而使电热水器优等品率达99.8%以上，开箱合格率达到99.9%。

“在非正常使用状态下，能使‘康泉’产品正常使用”这是该厂一贯坚持的质量要求。康泉这近乎苛刻的要求，能够做到任何用户任意不规则使用也不会造成电热水器的损坏，避免了很多质量问题。

抓技改重投入

该厂坚持质量立业、争创名牌战略的过程中，始终抓住技术改造不放松。几年来，投入1000多万元资金，建成了2条国内领先水平、设备齐全的流水生产线、钢内胆热浸锌生产线和计算机测试系统，这不仅使企业的生产规模大大扩展，更使产品质量控制与检测得到了可靠的保证。与此同时，对主导产品进行了一系列的技术改造活动，大大提高了产品的科技含量。这对该厂管理和发展带来很大推动作用。

科技领先创新引潮

在狠抓产品质量的同时，康泉人高度重视技术进步，大力实施科学创优工程。“康泉”电热水器视科研开发为产品灵魂。多年来，该厂一方面积极引进高校优秀的设计人才，一方面先后组织了技术人员去高等院校学习深造。这样不仅提高了企业的技术水准，也为企业在激烈的市场竞争中立稳脚跟打下了坚实的基础。依靠雄厚的技术力量，“康泉”电热水器针对性地研制开发了多品种、多规格的电热水器产品，以满足不同使用条件、不同层次消费者的需求。目前该厂开发的电热水器品种，容量有10L至100L；结构有敞开式、封闭式；款型有简易型、计算机控制型等15个品种、50多种规格。“康泉"新产品的不断问世，使多层次的消费者，都能选到让自己满意的电热器。

努力让用户感动

为了强化售后服务工作，把工作质量的内涵延伸到使顾客在使用过程中感到满意，康泉人提出了“努力让使用者感动”的服务理念。到目前为止，康泉牌电热水器在全国已有100多万用户，不仅数量大而且分布范围广，为了给使用者提供一流的服务，康泉在全国50多个大中城市设立了康泉售后服务中心和维修网点，覆盖了产品销售的所有地区，形成了一个庞大的维修网络。

重视商标内部管理，创造名牌商标形象

康泉正是以品牌作为商标注册，随着品牌的知名度的逐渐提高，维护好“康泉”商标的管理工作就非常迫切。该厂在“质量立业、争创名牌”的战略中，就确立了商标的管理与宣传工作。为此该厂制订了商标印刷管理制度，由专职人员进行管理工作，商标管理员已经接受过《中华人民共和国商标法》和《中华人民

共和国商标法实施细则》的学习培训，能掌握有关商标的基本知识和法律法规知识。

康泉牌电热水器依靠严密质量管理、过硬产品质量的同时，还非常重视品牌形象的宣传。自1994年，起每年投入销售收入的8%～10%作为广告费用进行宣传。“康泉”在对其识别层形象的宣传上，注重突出“康泉”商标特有的形象，并伴以文字和口号，使“康泉”的品牌形象、品牌商标很快为消费者所熟悉和认同。

刊于《企业技术进步》1999年第6期

编著者的话：

本文和《谁最爱过节》2篇文章记述了杭州牙膏厂创建企业文化和创名牌、创名企的经验，特别是其企业物质文化和企业服务文化颇具借鉴价值。

1999年的初冬，杭州牙膏厂厂长陈瑞华邀请《人民日报》记者段成章和我去杭州采访该厂。这个厂在当时全国牙膏行业名列前茅，是著名企业，拥有国产知名品牌牙膏。

陈瑞华注重企业文化与品牌创新，管理精细、经营有方，在众多国产牙膏品牌中，这“小白兔”可谓是“鹤立鸡群”。

“小白兔”走天下

闻名全国的“小白兔”儿童牙膏，在今年开展的“质量、品种、效益年”活动中，夺得“全国最受消费者欢迎的轻工产品”六连冠。

十年前，“小白兔”跳出西子湖畔的杭州牙膏厂，一跃跨出浙江省，短短几年走遍祖国大江南北，就连住在世界屋脊拉萨的小朋友也用上“小白兔”啦！每年销售“小白兔”均在3000万支以上，占全国儿童牙膏销售的三分之二。

80年代初，国内尚无专业生产儿童牙膏的厂家。可全国儿童患龋齿等不同程度牙病的占80%多。杭州牙膏厂看准了这个市场信息，高度注视和专注于企业物质文化的开发与坚持。

他们组织科技人员夜以继日地研制，从几种配方中优选出能防治多种牙病的水果香型第一代“小白兔”儿童牙膏。近两年，他们又探究被国际公认的防龋药剂MFP，配以国际流行的草莓香料，研制出第二代“小白兔”儿童牙膏。今年，他们又针对一些儿童不会刷牙或懒于刷牙，口腔细菌得不到有效控制，易诱发龋齿的问题，推出“小白兔”儿童漱口水，成为幼小儿童的好伙伴。

为了让小朋友得到质优价廉的“小白兔”，杭州牙膏厂克服原材料价格不断上涨的不利因素，坚持用价格昂贵的高级摩擦剂和发泡剂作原料，而不用廉价的代用品。对要“嫁出去”的“小白兔”，按部颁标准提高百分点进行严格检查，不合格的，甭想溜出门，使“小白兔”正品率达到99.6%以上。一支“小白兔”才赚分把钱，没有因品质而退货的。小朋友们拍着小手说：“‘小白兔’真好!”

杭州牙膏厂把每年的“六一”定为“小白兔”的生日，每逢生日到，在城市、农村联展联销，“小白兔”热热闹闹地同小朋友见面，告诉他们防治牙病的知识，联络感情。近两年，“小白兔”已加入每年一度的世界爱牙日活动。今年爱牙日，这个千人工厂抽调出200多人深入浙江省城乡，布下60多个网点，进行爱牙、护牙的咨询活动。

孩子们亲切地称呼杭州牙膏厂厂长陈瑞华为“小白兔”爷爷。每当开学，这位爷爷就送去印有“小白兔”彩画的包书皮纸，“小白兔”的爱心温暖着童心；学校还流唱着动听的儿歌：

“‘小白兔’作用大，每天刷牙都用它，牙细菌最怕它……”“小白兔”伴随孩子们成长，荣登小朋友们的上宾宝座。

与段存章合作　刊于1991年12月14日《人民日报 · 海外版》

谁最爱过节

要是翻着台历数数，中国人的节还真不少。大人怕过节，小孩爱过节，精明的商人则是天天盼过节，总把节日视为发财的良机。杭州牙膏厂厂长陈瑞华和厂销售部门从中悟出了开拓“小白兔”儿童牙膏的“六一儿童节”服务文化之道。

是在历经了曲折之后，才尝到巧用节日的妙处。杭州牙膏厂研制出水果香型第一代小白兔儿童牙膏是在80年代初。说是生不逢时也好，谓是千虑一失也罢，反正它是出师不利。时值市场牙膏大战，全国库存7亿支，就是杭州牙膏厂里，“小白兔”的2000多万支大“哥哥”也躺在库里睡大觉呢。“小白兔”的年销量总徘徊在数百万支。

“小白兔”时来运转是在1987年，那一年是它的“本命年”。该厂趁机在全国100余处销售网点办起“迎兔年‘小白兔’牙膏展销”，一下子“小白兔”名声大振，落户全国29个省、市，当年销量猛增至2500万支。

茅塞顿开的厂销售部门，从此把每年的“六一”节定为“小白兔”的生日。每逢生日，“小白兔”们总是浩浩荡荡，穿街道，走乡路，热热闹闹地在城乡各地与小朋友们见面，并且传授治牙病的知识，联络感情。这两年，它又加入了每年一度的“世界爱牙日”活动。今年爱牙日中，这家仅800名职工的工厂，愣是抽派200多人深入全省各地，布下60多个网点，进行爱牙、护牙咨询宣传。

开学了，算不上节日，但“小白兔”在孩子们的心中却是个不平常的日子，就像过节一样重要。每当此时，被孩子们亲切地称为“小白兔”爷爷的陈瑞华厂长总要去看望附近小学的孩子们，送去印有“小白兔”彩画的包书皮纸什么的。“小白兔”的爱心温暖着童心，一些孩子们都喜欢哼这首儿歌：“小白兔”作用大，每天刷牙多用它，牙细菌最怕它，这是保护牙齿的好牙膏……”

历经了市场的风风雨雨之后，“小白兔”终于欢快地奔跑起来了。现在，年销量达3000万支以上，占全国同类市场的三分之二。

看来，要想顾客为你乐呵呵地掏钱，有时也并不太难。只是提醒您——老板，别忘了今天是什么节日。

刊于1991年12月10日《中国商报》

“苦水”飘出玫瑰香

——兰州玫瑰露酒厂投产

甘肃陇南春酒厂与甘肃永登县苦水乡合作，在兰州建成年产2000吨玫瑰露酒的分厂，日前正式投产。

据专家介绍，苦水玫瑰是1823年清朝道光年间从西安引进的，经过160年的精心培植，由于有利的气候、水土条件，已成为我国四大玫瑰种系之一。苦水玫瑰花多，冠大，叶厚汁多，色泽殷红，香型纯正，平均亩产鲜花可达250公斤，玫瑰出油率约为万分之四，可与国际上久负盛名的保加利亚玫瑰相媲美。

为充分利用这一宝贵资源，当地已先后建成生产玫瑰油的20个中小厂家，年产玫瑰油400公斤，玫瑰浸膏100公斤。进入80年代以来，由于采取提高玫瑰花价格并为种植玫瑰的农民提供资金补助等措施，使苦水玫瑰种植面积发展到2700多亩，玫瑰50多万株，年产鲜花165万公斤，为1949年的200倍。

为适应玫瑰种植业的发展，把玫瑰引入较大规模的商品开发，轻工业部已在永登县苦水乡建立了一座年产25公斤玫瑰油的高级香料定点厂。

甘肃省领导十分重视把苦水玫瑰纳入系列开发，经兰州市科委批准，玫瑰露酒列入国家星火计划。这有利于改变甘肃省的产品结构，变原料优势为产品优势，打入国际市场。玫瑰露酒的样品，在去年广州春交会上备受日本商人的青睐。在今年10月北京国际诗酒节上，玫瑰露酒成为中外宾客的抢手货。目前，玫瑰露酒已销往东南亚及英、法等国，受到这些国家消费者的欢迎。

与李道明合作　刊于1991年11月13日《消费时报》

编著者的话：

一段跨国的奇缘，让李春平持有美籍华人的身份，之后他却回到祖国开展慈善事业。

本文记述了李春平捐资北京市民政局隶属的朝阳补品厂，又在中医研究院专家的帮助下，办起了合资企业十全乌鸡精厂，出品十全乌鸡精口服液，使公司一步一个台阶走向辉煌。这在改革开放的初期，令人惊叹不已，津津乐道。

“十全乌鸡精”市场走俏

在京城的黑色食品热中，“十全乌鸡精口服液”受到众多消费者的青睐。

一位从事教育工作多年的女教师，因教学工作烦忙，睡眠不宁，脾气急躁，工作之后倍感疲劳，服“十全乌鸡精”一盒后，顿觉睡眠明显好转，工作效率提高，脾气也温和一些了。她写信说，你们为人民的健康做了一件很有意义的事，我深表谢意。

一位年过七旬的老人，患糖尿病多年，各种治疗都试过，均无明显效果。一次偶然的机会，他在商店看到“十全乌鸡精”，对糖尿病有辅助疗效，抱着试试的心理，买了2盒，吃了2个月，再去医院检查指标正常了。老人非常高兴，觉得它实在是个好东西，应当广泛使用。

中美合资北京十全保健品有限公司的前身是北京市民政局所属朝阳乌鸡补品厂。美籍华人李春平先生有幸去大洋彼岸接受了一大笔遗产，并把这份爱心投向扶持残疾人的事业之中。1990年底合资办起了北京十全保健品有限公司。

公司成立以来，得到中医研究院专家的协助，又经著名中医关幼波教授出面相助，推出了男女老少皆宜、以防病重于治病的保健配方“十全乌鸡精口服液”。

机遇使公司一步一个台阶走向辉煌。第一年销售120万元，第二年销售370余万元，去年销售1500多万元，今年计划销售1800万元。截止6月底，已销售1000余万元。公司以注册资金169万人民币的能量运转着，三年半时间，平均每年赚回一个公司。迄今为止，他们的产品主要满足北京市场需求，逐步向全国发展，对海外市场已试销数百箱，前景看好。

刊于1994年11月4日《北京市场报》

编著者的话:

这是我采访的北京改革开放初期的乡镇企业之一。该厂起点高，整条壁纸生产线全部从国外进口。由本文和《北京百花壁纸厂引进工作的启示》可见，改革开放初期北京乡镇企业蓬勃发展的态势，感受到强劲有力的乡镇企业文化。

当年，家庭装饰十分流行贴壁纸。厂长白福元头脑灵，把生产原料、辅料国产化了，使洋为中用，用上了，生产的壁纸填补了北京无壁纸生产的空白。我曾引荐多家京媒、央媒前往位于门头沟的百花壁纸厂采访报道。我邻居还托我给代买过这家厂的壁纸装饰居室。京西壁纸为当年人们追求幸福生活添彩。

“洋机器”食“中国饭”，京西壁纸名声好

来到坐落在京西的市百花壁纸厂车间，只见错落有序的生产线，宛如一条“长龙”，原料、产品在流水线上穿流不止。这条从国外引进的生产线，是英国和德国具有80年代先进水平的技术和设备，能生产出具有透气性好、耐擦洗、不褪色、无异味等特点的壁纸。

这条生产线从去年5月3日破土动工到第一期2424平方米主体工程完工，仅用了140天。今年正月初一，机器安装、调试、验收就全部合格。3月1日，全部使用国产原料、辅料，全部由中国人员操作，投入了试产阶段。

厂长白福元有远见、有魄力，在决定引进该设备时，他鉴于国内一些引进的生产线因缺乏“洋原料”而“趴窝”的教训，下决心同时解决原料国产化问题，让“洋机器”吃“中国饭”。经过请国内科研单位和工厂技术人员的反复试验研究，生产配制出了适合的国产纸和胶种，在出国学习考察时，在“洋机器”上一试成功。而后，他们立即着手解决原料来源问题，先后与鸭绿江造纸厂、北京造纸一厂、七厂及北京有机化工厂、天津油墨厂等签订了供货合同。其中在同鸭绿江造纸厂签订了10年不变的供货合同时，他们特为该厂投资10万元，用于改造造纸生产线上的网前箱设备，以利生产出560毫米宽的壁纸专用底纸原纸。这种为提供原料的工厂投资的做法，既促进了双方的合作，又保证了壁纸的原料供应。

“洋机器”吃“中国饭”的效果如何？在产品的鉴定书上这样写着，经国家化学建筑材料测试中心检测，其耐晒、耐擦洗性、施工性及硫化污染等指标均符合相应的日本及欧洲标准。

产品试销几个月来，上海、河北、甘肃、海南、深圳等20多个省市的用户，蜂拥而至，争着订货。在北京，市建材四站一下子就订货40万平方米；北京饭店等也大量订货，以取代进口壁纸，用于客房装修；许多居民也纷纷订购，试销数月销售额就已达百万元。从订购量看，1989年第一季度的生产计划已排满。

谈到发展前景，白厂长和厂职工充满信心。因为他们引进的这条生产线，只要

调整辊筒、搭配颜色，即可变换生产出3大类、18个品种、60多个花色的产品，既有具有我国民族风格的庄重典雅、绚丽多彩的松、竹、梅图案的壁纸；又有具有浮雕感的欧洲风格壁纸；不仅能适应国内市场需求的变化，也有利于进军国际市场。

刊于《经济工作通讯》1988年第22期

北京百花壁纸厂引进工作的启示

北京百花壁纸厂在引进的浪潮中，不赶风头，不随波逐流，在壁纸生产线的引进中另辟蹊径，掌握主动。

1985年前后，全国已引进了50余条壁纸生产线，北京百花壁纸厂要上的生产线生产的壁纸性能优于各类塑料壁纸。他们确信：品种新、性能好、造价低的产品一定能占领市场。事实证明：他们成功了！一些地方的引进项目“虎头蛇尾”，可北京百花壁纸厂却越干越红火。他们的做法是：出国学习、考察派的都是学有专长的专业技术人员；从筹建班子到建成投产，自始至终是这一批人。更可贵的是主管工业的区长董春生同志，自始至终同这一班子人一同跑上跑下，重大决策他都亲自抓。他们的一条经验是：主管领导一抓到底，重用科技骨干力量，避免“走马换将”，真正把引进工作抓出成效来。

人们常说，人无远虑必有近忧。不少企业搞引进，因为洋机器吃洋原料，一旦洋料断源就“趴窝”，所以，北京百花壁纸厂在决定引进之时，同时着手对生产线上需使用的原料国产化问题，进行调研、预测、试验，终于在科研院所的科技人员和工厂的能工巧匠们的通力合作下，攻下难关，使得生产线一投产就全部使用上国产原料、辅料，经国家检测部门检测，完全符合欧洲和日本质量标准。

更值得赞扬的是，这个厂舍得拿出10万元资金为提供原材料的工厂投资，并签订10年的长期供货合同，以保证壁纸的正常生产。真可谓“兵马未动，粮草先行”，免除了“巧妇难为无米之炊"之苦。

以上几点，当给我们企业的引进工作带来某些启迪。

刊于《工业技术》1989年5月刊

编著者的话：

日本资产进入杭州合资创建的“高丝”品牌，是改革开放初期闯入我国庞大的化妆品市场最早的一个，也让我们领悟了合资企业中外方带来的企业文化变化，令人耳目一新。

“高丝”的BA营销模式

杭州中日合资春丝丽有限公司没有动用媒介“铺天盖地”的宣传，也没搞广告的“狂轰滥炸”。5年来，在化妆品市场的竞争中，其“高丝”产品稳稳当当进入北京市场。百货大楼、西单商场、长安商场、城乡贸易中心、赛特购物中心等80余家上规模的百货商场，均有“高丝”发用、护肤、彩妆系列产品出售，品种由初期的4种增加至目前的37种，销售额是5年前的20倍，截至10月底，今年销售收入已逾2千万元，在北京市的这些大商场中，“高丝”的销售量均名列化妆品类前一二位。今年该公司在全国的销售额将突破一亿。

日方投资者是在日本化妆界唯一获得全面质量管理最高奖——戴明奖的高丝株式会社，也是日本三大化妆品生产企业之一。中方伙伴是创始于清朝同治元年（1862年）的杭州孔凤春化妆品厂，曾生产专供慈禧太后专用的贡粉。年轻的春丝丽公司发挥传统工艺的特色，结合日本现代先进技术和管理焕发出青春的活力，以“严格质量管理之下的高品质”为宗旨，生产出了符合中国国情的优质且价格中档的产品，因而深受消费者欢迎。

在市场营销战术中，该公司有别于众多的对手，5年前进入角色时，首创了BA（Beauty Advicer）小姐模式，即为顾客提供美容咨询、美容服务。与单纯雇用美妞站柜台，花枝招展吸引顾客的不同之处，是BA小姐经过严格培训，每年都有日本“高丝”专门人员来华，对BA小姐进行从美容知识到礼仪服务的授课及示范训练。素质高雅的BA小姐为顾客提供完善的美容咨询服务，必然迎来众多的回头客和新顾客。更令人称道的是，“高丝”不是孤立地推出BA小姐模式，而是将其纳入整个公司的TQC计划，把销售服务视为全面质量管理的一个组成部分。围绕TQC管理，“高丝”形成了独特的企业文化，如“下道工序就是顾客”等，已成为公司全体员工的信条。在如此浓郁的企业文化气氛中培育出的营销队伍，当然身手不凡，同时也形成了“高丝”独特的营销方式，使之在当前眼花缭乱的化妆品市场竞争中立于不败之地。

公司总经理远间达雄认为，中国化妆品市场潜力甚大，有待进一步开拓。为此日方投资已从初期的230万美元增加到406万美元，还将大幅度增加。其生产线已经扩大，以满足市场产品需求。远间达雄说：“双方合作愉快，企业效益好，企业兴旺，我对前景有信心。”

刊于1994年11月6日《金融时报》

制造企业人物

编著者的话：

1990年我去西安开会，特地抽空去灞桥区拜访了魏政国这位有想法的农民企业家。他每年把陕北上千吨的杂粮“消化”掉了，开创了杂粮制作小食品的先河，经久不衰。

时至今日，您在全国各地的超市、小店还能见到又香又脆、多种口味、好吃的小食品杂粮锅巴。看了这篇文章，您就不会忘记魏政国，不会忘记西安福康食品集团公司的企业文化和品牌创新的市场影响力，以及所带来的良好、深远的社会效益。

他要把杂粮的开发利用搞上去

——小记西安福康食品集团公司总经理魏政国

正当西安古城锅巴热至沸点，西安市灞桥区福康食品厂厂长魏政国在今年年初却毅然决然决定上“锅巴”，这令不少内外行人士咋舌。有的说他头脑发热；有的说他赶浪头，注定要砸锅的……

魏政国，不是随波逐流者。他几经辗转，1988年来到西安灞桥区福康食品厂，干起港式面包生产，数月间即在古城名声大噪，使这个数十人的小厂扭亏为盈。港式面包销路广、市场宽，小企业干得十分火红。结果，招徕众多求教者，他总是来者不拒，帮助远近的农民兄弟办起百十家面包房，把赚钱的产品让给人家。他又在广泛进行社会消费情况调查的基础上，琢磨着要在黄土高原上试作西式糕点。在古城的晨曦中，他将西式糕点分别送进各大宾馆及高档餐厅。这一炮又打响了，每日产品销售一空，供不应求。然而，去年春夏之交的风波使这家企业受挫，只好转产饮料，熬过半年。

1990年初，魏政国决心要上粗粮细作的新型锅巴。农家出身的魏政国，了解陕北盛产小米、小麦、苦荞等杂粮，而每年秋收后，农民发愁的是杂粮难出手，成千上万吨的霉烂。给杂粮找个好出路是他的宿愿。正巧，陕北老根据地安塞县县长也为这件事找上门来，二人一拍即合。今年6月12日，小米、苦荞、大麦锅巴面市了，日产10吨，供不应求。短短数月，四面八方，乃至西宁、拉萨纷纷来电要货。在亚运会生活用品展销会上，还获得了优秀产品奖。

接下来，以古城西安为中心，掀起了杂粮锅巴热浪。热浪卷来，魏政国没有被冲昏头，没有去盲目扩建发展自家的小厂，他把目光投向了远近的县城，把手伸向了农村，因为那儿有取之不竭的杂粮资源。他把制作锅巴的技术教给他们，就地取材生产出合格产品。8月11日，魏政国联合10余家小厂组建了西安福康食品集团公司，并出任总经理，使杂粮锅巴这一新产品刚问世不久，就形成了有原料基地、有一定的生产规模、有销售渠道的一整套适应市场竞争的条件。

但是，魏政国并没有把眼睛仅仅盯在锅巴上，他组织的食品科研小组，已开始粗粮细作的小食品研究，并制定了自己的“八五”规划。他决心要把陕北几个县每年都要霉烂数以千吨计杂粮的历史改过来。现在，苦荞系列化产品之一的苦荞挂面已试制成功，试销受到好评。

魏政国说：我搞企业，一是想到农民，二是想到国家……。杂粮营养丰富，要把杂粮的开发利用搞上去，改善群众的食品结构，造福于民。

刊于1990年12月11日《经济信息报》

有感于县长落泪

陕西省安塞县县长握着西安市灞桥福康食品厂厂长魏政国的手，热泪夺眶而出，感激地说：“谢谢你，你救了俺们县了。”原因是这个厂新开发的“小米苦荞大麦锅巴”，每年使用这个县产的杂粮3000余吨，解决了该县每年积压、滞销、霉烂数千吨小米、苦荞的老大难问题。

近几年，掀起以大米为原料的锅巴热。魏政国没去赶时髦，而是另辟蹊径，转向以杂粮为原料的小食品开发。他认为，杂粮营养丰富、来源充足，国家不控购，农民手中大量有，用之开发小食品大有可为。此举，利国利民。

杂粮产地多是“老、少、边、穷”的地区，魏政国不仅伸手购买原料，同时展开双膀去扶持当地办起锅巴分厂，帮助老区人民利用当地的资源脱贫致富，每产1吨杂粮锅巴，就可以帮助当地农民获利1千元，把中央关于帮助“老、少、边、穷”的政策，落到了具体实处。此举，可赞，可贺！

众所周知，我国人口众多，大米、小麦等主要粮食并不充裕，而杂粮的利用极不得力。因而魏政国利用粗粮细作开发小食品的创举，值得提倡。如果全国的小食品生产厂家，都像魏政国那样执着于杂粮的开发利用，杂粮就有出路了；同时会节省大批大米白面，亦解决了我国食粮短缺的困难。

刊于1990年11月21日《中国食品报》

孔传广与白灵菇的缘分

今年年初，在北京市烹饪协会举办的一次宴会上，我差一点出了洋相：误把一种以菌类为原料制作的菜肴，当“白肉”来吃。因为它滑爽清香，肉味极浓，“肥”而不腻。经打听，才知是白灵菇。

白灵菇，又名阿魏菇，是寄生在药用植物阿魏的腐蚀根茎上的一种真菌，生长在新疆的伊犁、塔城、木垒等干旱荒漠区。其朵形肥硕，柄粗盖厚，酷似灵芝，子实体壮，质地细嫩，洁白无暇，如玉如雪，尊称“白雪公主”。

这种奇特真菌药食同源，其中含有大量人体所必需的8种氨基酸，并富含维生素、膳食纤维、真菌多糖，具有增强人体免疫力、调节人体生理平衡、降血压、降血脂、抗衰老及抑制肿瘤等作用，是珍贵的天然保健食品，被人们誉为“西天白灵芝”。

在京都门户通州，我找到了白灵菇这位远方来“客”。那一排排整齐、明亮的大棚，着实比西部荒漠舒坦得多，白灵菇那娇嫩的躯体，有了个安逸的栖身之处。

在棚内，白灵菇的主人孔传广，向我述说了它的身世……

相传元朝时，成吉思汗西征路过西域，曾发现一株白灵菇，往后踪影不见，到20世纪初叶又有所发现，但这种菌类一直处于自生自灭状态，从无人工驯化养殖成功的记载。

接下来，孔传广感慨地说：“这可能是我同白灵菇的缘分吧！”

1996年，孔传广到乌鲁木齐参加一个洽谈会，偶然遇到一个土专家向他推荐一种新产品，是企业家的敏锐使他顿觉有开发前景。于是，他留人在当地考察，自己要了样品，乘飞机回京，送到中科院微生物研究所鉴定，才知道这是稀世珍品白灵菇。他以一个企业家的胆略，一锤定音：人工驯化白灵菇。

如果说知识的获取需要毅力，那么孔传广辞去干得好好的经理不当，更要有决心和勇气，但更难的是新事业的起步。头一个拦路虎就是资金，因为他是白手起家。他到处游说，终于筹措了一笔款项，租了一个大棚，购进一万袋菌棒进行试验。1996年，他从夏、秋季做准备，冬季培养，历经接种、发菌等10余道工序，周期近半年。1997年的初春，人工驯化种植白灵菇成功了。

起初人们并不认识白灵菇，孔传广率领销售队伍，一个饭店、一个宾馆地去推销。经过大厨们精心烹制，一道道用白灵菇烹制成的佳肴备受食客青睐。一时间各星级宾馆、饭店争相要货，不仅国宴上能见到白灵菇，在超市上老百姓也能购到。

京城刮起了白灵菇旋风。

现如今，北京金信食用菌有限公司拥有注册资金380万元人民币，已建成200多平方米的实验室，生产车间达600多平方米，生产基地107亩，出菇棚40座，年生产鲜菇600吨。

孔传广充满信心地说："我国早在2000多年前，就食用野生食用菌；《礼记》中曾有'食所加庶羞芝扬'的记载；1400多年前，我国就有栽培食用菌的记录；至元朝，已形成生产工序；到了近代，随着科学技术的进步，食用菌的栽培取得了突飞猛进的发展，并在近20年形成一项新的产业和创汇农业。据中外专家预测，今后10年食用菌的平均产量将以60%的速度递增。国际市场上，食用菌的贸易也将空前活跃，发展潜力巨大。"

因为白灵菇原生长在荒漠，对生存环境要求苛刻。下一步，孔传广要建立更为先进的试验室及现代化的生产大棚，做到常年生产，满足市场需求。眼下，鲜白灵菇的生产期已近尾声，但深圳、广州、上海、香港等地及欧美等国的订单仍不断传来，只好暂时以干货或罐头替代，鲜货则要待到初冬时。

刊于1994年4月16日《中国信息报》

河南有个“金太阳”

我是通过一盒“火火火”牌泡馍认识李静伟的。

那是春节前不久的一个下午，参加春节彩排的演员们正等着发盒饭，一位相声演员——就是为蓝天六必治作广告的那位“吃嘛儿嘛儿香”的李嘉存，兴冲冲地端过一盒泡馍：“这是我刚从河南带回来的，您尝尝。”盒盖一打开，一股久违的香气扑鼻而来。或者是出于人本能的嗅觉，对于食物的辨别竟是如此的鲜明：这不是名震四海的西安“老孙家泡馍”吗？自以为消息灵通的我，对于这一“天下名吃”何时成为快餐食品竟然一无所知！

在友人的帮助下，我见到了生产“火火火”牌中国泡馍的河南金太阳食品有限公司的董事长兼总经理李静伟。他给人的第一印象是既壮实又朴实，红脸膛、大眼睛，精神饱满、谈锋甚健，就像他的属相一样，虎虎有生气。

李静伟下海前是河南电视台新闻部编辑，受过省委宣传部的嘉奖，他创作的10集纪实电视连续剧《这方水土这方人》曾获河南长篇电视剧一等奖……这样一位春风得意的“无冕之王”能丢下令人羡慕的带光环的职业去搞什么泡馍吗？个中缘由何在？

1996年5月1日，李静伟去西安作双休旅游，古都的秦俑、大雁塔、“捉蒋亭”、杨贵妃洗浴的华清池等，这些驰名中外的名胜古迹固然使他流连忘返，但真正引起他心灵震颤并由此做出人生重要决择的，却是一家极普通而又极不普通的“老孙家泡馍”。说它普通，泡馍在西安遍地都是，说它不普通，是因为中国的几代领导人从刘少奇、周恩来、朱德、邓小平到江泽民、李瑞环、李铁映等都曾光顾、品尝过这一民族食品，就连尼克松、胡志明这些外国的首脑也慕名而来，这种殊荣、这种盛况，在中原、在全国各地也实属罕见！

一般的游客，在品尝过“老孙家泡馍”以后不是啧啧称赞，就是表示“下次一定再来”，而李静伟在吃了两碗之后却陷入了沉思：从政府首脑、国际政要到平民百姓，人们同样独钟同一地的同一种大众食品，这说明了什么？这不是一种现象吗？对，这是一种特有的餐饮文化现象，人们来此用餐的目的，早已超出了“以食果腹”的原始含意，不同口音、不同身份地位的人汇集“老孙家”原来是在享受一种餐饮文化，人们要的是这种氛围、这种情调，人们是在领略我们民族传统餐饮文化的灿烂辉煌啊！想至此，他决心要把“老孙家泡馍”引进家乡郑州。

该出手时就出手，“金太阳”快餐一举研制成功，在市场上一炮打响。

在1997年10月14日一天，“金太阳”一天订货额1.8亿元，创下了糖酒会快餐食品日成交额的最高纪录。

李静伟说：“中国有几千年的文明史，中国传统餐饮文化在世界上是首屈一指的，美国加州牛肉面充斥北京、上海、广州这样的大都市，而在中原郑州却毫无市场，为什么？就因为郑州有河南烩面，‘加州’想挤进来没那么容易！日本的柯达胶卷为什么在中国售价比在日本便宜？莫非精明的日本人犯糊涂了？不是，因为我们有国产的‘乐凯’胶卷在顶着；美国‘肯德基’不是不想挺进中原，然而道口烧鸡、德州扒鸡是美国人的一个不可逾越的障碍。市场经济是残酷的，货比货得扔，关键是看扔谁的，我们的东西好，老外就得卷铺盖。”

与崔琦合作　刊于1998年5月11日《中国民航报》

报效祖国献丹心

——记北京十全保健品有限公司李春平

在京城，知道李春平有豪华轿车的人不少，不知道他是合资企业董事长的也不少。

身为亿万富翁的美籍华人李春平，认为自己的根在东方，他选定了北京为久居之地。在改革开放的春天，李先生有机会去大洋彼岸接受一大笔遗产。赤子之心未改，他同样要把这春天赋予他的机遇，投之以桃，报之以李。1990年底，几经辗转，找到了北京市民政局，他把爱心投向扶持残疾人的事业，办起北京十全保健品有限公司合资企业。

这个公司的前身是北京市民政局隶属的朝阳补品厂。1985年该厂在中医研究院专家的帮助下，乌鸡精诞生了。正当寻求发展之际，李春平先生到了。他们抓住这个机遇办起了合资企业，从此企业向科学化、规模化迈步。正是这个时期，又得著名中医相助，推出了男女老少皆宜、以防病为主的十全乌鸡精口服液，使公司一步一个台阶走向辉煌。第一年销售120万元，第二年销售370余万元，去年销售1500多万元，今年计划销售1800万元，截止6月底，已销售1000余万元，企业始终处于人少、效率高的良好状态。东南亚一位客商出资7亿元包销他们的全部产品，被拒绝了。他们认为目前资源是有限的，倘若盲目扩大生产赚大钱，必然导致砸牌子。作为享誉海内外的美籍华人李春平先生，自投资至今，他不指望索取，而尽力奉献。

李先生经常帮助企业在宽松的条件下运营，他把这些看作炎黄子孙应尽的义务。李先生今年又特地从北京市第四聋哑学校招收3名毕业生进公司工作，李先生愿让所有的残疾人都幸福地生活。

刊于1994年10月3日《人民日报·海外版》

一个“轻松”的厂长

——记杭州牙膏厂厂长陈瑞华

企业困难多，但职工的办法比困难还要多——陈瑞华的口头禅

“我觉得自己这几年的厂长当得还是蛮轻松的呵！”——当我们与陈瑞华谈起他们这几年的创业历程时，这位浙江省优秀厂长居然冒出这么一句出人意料的话来。须知让一个名不见经传的小厂在短短几年里，成为竞争激烈的全国牙膏行业的一大诸侯，岂是一桩轻而易举的事！

然而，随着采访的深入，我们渐渐品出了陈瑞华的“轻松”里面的滋味。

“当厂长首先就要有一名普通工人的情感”

1985年陈瑞华出任杭州牙膏厂长。这位学机械制造专业出身的知识分子在多年的工作实践中深知，一个企业就像一台复杂的大型机器，每个职工都是这台机器的一部分：要充分调动和发挥职工的积极性，就要做到关心他们、爱护他们、理解他们。用他自己的话说：“当厂长首先就要有一名普通工人的情感。让职工感到你这个厂长充满了人情味，感到企业是一个大家庭。”

22岁的青年工人杜振得病住院，经专家会诊，确诊为脑瘤。面对这突如其来的打击，杜振的父母亲痛不欲生。陈瑞华得知这一消息后，立即指示厂里有关部门：“只要有一线希望，就要全力抢救，厂里不惜一切代价！”后虽经多方抢救，小杜终因癌细胞转移而不治。企业为了挽救一名青工的生命，仅医疗费一项就花了

2万多元。每当忆及此事，厂里汽车队的朱师傅就动感情地说："一支牙膏只有2分钱的薄利。领导舍得在一个身患绝症的青工身上花几万块，能不让大家心热吗！"人心自有一支测温表啊！

作为一名厂长，陈瑞华不仅力求做到在职职工遇到较大困难时及时送去企业大家庭的温馨和关爱，更注意通过日常的工作和一些小事，与职工建立起一种亲切、信任和理解的关系。

厂里青年人结婚办喜事，时常为用车发愁。陈瑞华便决定，凡是青年人结婚用车，厂里两辆小车无偿为他们服务。有人担心：这样会不会沾上公车私用之嫌？陈瑞华却大不以为然："我们当领导的整天坐着小车跑东走西的，工人为了自己的终身大事偶尔用一下，就过分了吗！"今年，厂里还准备添置一架摄像机，专为青年职工拍摄结婚纪念录像。

"投之以桃，报之以李。"1989年、1990年两年，在严峻的经济形势面前，杭州牙膏厂的职工以他们的行动让陈瑞华委实"轻松"了不少：1989年税利总额首次突破千万元大关，经济效益跃居全国同行榜首；1990年再次克服各种困难，提前一个月完成全年厂长目标任务，企业彻底摆脱了困境。

"我们要把目光投向人的潜能"

有人问陈瑞华："你是如何使企业走出困境的？"他回答："我们靠的是把目光投向人的潜能！"

作为一厂之长，陈瑞华相信，只要架起理解和信任的桥梁，就能走出一条充满希望的路。1986年，技术科俞志华等几个颇有潜力的青年技术人员，为了改善食堂质量，提出了一个承包炒菜部的方案。陈瑞华看了他们的承包要求，感觉到了这些年轻人一颗颗急欲施展才干的心。他找到俞志华，语重心长地说："你们要改善食堂工作的愿望很好，但你们的本职是技术工作，厂里对你们开发新产品寄予很大希望……"一席话，说得小俞不由怦然心动。

没过多久，厂里便任命小俞为厂技术科科长，又送他去浙江大学进修，让他主持新产品开发。领导的信任、重用和期望，激发了小俞开拓、创造的勇气和热情。他没有辜负厚望，几年来在开发研制出口产品等多项科研工作中作出了较大贡献，被授予杭州市"讲理想、比贡献优秀工程技术人员"称号。

近年来，国内一些牙膏厂为生产出口产品，从国外进口一种化工原料作为牙膏添加剂。这种原料，使用效果很好，但价格昂贵。厂研究所所长韩仲达早在1984

年就开始研究开发这种原料的国内替代产品，但效果始终不甚理想。一次，在投放市场的牙膏中不慎混入少量试验产品，致使牙膏稀薄、出水，一些用户投诉报社，给企业和韩工本人都带来一定压力。然而，陈瑞华不仅没有责备韩工等人，相反在自己主动承担责任的同时鼓励他们："不要担心，任何发明创造都不会一帆风顺，失败往往是成功之母！"领导的支持和鼓励，重新鼓起了韩工等人的勇气。终于，经过无数次的配方试验，他们成功地研制出了符合标准的膨润土矿物凝胶，填补了国内空白。

古语说："士为知己者死"。用现代的话来说，领导给职工一分关怀和支持，就能换来职工对企业的十分爱护和奉献。杭州牙膏厂的事实不是再一次证明了这一点吗？

"企业的一个班子，好比一支球队……"

身材魁梧的陈瑞华，年轻时是个篮球爱好者，他对企业的管理也有一番比喻："企业的一个班子，好比一支球队，有人适宜当中锋，有人可以当后卫，用人所长、人尽其能，相互配合方能显出整体威力。"

厂党委书记对工厂领导班子的配合，有这么一句话："我们厂里党委是核心，厂长是中心，工会则同党政一起搞同心，三心合一心，这就是我们克服困难的保证。"

1989年，工厂提出争创二级企业的目标，厂党委立即号召每个共产党员发挥模范带头作用，要求每个党员都能带动几个职工投入到创二级企业的活动中去；厂工会也闻风而动，组织开展了以"双增双节"为主要内容的社会主义劳动竞赛，同时代表全厂职工与厂长签订了"双保合同"。企业出现了"千斤担子人人挑，人人肩上有指标"的生动局面。一年里，仅通过采纳来自职工中的55项合理化建议，就创经济效益292万元。

"千斤担子人人挑"。难怪，陈瑞华在接受我们采访时，会用"轻松"来形容他当厂长的感受。

与晓桐合作　刊于1991年4月18日《光明日报》"耕耘者征文"栏目

编著者的话：

回首近30年前撰写的这篇文章，改革开放初期大江南北大办乡镇企业的炽热场面还历历在目，“石大胆”的创业情怀可以说代表着千千万万中国农民的创新精神，展现了乡镇企业文化的亮丽风景线。

“石大胆”创大业

——记大连市金益有限公司总经理石仁福

“石大胆”名叫石仁福，今年52岁，现任金州区唐家村党总支书记、大连市金益有限公司总经理。

唐家村人多地少，全村3000多人，只有1000亩土地，原本是一个人均收人不足100元的穷山村。自石仁福1984年担任了村领导、1986年又担任金益公司总经理之后，他勇于开拓、大胆创业，促使全村发生了巨大的变化，先后发展工业和商业网点20多个，吸收职工1400多人。目前，公司已形成为园艺、食品、服装、塑料、制药、化工、纸箱、机械、商店、宾馆、储蓄等“贸工农”一体的企业集团。1988年被农业部、经贸部批准为产品出口基地企业，产品远销日本、美国、加拿大、德国、科威特、韩国、香港等10多个国家和地区，是大连市创出口汇额最高的一个村。石仁福创业功绩显赫，先后获得党和国家给予的诸多荣誉：区特等劳动模范、大连市劳动模范、辽宁省劳动模范、大连市最佳企业家、辽宁省优秀企业家、大连市优秀共产党员和大连市优秀党总支书记等。唐家村也于1988年获得大连市市级文明村，1987年获得辽宁省文明村称号。

为了办好企业，老石操碎了心。他在中央文件精神的鼓舞下，认定发展村办工业有奔头。于是他提出了一个大胆的设想：把8个生产队改为3个园艺场，分类分组承包，消化劳动力300人，余下的900多劳动力开办工业和第三产业，3～5年内把唐家村建成工业村。

老石的秉性是实干。他每天起得最早，人们都还没上班，他已经到各厂点转了一圈，然后回村布置一天的工作，张罗接待外出谈生意的人。真是早上一睁眼，忙到晚上九十点。有时夜里回到家，家里也还有人等着谈工作。就拿1988年春节来说吧，家家是亲人团聚的日子，可他呢，大年三十，先是在村里开回乡过春节的大学生座谈会，向他们介绍家乡的大好形势；午夜，又在村闭路电视上讲话，向村民们恭贺新年；初一一大早，就带领党总支成员走访村里“三老”人员和烈军属户，向他们拜年，完后，又下到各厂点慰问节日里坚持生产一线的工人。下午开始与村办制药厂和外单位洽谈生意。初二，老石去大连走访对村上工作做出贡献的有关单位。初三，乘车去北京购置生产急需的机器。时间就是金钱，为了争时间、抢效益，他豁出去了。有时一天跑四五家，不分昼夜。群众说，咱书记是24小时全天候“营业”。有时，老石累得不行了，就找个旮旯倒一会儿。

老天不负有心人。经过老石带领大家共同努力，全村发生了巨变，群众生活水平不断提高，村民的居住条件有了很大改善，自1986年以来，建设各种式样二层小楼13000平方米，51户农民住上楼房，村路铺上了柏油公路。过去风天泥沙起、雨天道路滑的状况再也不见了。1984年建设了电视转播站，设立了电视塔、地面卫星接收站，购置了摄像机和发射机。同时不断发展全村社会福利事业，建立了浴室、卫生所，家家安上了自来水，实行了养老金保险，还建立了幼儿园。为了适应对外开放、搞活经济的需要，去年投资50万元建起一座村民委员会和金益总公司的办公楼。村子的这个变化，受到了各级领导的好评，辽宁省领导到这个村检查工作后，十分赞扬老石的创业精神。

老石办工业的特点有三招：

头一招是“奔大靠优”。主要是同大企业联合，依靠大企业的信誉，采取借梯登高的办法，解决人才、技术困难，发展自己的村办企业。1984年初办起了服装厂，当时厂里只有30多名工人，都是自带缝纫机入厂的，主要是为乡村工业企业加工工作服，经济效益低。1985年国家决定在辽东半岛建立“贸工农”型经济结构以后，老石认为村办工业小打小闹不行，要按新的产业结构找出路，就是说应当按照出口贸易的需要来发展商品生产，要让产品打入国际市场。于是，他决心同大企业搞联合，发展骨干企业。经过多方联系和多次洽谈，与大连呢绒服装厂达成了联合协议。这个大厂历史悠久，在国内外享有盛誉，其产品质量优良，外贸渠道畅通，设备先进，技术力量雄厚。与这样好的大厂联合，一下子就解决了这个村办企业技术力量薄弱及无活干等难题。

第二招是出口创汇。老石看到，“贸工农”型产业结构关键是“贸”字，抓好这个字，才能不断扩大商品生产，尤其扩大出口产品生产。他们村原有一个小塑料厂，主要是利用几台自己制作的土机器，对外加工一些简单的塑料票证，质量低劣、收入微薄。1984年初，老石经过多次洽谈，与中国包装进出口总公司达成协议，双方搞合资经营，建立金益有限总公司。1987年，这个厂生产的各种塑料袋等软包装制品及注塑衣架、衣挂等产品，85%以上直接或间接出口，形成出口创汇一条龙，1989年出口创汇额476.8万元，实现利润114万元。

第三招是向外伸展。老石根据这个村地处大连市郊，来往车辆、人员频繁的优势，积极与吉林经济技术协作开发公司、吉林省大安县生产资料公司联营木材加工，开发木材综合利用，并成立了吉大木材股份有限公司，为北方的木材在辽南经营开设了销售窗口。同时，还在石河镇北面公路旁与金州区石油公司联营建立了加油站，为本地与南北来往的车辆服务，仅去年一年销售收入达20多万元。

老石的经营是触角能伸则伸，不断扩大经营门路和服务领域。他充分利用村办企业和附属设备，在村内建了一座50吨的冷库，上了雪糕产品。利用工业锅炉余热办起了一座300平方米的浴池，为本村和过往旅客服务；还在村附近建立了同中国银行联营的储蓄所。另一方面，走出村庄，在大连经济开发区五彩城商业街，开办了商业网点；还在金州金石滩旅游区中建了五栋宾馆；为了加强信息工作，还在北京和大连设立信息组，建立窗口、搜集信息。去年，村第三产业总收入1373万元，占全村总收人的29.7%。

为了加强精神文明建设，让社会主义占领思想阵地，老石还投资20万元建立起一个能容纳500多人的村文化活动中心，经常开展文娱活动，受到群众欢迎。

“石大胆”的创业精神，深受乡亲们的称赞！山乡在变，村里人的精神面貌在变，唐家村的发展前景将更美好！

刊于《经济工作通讯》1991年第15期

雪莲老总李元征

在一次同上海商界的朋友聚会时，有人问北京雪莲羊绒有限公司总经理李元征：“你为什么不在上海设办事处？”笑容可掬的李总答：“你们不都是我的办事处吗！”这一问一答在商界传为佳话。

这几年，不少厂家为了促销，普遍采取在各地设办事处，竞相压价直销产品的做法。李元征上任至今的6年，任凭风暴起，雪莲巍然不动，他们坚持依靠各大中城市及旅游网点的规模商店经销，并坚持“雪莲”不“下嫁”给个体经营者。用李总的话来说：“厂、商各行其事，相得益彰。”这么一来，“雪莲”省人力、物力、财力，专心生产保质量。商家有了钱赚，劲头上来，量大面广，流通渠道畅通，雪莲花开全国20多个城市。

雪莲花要飘洋过海，遇到了见利忘义者，压价拉“老外”。雪莲不自贱，不降低自己的品格，以上乘的质量，稳定的价格折服了外商，一位日商贪贱吃了某厂苦头后，慕名找到李元征，感叹道：“相见恨晚！"这位日商一次订货6800件，并破例预付一半的货款，以表真诚和信赖，而按国际惯例是双方签约后，买方把货款存入国际银行，待卖方如期交货后，再付货款。这正是：“梧桐引来金凤凰”，雪莲花香飘日本、意大利、法国、美国及香港地区……

雪莲不是墙头草，对内对外一样温情。在京城，送货上门；外埠，不惜自己花空运费；对海外，交货日期一天不差。如期履约，周到的服务建立了信誉。但月圆总有月缺时，羊绒衫是个季节性很强的产品，一、四季度是淡季，二、三季度是旺季。为了让雪莲四季飘香，李元征出高招“灵活定价”：生产淡季订货价格往下浮；生产旺季订货价格往上浮，鼓励客户早下第一单。雪莲特有的魅力，吸引了众多的中外客商。内、外销售量由1990年的13万件逐年增加至去年的42万件。70%的产品销海外，每年创汇皆逾1000万美元。

雪莲外在娇美，品种求新。雪莲人根据世界流行主题，开发了花卉系列、动物系列、运动系列、几何系列、抽象系列、汉字变形系列等纹样的提花羊绒时装，博得中外消费者的青睐，但真正取悦于客户的乃是它内在的美。李总说，他上任的第一件事就是请回老工人，传帮带新工人，重视发挥具有30年生产历史的传统经验与现代技术、管理相结合。自6年前合资至今，陆续投入大笔资金引进意大利、日本、英国等世界一流的织机和梳毛机等先进生产设备，并引入条形码物流管理，从原料进厂到产品出厂的生产全过程，都显示在电脑上，实施了现代化的全面质量管理，从而确保了质量。但羊绒衫的品质关键在原绒，人们逐渐理解了为什么李元征舍得每次花上近千元对原绒电子扫描，分辨真假。

常言道：“没有远虑必有近忧”。尽管我国羊绒产量占世界的60%，每年达5000吨左右，但面对国内拔地而起的数百个羊绒衫生产厂家，仍有“断炊”之感。雪莲人不在一口锅内争饭吃，李元征不仅扩展国内新疆、西藏的羊绒市场，同时早就运筹拓展国际羊绒原料市场，现已在蒙古人民共和国以技术输出和机器设备投入的方式办起合资企业，该企业生产的羊毛绒70%返销给雪莲，确保了价格便宜，没有掺假。这一招，雪莲技压群芳，并增添了它赖以根深叶茂的源泉。

刊于1996年9月16日《北京晚报》

走引进、消化、创新之路

——访山东莱阳天宝饮料厂厂长陈红林

五龙河的五条支流在胶东半岛的莱阳市汇合后蜿蜒南下。河两岸是一片特殊的棕色细沙土地，宜于种果树。这里的特产莱阳梨独树一帜，畅销国内外。新建不久的天宝饮料厂坐落在离果园不远的城南。前不久，我走访该厂厂长陈洪林。

陈厂长说，莱阳梨虽然闻名遐迩，但每年要腐烂掉当地产量的1/3左右，损失在300万元以上。其中有销售流通渠道的原因，也有运输不畅的因素，更主要的是就地深加工能力十分薄弱，只有一两个土法榨汁设备的小厂及几十口铁锅熬制梨膏的土作坊，每年只能就地消化1000余吨鲜梨，相当于当地年产量的1/35。因而，建立现代化的梨汁加工生产线，势在必行。

陈洪林为了筹建现代化的生产线，在1985年至1987年的3年间，先后同丹麦、联邦德国、瑞典、美国、澳大利亚等国家的外商进行过接触，成套设备进口需要外汇约300万美元以上；1987年的4、5月间，又通过经贸部同保加利亚外贸公司谈判引进，对方报价458万瑞士法朗，折合人民币1112万元。另一民间渠道介绍的澳大利亚代理商，报价459万澳元，折合人民币1179万元。当时外汇已紧缺，报价偏高，没法引进。

陈厂长感叹到，干点事真难啊！无奈之际，巧获一信息：陕西有引进样机。几经周折，于1987年8月31日从西安航空发动机公司手中，用100万元人民币买下了瑞士布赫公司生产的HP3000压榨机，用14万元人民币买下1台联邦德国韦斯伐利亚SB14离心机。无独有偶，又得知烟台罐头总厂1983年从英国进口的APV浓缩设备及APV芳香油回收设备，在安装试车后，因故停产而闲置。陈厂长上门求购，于1988年1月14日以131万元购下了这两套进口设备。如此，一条浓缩果汁生产线的主要进口设备，在国内用人民币245万元就买到了。加上成龙配套，整个生产线花了不足400万元人民币，还为国家节约了大量外汇。

关键设备虽然有了，成龙配套就成为整个生产线成败的关键。陈厂长说，以前国内27条成套引进的果汁生产线，全部是外国人用洋材料、洋工具进行安装，小到一个螺丝钉，都要远渡重洋。陈厂长毕业于山东大学机械系，他决心依靠国内的科技力量闯一闯。他经过周密的调研及查阅有关参考资料，大胆地提出了适合国情的整个生产线的工艺布局、工艺设计、工艺措施，并委托西安航空发动机公司设计并制造了粉碎机、自清洗设备、检果机、洗果机等辅助设备。整个工艺流程全封闭式，全部生产管线均采用国产不锈钢管。在国内科技力量的通力合作下，从土建设计、施工到设备安装用了不到1年的时光，一条现代化的莱阳梨浓缩汁生产线，在1988年的秋收季节胜利投产了。

陈厂长同我边走边谈，看着那错落有致，已注入国产化活力的生产线，一种自豪感油然而生。经过近1年的试生产，年产值近1000万元。生产线以每小时5吨的速度处理鲜梨果。每年按旺季2个月3班不停顿生产，可加工7200吨鲜莱阳梨果，能就地加工当地年产量的1/5。再加上全市共4个冷风库贮藏保鲜8000吨鲜梨及收获季节适时销售一部分，这样就基本避免了烂梨的现象。

陈厂长深有体会的说，在引进国外先进技术工作中，首先要审慎。既不要盲目排外，也不可妄自菲薄，一切都要从实际出发，才能避免盲目引进和重复引进的恶果。引进前一定要充分调查研究，国内有的不重复引进，国内没有的要精心筛选，择优选用，做到少花钱、多办事。其次，陈厂长还强调，对国外先进技术要重消化吸收，创造性地运用，并力求有新的发展，使之达到甚至超过引进技术的原有水平。

陈厂长在创建这条生产线中还体会到，必须重视软件技术。成套引进，一般都配有软件技术。天宝饮料厂靠利用引进的闲置设备组成生产线，没有软件技术。这就需要自己去摸索、创新。他举例，比如生产工艺几经试验，一改常规工艺，再改变一些工艺参数，使产品质量大为提高，透光率提高到88%～91%，比国内其他厂引进的瑞典阿法拉伐成套生产线生产的产品，透光率提高20%，同时对热交换器的加热能力无特殊要求。

陈厂长一席话发人深省，引进工作中消化、吸收和创新的程度，是考察引进先进技术设备成功与否的重要标志。世界各国有许多这方面的经验教训：有的国家通过引进技术，使本国经济得到迅速发展和振兴。

刊于1991年2月8日《中国食品报》

编著者的话：

中国酒文化源远流长，可以说全国各地都有好酒。改革开放初期，我同《瞭望》记者高庆林及《中国食品报》记者李郁秀三人同去采访陇南春酒厂。我还和《经济日报》记者程远到河南宝丰采访过宝丰酒厂。

在20世纪80年代初，中国白酒协会曾评选过一次除原有中国名酒之外的中国名牌白酒，其中陇南春酒厂、宝丰酒厂榜上有名。这两家酒厂一个在西北，一个在中原，都是用粮食生产出来的白酒。我曾参观过制酒现场，粮食晾晒、蒸制、发酵、蒸馏出酒的全工艺过程，令人记忆犹新，好酒啊！好酒！

杨万春是解放初期支援大西北甘肃陇南的干部，全国劳动模范，潜心研究中华传统酒文化，已成为全国白酒专家兼评委。

扎根在陇南

——记甘肃陇南春酒厂厂长杨万春

50年代末，杨万春响应祖国号召支援大西北，来到甘肃。那会儿，他只想趁着年轻，出去闯一闯，舍弃了从河北轻工业学院酿造专业毕业可留天津工作的机会，告别亲人，只身一人千里迢迢地来到偏僻的陇东南。

凭着他的资历，专区多次挽留他坐机关，他谢绝了。徽县县政府的通讯员只好领着杨万春去酒厂报到。翻了两座山，过了四道河，步行3个半小时才算抵达陇南春酒厂。

这是个解放初由4家小作坊合并的小酒厂，且不说厂房简陋，劳动环境差，就连起码的居住条件都不具备。住的是茅草屋，点的是煤油灯，吃的是玉米面，买粮买盐要步行30多里路。曾有一位来报到的大学生，铺盖卷未打开便不辞而别了，可这高大的沧州汉子却留了下来！

留住杨万春的是陇南的山、陇南的水、陇南父老兄弟的一片情，还有那可以追溯到西汉的酿酒渊源。从这儿出土的瓦罐蒸酒器及酒具意味着先人在召唤他，不要让2000年悠久的酒文化失传。

17个小时轮一班，只有两口蒸锅，全部手工操作，杨万春整天同工人们吃住在一起。经过推广减曲降温入池等新技术，提高了金徽酒的质量和出酒率，让人喝着不再哽辣嗓子眼。杨万春经过试验、失败、再试验，近百回的反复，克服了酿造浓香型酒的窖池、大曲、发酵、勾兑四大难关，终于填补了甘肃省不能生产浓香型酒的空白。

新推出的“陇南春”稳稳地进入角色：省优、部优、中国文化名酒、全国食品博览会金奖，酒厂被评为省先进企业。不负20多载的辛苦劳作，杨万春考取了全国白酒评委，并被授予省劳动模范。

杨万春自1985年起任厂长至1989年的5年间，陇南春酒厂的工业总产值由654万元提高到1071万元，增长了64%，年实现利税197.3万元，人均创利税达到17161元。

酒厂富了，杨万春没有忘记扶持这个“边”“穷”地区更多的人们致富。招收当地农工、季节工入厂干活；把窖皮泥拨给农民作肥料，使得每亩粮食作物平均增产33%左右；另外，还拿出25万元办玻璃厂生产酒瓶，10万元办纸箱厂，赞助5万元扶持小学办起塑料厂专供酒瓶盖封装胶带……这些资助，杨万春都允许他们以产品的形式返还，互利互惠、互相发展。这也正是杨万春谢绝家乡、江苏等地高薪聘请，甘愿留在这山沟沟的原因所在。

他把青春献给了陇南，把根扎在了陇南！

刊于1991年2月1日《消费时报》

编著者的话：

《轻重之间》一文获得由中国职工思想政治工作研究会《思想政治工作研究》杂志、济南钢铁总厂和《光明日报》思想政治工作园地编辑室联合举办的“济钢杯《耕耘者》人物通讯征文”活动二等奖。

这次征文活动是为纪念中国共产党建党70周年，宣传、介绍各条战线上的优秀党务工作者和思想政治工作者的先进事迹，表彰他们为贯彻落实党的路线、方针、政策的任劳任怨和甘于奉献、勇于开拓的时代精神、廉洁无私的人格力量、坚定不移的理想信念而举办的。据了解，当年此次活动在3个多月的时间里共收到各地来稿近800篇。

轻重之间

——甘肃省劳动模范杨万春速写

“只要把钱看得淡一点，把权看得轻一点，把人看得重一点，把劲鼓得足一点，就能把企业搞得好一些。”——这是一个企业的厂长经验之谈。他就是甘肃省劳动模范、优秀企业家杨万春。

杨万春，看上去温文儒雅，很有点儿书卷气息，1959年毕业于河北工业学院酿造专业。30多年前，他怀着一腔建功立业、支援内地建设的热情，来到了这个秦岭脚下偏僻的陇南山区。1985年9月，他被任命为陇南春酒厂厂长。尽管他是科班出身，对技术和产品质量很自信，可是企业职工队伍的现状却不免令人踌躇难决：1000多号人马，竟有一大半是来自农村的临时工，素质差、文化低、纪律松弛……这样一支职工队伍能搞出什么名堂来？然而，杨万春却义无反顾——儒雅人毕竟也有儒雅人的气魄。

根据企业职工队伍的现状，杨万春上任后提出了“顽强拼搏，快速高效、团结文明，多做贡献”的企业文化精神，上级领导称赞说这是“杨万春精神”，杨万春摇摇头不同意：“还是叫‘陇南春精神’好。光我一个人能做到有啥用，关键是靠全厂上下1000多名职工来实现!”

杨万春明白，要让职工做到这十六个字，领导首先要把职工看得重些，首先要为他们做些什么。厂里一些老工人都是从农村来的，干了几十年，家属子女的户口转不过来。杨万春便亲自出面，多方奔走，甚至不惜和有关部门领导拍桌子干架，硬是解决了这些老职工的后顾之忧。

工人技术素质差、文化水平低，成为企业进步的一大障碍。杨万春把职工的业务技术培训和正规化教育纳入发展规划。有短期轮训，有选优深造，有业余函授，也有正规办学。近3年来，一共培训了各类业务技术人员1264人次。职工队伍素质提高了，产品质量和技术进步也就有了保证。杨万春的心里踏实了。

工人是企业的主人，可是陇南春一大半职工是临时工，他们算不算工厂的主人？临时工们心里没谱，工作上自然也就表现出比较明显的雇佣观念。怎么才能凝聚起他们的向心力，调动起他们的积极性呢？1988年，杨万里首先从职工医疗保险和退休保险制度改革上进行了尝试。杨万春针对厂里临时工多数来自农村的情况，设立了临时工医疗保险基金和退休养老基金。临时工们也享受到了与正式工人相当的医疗和退休待遇。与此相配套，杨万春在厂里推行了人事制度的改革：对中层干部、科室实行聘任制，车间实行招聘制；打破工、干界限，填平固、临鸿沟，择优选用。结果，一些临时工坐上了科长的交椅，走上了车间主任的岗位。就连一向被认为是关键职位的财务科长的位子，如今也由一位临时工端端正正地坐着。一视同仁、以诚相见——临时工们的后顾之忧解除了，心灵上的阴影也消逝了；他们的干劲鼓起来了，“陇南春”也更醇了……

对人，杨万春看得挺重，设身处地的为职工们考虑。可是对自己的个人利益、对金钱，却看得很淡、很轻。杨万春是独生子，河北老家双亲无人照顾。当地酒厂以优厚待遇动员他回家乡工作，也好照顾一下家中老人。但他舍不下自己的“陇南春”，只好每月寄钱回家，直至双亲病故时才回去料理一下。

前年八月，杨万春生病，上级送他到兰州检查，发现多种疾病。医生要他住院治疗，他说没有那份心情。结果，只开了些药，就回来了。

企业发展了，产品打响了，名声在外。于是乎，推销原材料的找来了，介绍工作的上门了，搞建筑的热心了……有提出巨额“回扣”优惠条件的，也有干脆拎着厚礼，携着重金悄悄造府的。杨万春一律拒绝，统统由集体开会研究。为此，他被有些人称为“不通人情”，是“冷血动物”。可是，工厂要为职工兴建幼儿园时，他却二话没说，率先把承包应得的4000元奖金捐出来——道是“冷血”血偏热，说是“无情”却多情！

党委书记谢克义原是杨万春的领导，又是他的入党介绍人。他推荐杨万春当厂长后，一度曾担心自己管得太多会影响杨万春的工作和威信。杨万春却以他的工作原则消除老谢的担忧：任何重大决策必须事先与党委书记取得一致意见，再交集体研究。他们没有在权利大小上兜圈子，没有在排列顺序上争先后。作为厂长，杨万春把党委作为自己的有力后盾。1988年工厂引进风险营销机制、改革医疗保险制度，工人一时间不理解，思想出现波动。厂党委立即动员党、政、工、团干部，深入职工中间疏通解释，并把职工的合理建议反馈上来，对有关改革内容提出了修正意见，从而理顺了职工的情绪，完善和保证了企业内部的改革。

有人说，“丹青难写是精神”。从杨万里的轻重观中，我们看到的却是一种可书而又值得大书特书的精神。

与韩晓云、晓桐合作　刊于1991年6月6日《光明日报》“政治思想工作园地”栏目

编著者的话：

“本分的魅力”与其后的《情真能招天下客，信笃能悦万户心——访北京新丰印刷厂厂长李建祝》2篇文章，记述了乡镇企业家李建祝带领北京新丰印刷厂创业、发展的过程。

我任职编辑的单位《现代制造工程》杂志社，创刊于1978年。当时，北京市的印刷厂十分稀少，百般无奈只好远赴重庆的印刷厂开印创刊的前几期；后来辗转到河北保定印刷。因当时还是铅字排版印刷，从初校样到三校样都要编辑到印刷厂勘误，往返也十分不便。最后“踏破铁鞋”，终于在北京花乡找到了始建于1983年的新丰印刷厂，自1989年起就不再受舟车劳顿之苦，就近在北京印刷杂志了。我目睹印刷厂从铅字排版进步到胶印、数字控制印刷的各个阶段，新丰印刷厂在成长，我们的杂志也越来越精美；更亲身感受到朴素和诚信的乡镇企业文化的温暖。这个北京南四环花乡的乡镇企业的掌门人就是李建祝。

本分的魅力

当朋友把一本本印刷精美的画册送到我眼前时，我简直不敢相信这是一家乡镇企业的产品。因为在此前，我一直反对许多媒体在选择印厂时从“城市”转移到“农村”。于是怀着疑问，在朋友的引见下，我驱车前往这家印厂一探究竟。

北京郊区，去往丰台花乡的路十分通畅。“花乡”是北京最负盛名的鲜花产地，可以想见，座落在这里的企业厂区环境当是很美的。

果然，一进新丰印刷厂厂门，一只雄鹰展翅的大型雕塑屹立眼前，宽大的厂房就座落在花团锦簇之中。

来迎接我的，正是厂长李建祝。他首先领我去车间转了转，5台大型胶印机运转不停，工人们有序地操作；装订车间的工人忙碌着装订书、刊；纸库存放井然……这一切，都那么规范和妥贴，一眼便知这是家非常正规的企业。

李厂长看上去似乎年过半百，但听他那声如洪钟的语音，又让我又心存疑虑，试探着询问他的年龄，却原来他刚过不惑之年，是15载创业的风风雨雨，给他两鬓带来丝丝白发。

李建祝祖辈家境平寒，土生土长在花乡这块宝地上。长辈们勤奋好学、勤俭持家、与人为善的治家风范，潜移默化地影响着幼年时的他。1974年，高中毕业后的李建祝，面朝黄土背朝天，整整种了10年蔬菜。由于他的脑瓜灵，善学手勤，成了远近闻名的种菜能手。

北方农村改革的风，较南方来得晚。直到1984年，这儿才掀起乡镇企业潮。乡亲们左挑右选，把李建祝推上了厂长岗位。

回忆起往事，李建祝至今不无“后怕”。现代企业的理念讲究“千万不要涉足自己不懂的领域”，而他正是这样糊里糊涂地踏上船的。

当年，新丰印刷厂是靠贷款19万元白手起家干起来的。没厂房，盖。盖起了厂房，才知道搞印刷需要暖气，三九天也得装。购大厂的二手机器，聘大企业退休的专业人员，从村里招工，从国有企业那里找人家不愿干的活来干……干来干去，质量不好，人家不给钱；好不容易质量提高了，人家挑毛病，也不给钱；由于没有经验，没有合同，不懂法规，李建祝和印刷厂的员工没少挨人蒙，赚不着钱、赔了本，还找不着人……在弄潮中，真是喝了不少“水”。一个个浪头袭来，李建祝驾驭的这只小船，差点翻了。三年惨淡经营下来，没赚到钱不说，到了年底，没法给工人发奖金。李建祝欲哭无泪。

在80年代初无序竞争的风浪中，李建祝的航船险些沉没。但这些经验和教训，也成了他日后干出“名堂”的宝贵财富和基础。他边干边学，并开始着手按现代企业的管理要求对工厂进行治理。他请来印刷学院的教师给员工讲课，坚持了2年的培训教育；送人去培训中心学习，提高职工的专业技能和文化素质；他自己则参加大专班学习管理，在提高企业管理水平上身先士卒……在企业管理不断完善的过程中，李建祝开始对企业的产品结构进行适度调整，从原来印散活儿，逐步将重点转向书、刊印刷，到了80年代末，企业从小到大，终于慢慢步入了正轨，并滚雪球般地发展起来。如今，作为乡镇企业，新丰印刷厂已颇具规模，厂区达2万多平方米，厂内资产已超2000万元；由铅字排版印刷进变为电脑照排，年印刷能力达到20多万令纸，从而步入了现代印刷企业的行列。

谈起这些业绩，李建祝总是淡淡的。他淡薄名利，却很是钟爱市里授予的《质量管理达标单位》的嘉奖。他说，经验是用来给自己企业指正前进方向的，没有什么可介绍的。他与我聊得最多的，还是如何做人。

李建祝父辈历经艰辛，他自己也曾身处逆境，但始终没有忘记做人的本分。当年他终日勤劳耕耘在生他养他的花乡土地上，与人为善，务其正业，同乡亲们亲密相处，当好一个老老实实、勤勤恳恳的农民。正是这种本分，给了他在改革的浪潮涌来时成为弄潮儿的机会，但他仍没有忘记自己是个农民，更没有忘记周围的乡亲。

李建祝的印刷厂，是京郊花乡四合庄村的村办乡镇福利企业。百十号人的工厂竟吸收了半数残疾人工作；全厂有1/3是村里人。“为村里的人解决就业，为村里的人谋福利，给残疾人以生路”是李建祝首先想到的。善心总是有回报的。李建祝告诉我，他所经营的工厂每到艰难时刻，乡亲们总是齐心相助，才有了今天的发展。

在厂区，我遇到了一位老农，问及他是来厂上班？他说不是，是到工厂洗澡。打听了才知道，工厂的浴池为全村开放，每人每次2元钱，但对全村的退休村民全年免费。此举事虽小，但深得民心，对村民影响很大，大家伙儿都把这厂当成自己的企业，关心、爱护。更有意味的是，李建祝身为一厂之长，本人每次洗澡坚持付2元钱；每逢职工家里有红白喜事，他都要亲自伺候；企业火起来，购置了高级轿车对外办事方便，他自己则十几年来坚持每日步行15分钟上下班……职工们、村民们看在眼里、记在心中。李建祝说做人要本分，而身为厂长的他也是靠这种“本分”将员工们的心凝聚在了一起。

了解到李建祝做人的本分，你就不难理解一个农民为主体的企业，为什么执行起各项规章制度来不打折扣，在贯彻执行厂内银行、成本核算、开源节流等一系列措施时，又是那么一丝不苟；职工们在各自的岗位上，默默按照“老老实实做人，认认真真干事”的理念，去证实人生价值，为集体、为社会做贡献。

李建祝以人为本、与人为善的人生哲学，同样感染着客户。出版社、期刊社往往由于各种原因，不能按合同规定如期发稿，但对方却要求如期印刷出版。李建祝善解人意，从不责怪对方，而是自己竭尽努力加班也要完成，把解决对方的困难当成自己的责任。他的身影总是出现在车间现场，与工人们同吃同劳动，一起急客户所急。

李建祝这种与人为善的经营理念，还体现在处理质量问题中。他认为印刷出版是个特殊的行业，凡是出了质量问题，都与印刷厂有关。一些争论不休的印刷出版毛病，他首先不分责任属谁，总是主动承担，并积极改正。为了把印刷错误消灭在萌芽状态，他强化了十几道工序的检验数十次，把对方原稿或漏校的错误，如“小姐”排印成“小组”、“女士”排印成“女土”等校检出列，不仅赢得了出版社、期刊社的好评，因而也招来了更多的客户。他坦言：“我在对外交往中，不敢忘记我是个地道的农民，农民本性老实，就得实实在在地去干事，不能沾染歪门邪道去坑人。”

在我看来，他已不是一个普通农民，而是一个能驾驭当代企业的行家里手。只不过他勤劳、善良的农民本质未变，且在新时代更加发扬光大了。

还是用那双曾经务农的手，李建祝在十几年间孜孜不倦地翻阅了大量书籍，包括许多现代企业管理的经典著作。他将这些理论与自身的实践融为一体，再注入企业，他说这是他事业航船的动力。

“在世纪之交，乡镇企业第二次创业的机遇已来临。以往无序竞争的场面将不复存在，为国营大中型企业拾遗补缺的机会也不会再有。随着国有大中型企业的改革成功，优胜劣汰中获胜的乡镇企业将与前者站在同一个起跑线上，去开拓市场，争取市场。市场瞬息万变，机遇也是稍纵即逝。”李建祝说。

李建祝很清楚，企业要再上一个台阶，谋求更大、更稳定的发展，就必须在软件、硬件上再上一个档次。他加快了企业改革的步伐，聘用高素质的人才，引进先进的技术设备进行全面技术改造，实施更科学、规范的管理……经过一年半的咨询、学习、考核，去年8月，新丰厂顺利通过了ISO9002国际质量体系认证，并被北京市新闻出版局指定为省级书刊印刷定点企业。而从德国引进的具有世界先进技术水平的“海德堡”彩色印刷机，以及现代化的书刊胶印设备和装订连动生产线，不仅缩短了印刷周期，更保证了一流而稳定的印刷质量，得到了用户的普遍赞誉。

采访结束时，下班的铃声也恰巧响起。有职工招呼李建祝结伴回家。我们的谈话似乎意犹未尽，于是我也跟着向他的家走去。老李成功了，却没有盖自家的小楼宅院，他至今仍同年逾古稀的老父亲住在一座四合院里，携妻儿孝敬老人；他还是像从前一样，日出而作，日落而归，只不过换了一种劳动方式；与亲人、乡亲的亲情，与朋友、客户的友情是他感情世界中最有滋味的内容，他在这个小环境里生活得很充实，证实了自己能有所作为，并对社会有所回报；他从不去歌厅，不去桑拿，也不搓麻将，闲下来就扎在书堆里，或听听高雅音乐，充实着自己的生活空间。

生活方式改变了，但李建祝始终没有忘记自己是个农民。这就是他对人生的诠释。

刊于《中国名牌》2001年第2期

情真能招天下客，信笃能悦万户心

——访北京新丰印刷厂厂长李建祝

1984年，北京市丰台区花乡乡政府鼓励各村兴办企业。四合庄村村委会决定办一个印刷厂，解决村里残疾人和待业青年的就业问题，由本村青年李建祝担任厂长。

带着父老乡亲们的信任和重托，李建祝走上了一条艰难的创业之路。他把“全身奉献甘为牛”的精神，作为自己恪守的信条，并身体力行。他带领村里的几十位残疾人和一帮刚毕业的中学生，经过十几年锲而不舍的努力，经历了无数次风风雨雨，终于使一个乡镇福利企业，在十几年的时间内发展成为北京市的知名印刷企业。

如今，李建祝作为现代企业的“大老板”，并没有陶醉于荣誉和鲜花之中。相反，他仍凭借着牛的负重、牛的憨直、牛的韧性和牛的风骨继续耕耘着、奔波着。他生活得很充实，他从不去歌舞厅和桑拿房，也不搓麻将。闲下来就扎在书堆里，汲取营养；或者听听高雅音乐作为消遣。他通过读书和听高雅音乐来达到充实“能量”、净化心灵和升华到一种高尚的境界。

站在世纪之交的新丰人精心制定并组织实施了“借脑、换脑、选脑”工程。

新丰印刷厂先后从胶印二厂、建工印刷厂聘请经验丰富的老技师担任技术顾问，他们有的管设备，有的搞技术，有的抓质量，成为新丰印刷厂的特别“智囊团”，这称之为“借脑”。

新丰印刷厂的员工大都是天天在黄土地上劳作的农民或者是他们的子孙，为了把他们培养成为现代化企业的员工，厂里组织全体员工到乡政府开办的成人学校，学习科学知识和经营管理，这称之为“换脑”。

另外，新丰印刷厂还邀请北京印刷学院的专家学者，利用双休日，给员工们讲解业务理论和操作技能。通过这一系列的措施，使员工的业务素质和专业技能有了很大的提高，一大批生产经营骨干和革新能手脱颖而出；随着企业规模的不断扩大，厂里每年都有一批新人入厂，工厂注重吸收有专业知识的大学生来厂工作，此为“选脑”。

人才是企业最宝贵的财富，没有人才的支撑，企业是没有生命力的。通过实施

“三脑”工程，新丰印刷厂大大地提高了员工素质，为企业的崛起奠定了坚实的人才基础。

在采访过程中，记者了解到，新丰印刷厂有“三多”，即电表多、水表多、账本多。他们把核算单位划到车间，划到机台。一个车间就有1～2个电表、水表，或者1个机台就有1个电表、水表。另外、每一个车间有1个账本。车间、班组如果需要原辅材料，就持厂内支票到物资科去购买，用电、用水到机动科去购买，折旧车间自己提取，因为厂财务科已把资产拨到车间去了。在新丰印刷厂，从厂长到员工，人人都是业务员，业务上是共同开发，生产上是统一指挥，经济上独立核算。他们通过实行目标成本控制，调动了车间、科室、班组和员工的积极性，使全体员工自觉地、严格地控制成本、降低成本。

李建祝认为，今天的质量就是明天的市场，因质量丢了市场，也就是砸了全体员工的饭碗。他说：“印刷行业的产品有其特殊性，印刷厂所接手的基本上全都是已经编辑好的文稿，或者是已经排好版式的软片。按照一般印刷的理解，墨色均匀、拼版正确、纸张裁剪标准、装订齐整，就可称为高质量。可我总觉得，应该把高质量延伸到编辑、校对等各道工序。”

在新丰印刷厂，自觉履行这样一个义务：无论谁在工作中发现前期编辑或校对的疏漏，必须及时向厂生产科汇报，由生产科向客户反馈情况。对于客户的来稿，新丰印刷厂一律仔细检查。一家著名杂志在广告公司作封面四色片，由于疏忽，将折叠线标错，用这样的软片印刷出来的成品，封底会有5毫米折到封面上。新丰印刷厂发现后，及时通报给这家杂志社，广告公司立刻作了修改，从而使这家杂志社避免了几万元损失。仅此一项，新丰印刷厂每年就为客户避免十几万元经济损失。

一家长期与新丰印刷厂合作的出版社，一年出书几十本，新丰印刷厂每年总有十几次检查出经过3次校对的稿件中的错处。曾有一本书3个印张，不知道是由于疏忽还是打印的问题，竟出现把女士写成“女土”，把小姐写成“小组”等近百个错误，新丰印刷厂在开印前将错误一一找出，将书稿交给出版社。出版社的工作人员感到非常震惊，后来他们对新丰印刷厂表示了衷心的感谢。从此，这家出版社的工作人员逢人便夸新丰印刷厂，无形中为新丰印刷厂赢得了不少的客户。新丰印刷厂凭借其钻石般的质量和信誉，在社会上和客户中书写了一段段令人叹服的友情佳话，不仅印刷的书籍、期刊销售出去了，而且同客户建立了浓厚的友情。

李建祝把企业文化建设作为现代企业管理的重要手段。他认为，企业文化是企业腾飞之魂。企业文化的宗旨与核心就是以人为中心，关心人，重视人，尊重人，为人的全面发展和价值实现创造条件，从而使企业的凝聚力大大增强，员工队伍的素质大大提高，积极性和创造性得到充分调动，为企业的不断发展提供宝贵的精神动力和力量源泉。

李建祝觉得，印刷企业不同于一般生产企业，就其特点来说，从企业文化建设的角度来考虑，关键在于营造有利于企业发展的内外部环境。外部环境靠他这个厂长去争取。内部环境靠他这个厂长去创造，当然包括自然环境和人文环境。自然环境的幽雅、整齐、舒适和美化与否，直接影响到员工对本企业的评价、态度和与企业的亲密程度等，进而影响到员工的劳动态度和敬业精神。

在新丰印刷厂，各科室、车间、班组之间，干部群众之间经常互通情况，交换意见。无论员工有多大意见，都能畅所欲言，建议也会被随时采纳。对员工的关心更是体现得细致入微，在厂里李建祝能与每一位员工和睦相处，促膝谈心。工作再忙，他的心里都能装下厂里全体员工的喜怒哀乐，而厂里几乎每一位员工都能说出与他相处的逸闻趣事。

在采访过程中记者感觉到，新丰印刷厂全体员工焕发出的那种敢于拼搏、团结向上的精神，始终感染着我们。究其原因，这种充溢于整个企业的精神，是新丰印刷厂的企业精神的集中体现。员工们十分珍视和崇尚这种在创业过程中锤炼出来的企业精神，他们以企业文化为载体，大力弘扬这种企业精神。

记者请李建祝谈一谈作为企业领导，这些年最大的体会是什么时，他深思片刻，颇有感触地说：一个企业领导的思想品德在企业中起着极其重要的作用。企业领导良好的思想品德作为一种人格力量，不但对企业的员工有着潜移默化的感召力和影响力，而且在与社会各界的交往中，它将变成一笔无形资产，能为企业带来社会效益和经济效益。市场经济越发展，市场竞争越激烈，这笔无形资产的价值就会越大。因此，只有具备良好的思想品德的企业领导，才能在经营领域中堂堂正正地立身做人，才能最有可能获得与他人合作的机会，才能被市场经济所接受。

站在世纪之交的大门口，聆听着改革浪潮在京郊这片古老的土地上惊涛拍岸之声，面对新世纪的机遇和挑战。李建祝深知，作为一个企业领导、一个决策者，必须具有强烈的超前意识和开拓精神。只有这样，才能做到未雨绸缪，才能使企业在激烈的市场竞争中永远立于不败之地。他清醒地认识到：一个企业好比一艘船，在市场经济的海洋里，船小好调头，但抗击不了风浪；船太大了，不灵活，适应不了瞬息万变的市场需求。企业只有按照市场经济规律办事，适度、合理上规模、上档次，拓宽经营渠道，走高起点、高标准、高效益的“集约化经营”的新路子，才能再度乘长风破巨浪，扬帆出海，航行在跨世纪的航道上，伴着时代的涛声，驶向成功的彼岸，去创造和迎接更加辉煌的明天。

刊于《投资与合作》1999年11月号

赵永庄的创业情结

听赵永庄说话，难以分辨她是何方人氏。但她确是地道的山城人，1956年出生于重庆市。

赵永庄，1971年赴云南支边，1977年考入四川大学中文系，毕业后从事过新闻、科技管理理论研究等工作；1986年起从事管理工作，历任北京赛特大厦总经理、北京保利大厦有限公司总经理、上海证券大厦物业管理有限公司总经理；1996年被评为全国优秀女企业家，并出任全国青联委员，还评为高级经济师。

赵永庄先后发表过小说、散文、报告文学、译文及理论研究文章50多篇，译著有《如何成为经营明星》（日译中）等，主编并参与撰写《物业管理理论与实务》《高档物业管理模式与操作实务》等专著多部。

正当她的事业如日中天之时，她辞去了多个董事长、总经理的头衔，激流勇退，于1997年夏天创办了北京永庄物业管理有限责任公司，从此踏上了私人执业之路，一个多年的夙愿终于如愿以偿。但由此也开始了她一生中最重大的转折。前景究竟如何，谁也不能未卜先知。此举在业内也引起了不小的震动。许多朋友大惑不解；有的则担心她无法背负起这个沉重的命运十字架。不过，也有相当多了解她的朋友深信，她大胆迈出的一步不是后退，而是进取，如同对当年她毅然卸任赛特大厦总经理去任保利大厦总经理的反映一样，表示了充分的理解、至诚的关爱与期待。

永庄物业管理公司在国内市场挂牌亮相以后，希望与她合作的业主接踵而至，一时竟应接不暇。有的业主甚至表示要无条件地将物业委托给她管理。这种义无反顾的态度反倒使她为难了。这不单单是对她个人的信赖，而且表现了对物业管理价值本身的推崇。受人之托、忠人之事，她想业主越是相信她，她就越应当珍视这种感情，努力把他们的物业管理好，个人的荣辱、得失则是次要的事。经反复考虑，她决定以京泰大厦作为自己的开业项目，并且得到了北京市天鸿集团、燕侨物业、北京市在香港上市的优秀企业——北京控股公司即京泰公司的一致支持。仅仅3个月光景，京泰大厦写字间出租率竟达100%，比原来预期指标高出了30%。这便是永庄公司走向市场的第一步。

在这以后，常有朋友和记者问她："从赛特到保利，直到上海证券大厦和现在的京泰大厦，为什么你手下的物业就能管一个红火一个？你的经营秘诀究竟何在?"诸如此类的问题常常使她汗颜不已。她十分感激这些年一直支持她、关爱她的朋友，尤其是那些在关键时刻与她同舟共济的患难之交。但说到秘诀、良方一类的东西，她的确没有，也不敢冒称。倒是那些劝她写点自己从事物业管理体会的建议引起她极大兴趣。她觉得确有必要把自己这些年的从业心得做一次较彻底的清理，也算是对友人、社会和历史的一个交待。于是她忙里偷闲，主编了《商务物业管理模式与操作实务》，并把半年来写下的七篇论文《客人是朋友》《人才是根本》《服务是核心》《安全是生命》《文化是灵魂》《商誉是资产》《准军事化管理》以及一本小册子《永庄物业服务规范100例》也收了进去，意在回复平时许多业内同行给她热情洋溢的来信。

赵永庄创办的永庄物业管理公司是以自己特有的无形资产作为投入的，这些无形资产主要包括：销售技巧、管理艺术、服务水准、经营信誉、商业秘密、社会形象等全部智力成果。所有这些，都属于知识经济的范畴。一个物业管理公司的资信状态、综合实力如何，也主要是从上述诸方面加以评估和认证的。在现代经济社会中，知识经济无疑是最有增值力、最有扩张性的资源。这也是一个企业得以在激烈的市场竞争中赖以安命立身的根本依据，永庄物业是依靠自创的一种知识经济模式成长起来并走向竞争市场的。尤其是1997年下半年以来，它完全自觉地遵循了社会主义市场经济的规律，将自己的智力成果大张旗鼓地商品化、产业化，不失时机地用自己的无形资产与社会需要相结合，与业主和客户的需求相结合，依法积极参与社会交换及商品流通，把知识经济的商品属性发挥得淋漓尽致。

继京泰大厦之后，永庄物业管理公司又陆续受托管理佳丽饭店、北京市中国物业管理培训中心等项目。上述物业的地理位置、周边环境及基础设施各有优劣，但都创下了可观的经济效益和社会效益。这正是永庄物业管理公司成立两周年的今天可以告慰所有关切她、勉励她的业内及社会各界朋友的理由。

功成名就是常人所追求的，许多人就拜倒在此，止步不前。然而，赵永庄，这位山城人却是不断战胜自我，向自我挑战的强人，也正是当她创办的物业管理风风光光两周年之际，她又投身于充满挑战的餐饮业了。在京城，餐馆天天都有开张的，日日也有关门的。可赵永庄就是不信邪，凭借她巴山蜀水滋养的灵性，在蓉城求学时，对杜甫草堂的感怀，她敏锐地创意出“草堂食府”，在京城一炮打响。

自然天成，不能说把“草堂”搬到餐馆。但赵永庄匠心独具营造的就餐环境，就是吸引着八方来客。那独一无二的幽雅环境：都市村庄，诗情画意，田园竹歌，乡情乡韵。踏入草堂食府步步有景，景景动人。包间均以杜甫诗作命名：丽人行、醉时歌、鸣翠柳、千秋雪。竹帘竹墙，清雅幽香，仿佛与诗人杜甫携手流连于草堂翠竹中，品茗，吟诗，饮酒，作画，尽享田园诗情、酣尝人间美味。川妹子的笑靥带着浓郁的川情，伴着乡音乡韵，令人流连忘返。

川菜，百菜百味。赵永庄吸取川东、川西、川北、川南各派川菜之长，融会贯通，创新推出适合现代人口味和需求的八大精品菜。其中草堂逍遥鸡，是以古代四川大才子司马相如与卓文君的故事演绎而来的，由精选真正的三黄鸡配18种调料精制，集中西式口味于一身，口感酸辣、回甜爽口、清香鲜嫩；草堂过桥鱼，是喜爱正宗川式口味食客的最爱，以广受欢迎的鲜嫩草鱼为原料，结合麻辣的口味和过桥米线的传统烹调方式，火辣鲜香；草堂椒盐豆腐，以日式豆腐为原料，外酥里嫩、口感清淡、回味无穷。草堂海陆空，由人参、甲鱼、乌鸡、乳鸽炖制而成，滋补养颜、味道鲜美；草堂回锅肉，结合北京烤鸭式吃法，独具特色；草堂泡椒童子鸡，用特意从四川采购的泡椒与童子鸡块炒制而成，鲜辣适口；草堂砂锅，结合了南北不同口味需要，以北方人特别喜爱的砂锅形式配合四川口味酱料，满足不同口味需求。八大精品菜自成体系，风味独到。同时推出的还有八大极品和川制海鲜，以特殊的方式制作燕窝鱼翅和各种海鲜，获得京城食客的一致认同。

赵永庄精辟地界定了物业管理=时间+空间+服务。而她本人正是在不停顿地超越时空、超越自我，去实现人生的价值。从这一点出发，去看待赵永庄为何又干起了餐馆，也就可以理解了。

赵永庄，山城人那种坚韧不拔的性格，将助她在未来的事业征途中，越走越宽广。

刊于《企业研究》2000年3月1日总第169期

第三章

科技教育改革、文化文艺创新

本章导读

最后一刻割舍了一些文章，本章仅仅收录了廖廖3篇。

之所以收录《寻找新的动力——重庆大学机械传动国家重点实验室调查》，一是这篇文章发表于改革开放初期，科技体制改革创新刚刚起步，其探究教育、科技如何与经济建设主战场对接的问题，及时和切中了要害，有理有据，实证力强，具有很好的示范意义；二是时至今日，这篇文章依然不失现实意义。

收录《两个〈红岩〉》，因为这是笔者50多年前的处女作，文章发表使笔者深受鼓舞，对于自己坚持50多年的写作生涯具有里程碑意义，也意在与读者分享：人生中的一件小事、一点鼓励，可以改变人的一生旅程。

《拍摄菜肴图片五要点》一文，则是可以帮助大家随手拍摄出更美、更逼真的菜肴图片。

寻找新的动力

——重庆大学机械传动国家重点实验室调查

一、困境：富裕的贫困

1991年10月，经过3年的筹组，又一个国家重点实验室——重庆大学机械传动国家实验室建成了。

验收专家委员会的结论令人振奋：该实验室的科研条件达到国内外80年代后期的先进水平；科研队伍综合水平居于国际同类实验室的前列。

的确，能够主持这样一个国家实验室对梁锡昌教授来说，是一件值得荣耀的事情：实验室的几位学术带头人在锥齿转传动、平面二次包络蜗杆传动和齿轮制造等传动工程研究方面的成就，在国内外享有很高声誉，并获得多项国家发明和科技进步奖；从实验室筹建以来，已培养出10多位博士，并建成了2个博士后流动站，20多名正在攻读博士的研究生组成了一支生机勃勃的科研后备队伍。

然而，对梁锡昌这位国家级有突出贡献的专家来说，现实状况并不乐观。难题似乎并不在于复杂的研究领域，而是一个简单明了的经济现实：钱——国家每年能够提供的30万元运行补助费怎么够用！

这就是一年前重庆大学机械传动国家重点实验室的状况。也许是中国众多科研机构至今依然面临的尴尬状况：一方面，拥有优越的科研条件、优秀的科研人才和优异的科研成果；另一方面，却嗷嗷待哺。

仅仅过了一年。就在党的十四大开幕，江泽民同志提出建立社会主义市场经济体制的这一天，与记者侃侃而谈的梁锡昌教授看上去似乎已经摆脱了经费上拮据的状况。

一只无形的手，也正是这只无形的手，激发了一种强大潜能的释放。

二、出路：能量的释放

对于青年教师郭晓东等人来讲，他们没有想到自己参与的“锥齿轮传动调整软件系统”课题会在短短数月里受到诸多厂家的频频惠顾。

这套系统是在我国锥齿轮研究权威郑启昌教授多年探索的基础上研究成功的应用软件，是在汽车、军工行业具有广阔市场前景的成果，打破了长期以来由美国一家公司独享的技术垄断局面。今年初，长春汽车制造厂找上门来购买了这套软件，获得了良好的经济效益。

于是，二汽、洛拖……都纷纷登门求购，这使科研成果不知不觉地闯入了市场；郭晓东等人在充实实验室科研经费的同时，也改善了自己的工作和生活条件。

也许，跨出的最初几步是偶然。但是，梁锡昌教授和他的同事们有一点很明确：改革科研机构的运行机制是求得生存和发展的关键，只有形成一种新的科研动力机制，才能使潜在的能量得以释放。为此，实验室作出规定，实行课题负责人承包责任制，谁找到课题，就由谁负责，把责权利放下去，使科研人员真正成为科研的主人。

于是，一种面向市场找课题，而对未来市场的展望又启发出科研新思路的局面，开始从无意识的偶然，向有意识的创造过渡了。一批沉睡多年的科研成果开始从实验室走向市场、转入生产领域；而国家经济、国防建设中急需解决的技术难题，又成了实验室研究课题中的重要项目。这两个事实可以作为印证：该实验室研制出的CBN成形磨齿等十余项成果，目前已在全国100多家工厂投产，新增利税1000多万元；而获得四川省发明金奖的“经济多坐标数控机床”，为我国数控机床的推广运用开辟了新的途径，因此被列入国务院产学研工程项目。

仅仅一年时间，重庆大学机械传动国家重点实验室就为自己创造了数百万元的科研经费。这无疑为实验室开辟新的科研项目奠定了坚实的基础，也为在一定程度上改善科研人员的待遇创造了条件。

三、效应：两极的呼应

国家建立重点实验室的主要目的是进行基础和中长期研究，组织全国的研究力量，完成国家重大的科研项目。那么，当市场的杠杆悄悄地形成一个新的动态结构时，作为国家重点实验室是否会降低自己的科研水平呢?

请看这一组事实：重庆大学机械传动国家重点实验室正式建成一年来，开展的国家级重要科研项目包括了国务院产学研工程项目、国家自然科学基金重点项目、国家计委重点项目、国防科研重点项目、国家科委科技成果重点推广项目、“863”高技术科研项目。与此同时，一些重大的基础性科研项目正在日益显示出广泛的市场应用前景：

实验室副主任张光辉教授在承担国家计委重点项目平面二次包络蜗杆成套技术项目后，亲自挂帅建起了“重庆大学传动机械厂”，不仅为这个科研项目提供了一个实验基地，而且开始小批量生产有关产品，并直接进入了市场。

几位年轻的博士生提出了一项集光、机、电和计算机于一体的高技术研究课题——复杂曲面激光测量系统的研究，这个科研项目一旦成功，不仅在我国工业生产领域具有广泛的应用前景，而且会引起城市雕塑、文物复制等艺术领域的重大变革。敏感的导师梁锡昌教授立即将这项研究方案改成了应用性的研究课题。果然，这项课题刚刚完成实验室模拟试验，一些厂家就闻风而来，愿出数十万元购买有关技术。

用实验室主任梁锡昌的话来讲："我们不仅要创造出一流的科研成果、一流的科技人才，而且要进一步树立起一种市场观念，通过市场把大量的成果运用到生产中去，从而不断提高国家的生产技术水准。"

正是这种相互的呼应产生了相互促进的效应。

四、新概念：市场的动力

重庆大学机械传动国家重点实验室在初尝了市场的滋味后，一条以科研为主体，依靠市场实现产学研一体化的发展道路，似乎开始变得明朗起来了。

弄潮儿出来了。10月5日，就在记者前去采访的前几天，这个实验室的副主任韦云隆教授自己创办了以高新科技产品转化和技术服务为主的"龙腾科技开发有限公司"，并获准在重庆高新技术产业开发区注册成立。

更多的博士生也在跃跃欲试，策划着迈向市场的构想，希冀自己的成果能在更广阔的领域内获得认可，自己同时也能获得更多的经济收益。

一位著名的科学家认为，当前我国科技发展动力机制正发生着可喜的变化，即在过去"只知耕耘，不问收获"的"实验室动力型"中增加了"市场动力"的新机制。现实的和未来的市场需求正越来越强劲地推动着科学技术的发展进步。

这是一个新的概念。

或许，我们还不能说重庆大学机械传动国家重点实验室已经具备了这个新概念。但是，我们不能否认，他们是在寻找一种新的动力，即来源于市场的动力。

与童怀合作　刊于1992年11月5日《光明日报》

编著者的话：

这是我一生写作生涯的处女作。

1959年小说《红岩》发表，书中以许云峰、江雪琴为代表的革命先烈形象，深深地感染着读者，全国掀起学习烈士革命精神的热潮。

20世纪60年代初，全国开展社会主义教育运动。各地戏剧院团纷纷改编上演《红岩》。1962年，我还是个20出头的小青年，情不自禁地排队购票，观看了中国铁路文工团话剧团及北京人民艺术剧院分别改编的话剧《红岩》。我当初是抱着受教育的态度去看话剧的，剧中人物的光辉形象拨动了我年轻的心弦，不能忘记新中国诞生是革命先烈用鲜血换来的，立誓要做革命接班人。

至今，近60年过去，但我仍记忆犹新。抚今追昔，激动心情仍在老朽心中荡漾：当时，我含着热泪看完两场《红岩》后有感而发，初学写稿。1962年10月一个初秋的夜晚，通宵达旦地写成了这篇处女作，用稿纸工整地抄写好，信封贴上邮票，投进了西郊吴家村那绿色的邮政信筒。

不曾想，第3天在工厂车间接到《北京晚报》文艺部编辑侯琪打来电话核实内容后，于1962年10月18日在《北京晚报》上刊发了。这真是让我喜出望外、眼笑眉笑，这个日子我也一生难忘。当时，人们的欣赏习惯就是看戏受教育；报社就是要听取工农兵大众的意见。我也自此和《北京晚报》结下了不解之缘。

感恩《北京晚报》，感恩侯琪编辑；归根结底，深深地感恩新中国、新时代，这一切改变了我的人生。

两个《红岩》

看完中国铁路文工团话剧团演出的《红岩》，从二七剧场漫步出来，我的整个脑海仍然沉浸在剧中情景里。我同伙伴们在回工厂的路上，边走边谈……

这出戏演得确实很成功，塑造了许云峰、江雪琴、成岗、刘思扬等共产党员的光辉形象。每一场戏都深深地吸引着我们，扣住了我们的心弦。任何酷刑也动摇不了共产党员的坚定立场，摧毁不了无产阶级战士的钢铁般意志；人，不能低下高贵的头，成岗被敌人酷刑拷打得遍体鳞伤，但仍然昂首高唱凯歌：埋葬蒋家王朝。

这戏抓住了原著的主题，在情节上作了较大的变动与修改，它的进展重点放在狱中对敌斗争上，对人物也作了很大的压缩合并。正面人物以许云峰、江雪琴、成岗、刘思扬为主（李敬原、齐晓轩等人物作幕后处理）；反面人物以徐鹏飞、郑克昌为中心，戏剧冲突通过敌我双方尖锐复杂的斗争，把戏一幕幕地推向高潮。这样并不损害原著精神，而使典型形象更加集中精炼。

但另一方面，由于把齐晓轩的戏作幕后处理，而许云峰在入狱后的戏较少，又未能通过其他人物的对话或别的方式表现出当时地下党和整个狱中的斗争场面，因而成岗、丁长发、龙光华、刘思扬、胡浩在狱中的斗争就显得有些单薄无力。

另外，有些细节的改编处理也值得考虑。比如第十场戏；重庆解放前夜，国民党危在旦夕，手忙脚乱，似乎不可能再由中美合作所地牢里提许云峰到相距很远的伪侦防处徐鹏飞办公室去。

谈话当中，有人把话题转到北京人民艺术剧院的《红岩》上。人艺的《红岩》力图全面反映当时尖锐复杂的地下斗争的各个动人场面，包括了很多重要情节和小说中大部分的人物，从而体现原著精神，这也很不错。但由于笔墨分散，有很多人物给人的印象不深、线索多，没读过小说的观众，看起戏来很难找到头绪。但我们觉得人艺的《红岩》也有着很多特点：整个演出艺术处理完整，导演处理细致，演员表演内在感情丰富等。

总的说来，我们非常欢迎两个《红岩》的演出，因为舞台上再现的小说中的英雄形象又一次成为我们学习的榜样。

秋夜的凉风吹来阵阵田野的清香，我和伙伴们边走边谈，不觉就到了我们的工厂。宏伟高大的厂房矗立在眼前，厂房里灯火灿烂，机床运转声像那有节奏的音乐，夜班工人们正在紧张的劳动。是啊！13年前先烈们渴望的自由、独立的祖国，如今已屹立在东方，烈士们的血终于没有白流。我们工人如今成了国家的主人，再不为资本家卖命当牛马，而是在自己新盖的厂房里，为建设社会主义而辛勤的劳动。先烈们向敌人英勇斗争的精神，是我们学习的榜样，永远是鞭策我们前进的力量。

刊于1962年10月18日《北京晚报》

编著者的话：

20世纪八九十年代还没有数码相机，一般都采用传统相机拍摄正、负胶片图像，技术难度较高，初学者不易掌握。21世纪之初，数码相机才逐步普及。

本文是应《烹饪知识》期刊主编之约，答读者隋黎明来信而撰写。我是该刊的编委之一，理所当然有义务帮助读者解惑，毫无保留地与许多热爱拍摄的读者分享多年拍摄菜肴图片的心得。

当今，人们在聚餐、家宴，乃至为家中的一顿便餐，都要拍摄一张张各式菜肴的照片，从微信发给亲朋好友分享。显然，浏览一下这篇文章，会有一些启发。

拍摄菜肴图片五要点

隋黎明朋友：

您好！拍摄一幅精美的菜肴图片有很多因素，回信中很难讲清楚，现将个人经验要点相告，供您参考。重要的是掌握基本要领后，加强实际拍摄练习。人们常说得好，照片是用胶卷堆出来的。

一、选择器材

傻瓜相机及400万像素以下的数码相机只能拍菜肴留作资料，难以用作精美的印刷。500万相素的数码相机用作餐馆拍菜肴制作菜谱，基本能满足要求。600万相素以上的高档数码相机拍菜肴，可以用作比较精美的印刷。

选用传统机械手动或半自动及全自动135相机拍菜肴都要使用三角架，采用快门线拍摄，以防抖动造成菜肴画面出现虚化现象。

定焦镜头一般采用85mm、100mm各1只，变焦镜头采用70～200mm1只就够用。使用传统相机拍摄前，应用测光表测定有关数据，全自动相机使用自动测光系统，对初学者较为方便。

二、光线重要

1只闪光灯会使画面出现局部阴影，且画面缺乏层次，2只或3只闪光灯较好，用感应器同步闪光，加柔光伞或柔光箱效果更好，必须使用测光表测得各项数据。佳能有套多灯TTL同步连线自动闪光设备，效果很好，就是价格较贵。

还有室内用的太阳灯，即仿太阳光线，其色温接近相机标准要求的色温5500K，用2只或3只效果较佳，加柔光伞或柔光箱，光线匀无灯影。

初学者可利用自然光拍摄，阴天在室外，阳光天在室外可选背阴处，阳光天在室内，用反光板折射，这是最佳的光源，拍出的菜层次感好。

三、光圈优先

拍摄菜肴图片光圈是关键，即先确定光圈，再确定快门速度及爆光量。一般选光圈F11左右，若想使菜肴前部或主体突出而后部虚化，则可选大光圈F4或更大，若要景深，可选光圈F28或更小。

光圈确定后，就可确定快门速度V，使用传统相机拍菜肴时，必须运用测光表，先将光圈值确定，实测被摄物后，其快门速度V即搞定，根据测光表测出数值，聚焦后进行拍摄。你若用的是全自动高级135相机，只要确定光圈优先值，半按快门按钮就可自动聚焦，快门速度也自动确定，按下快门即可拍摄。有条件的读者可选高档135自动相机，方便、快捷。

四、拍摄角度

拍摄菜肴的角度，一般为70度左右，接近人们在饭桌上看菜肴的视角，这个角度看菜肴的立体感强，若角度过大到垂直拍摄，菜肴变成平面。但拍摄冷拼图案可接近90度，若角度过小，菜盘严重变形，有时为了特殊效果，可以45度或更小角度，比如拍摄食雕，接近于平视。

五、巧妙构图

菜肴构图视需求而定。拍菜谱，要整菜都在画面内，并留有余地，以便制作时“挖空”。一般情况下，椭圆盘置左或右45度，方盘置正位，拍出后成梯形，异形盘视具体情况定。总之，构图不宜太正，应有某些倾斜。

画面的底色，若拍菜谱，以浅色为宜，以便“挖空”；若拟日后刊出，可根据菜肴的颜色搭配不同对比的色调，衬托主体，也可在空处置摆件，以增加画面美感，还可以用朦胧色调的喷涂图案衬底，使主体更突出。

拍摄前应注意检查去除菜肴盘边的脏物及底衬上的异物，对有些菜肴可在表面刷一层明油，以增加光泽。菜肴的刀工、色彩搭配及最后装盘拼摆很重要，拍摄前同厨师沟通一下，有些易变色的菜不宜过熟，有些易变形的菜应现作、快拍。

参考以上五要点。就可以拍出较好的菜肴图片。

刊于《烹调知识》2004年第6期

我的真情告白

1954年8月，我应征投身祖国航空事业建设，后因企业需要专注于组织企业职工文娱活动工作。1978年，我由企业奉调到《机械工艺师》(现为《现代制造工程》)杂志社担任编辑、记者，一干就是20多年。

1983年，我被借调到国家经济委员会主办的全国新产品展览会，负责新闻宣传工作一年。之后，不断地与中央及地方的主流媒体保持联系，合作和组织采访报道，与全国各地报刊社的编辑、记者结下了深厚的友谊，他们都是我的良师益友，王涤寰先生就是我自学摄影的导师。

无论走到哪里，我总是不失热爱生活和写作的热情，不计报酬、不计得失，总是充满了精气神。我利用杂志社不坐班之便，在干好本职工作之余，经常深入京城各大小餐馆，走进出类拔萃的餐饮业新人和餐饮名厨、大厨的工作和生活之中，了解和探究他们的成才成名之道以及为餐饮业做出的奉献；钻研餐饮企业文化与品牌创新、制造业企业文化与品牌创新之道，努力、及时策划和组织新闻发布会、创新菜品鉴会、产品推介会，并不辍笔耕。

我曾长期兼任《北京晚报》通讯员、湖北《经济信息报》、济南《东方美食》驻京记者、太原《烹调知识》编委、《中国烹饪》《烹饪世界》《中国食品》《中国食品报》等杂志报纸通讯员；曾任蜀王风味酒楼、金三元扒猪脸酒家新闻发言人；曾任我国首家民营企业上市公司湘鄂情媒体顾问及天兰天尾货媒体顾问。

现在，虽已耄耋之年，仍然壮心不已，依然像年轻人那样活跃于各种活动现场，乐此不疲，精神倍儿足。目前，我仍担任旺顺阁鱼头泡饼及蟹老宋等企业顾问，以及国润民富公司、天通尾货、手拉手、天兰等商业、企业媒体顾问。

在本书问世之际，我由衷地感谢从中央到地方达数百家新闻媒体单位的诸位老师。岁月如白驹过隙，共同奋斗的美好日子仿佛就在眼前，友情历久弥坚，恕我在此不能一一叩谢诸位老师，唯恐难免的疏漏，诚惶诚恐，诚望诸位老师海涵。我现在使用的电话及微信为18612179928，期盼与诸位老师共叙那些让我终生难忘并铭记在心的深厚情谊。

新闻战线老中青三代诸位老师们，亦师亦友的提携之恩，数十年来对我的无私和热诚的帮助，为我审查修改稿件，付出了辛勤劳动，为我的研究工作和事业进步铺路搭桥，没有你们，难成我今日。

本书撰写成稿过程中，承蒙国润民富公司秘书赵静及好友江忠、江若一先生支持，冒着酷暑收集、整理、录入、校对资料；衷心感谢我的老同事、《现代制造工程》期刊原主编、教授级高级工程师汪士治先生不辞辛劳为我策划、设计、编撰，并为本书的尽善尽美所奉献的心智心血；衷心感谢著名京味儿作家、北京文化学者、非物质文化遗产京味儿小说语言传承人刘一达先生在百忙之中为本书作序和对本人不吝溢美之词的褒奖。

刘达华

刘达华印